Les huit marches vers le bonheur

Bhante Henepola Gunaratana

Les huit marches vers le bonheur

Préface d'Arnaud Desjardins

Traduit de l'anglais par Gilbert Gauché

Albin Michel

Préface

QUI EÛT PU CROIRE il y a seulement cinquante ans qu'à côté de la messe dominicale, la télévision offrirait au public « Sagesses bouddhistes » ? Le bouddhisme a aujourd'hui droit de cité en France au-delà des universitaires et de quelques originaux convertis à une étrange religion affirmant que tout est souffrance et proposant l'« extinction » comme but ultime de l'existence.

Mais ce sont essentiellement le zen et le tantrayana (à travers la diaspora tibétaine), donc deux formes du mahayana, qui ont attiré les Occidentaux. En outre, la longue ascèse, les « préliminaires », le « Grand Doute » et la « Grande Mort » sont souvent oubliés au profit de l'illumination subite ou des « highest teachings » du dzogchen et du mahamudra.

Il est précieux qu'un ouvrage présentant toutes les garanties de sérieux et d'orthodoxie bouddhique nous tienne un autre langage et nous rappelle que le bouddhisme des origines est celui du hinayana, le « sentier aux huit embranchements », le Chemin Octuple. Un chemin, une voie, donc une progression guidée par une méthode. Et il n'est pas seulement question de nirvana et de non-dualité, mais de disciplines quotidiennes : parole juste (samyak en sanscrit, samma en pali, qu'on pourrait traduire aussi par « impeccable »), moyens d'existence justes, effort juste, éclairés par la « vue juste », celle de la Sagesse.

Par la suite, au fil des siècles, des développements nombreux, souvent remarquables, parfois en contradiction avec les sutras fondamentaux, sont venus compléter et amplifier la doctrine originelle. Le Bouddha historique a-t-il lui-même prononcé les enseignements qu'il est censé avoir donnés en marge des paroles recueillies juste après sa mort ? Certains maîtres du theravada en doutent. Mais les vérités et les pratiques exposées dans l'ouvrage que voici sont à l'origine de toutes les écoles ultérieures et elles demeurent vraies aujourd'hui comme il y a deux mille cinq cents ans. L'approche radicale « Nowhere to go, nothing to do » (rien à accomplir, nulle part où aller) ne convient pas à tous ceux qui pressentent la possibilité d'un éveil ou d'une libération intimes. Gautama Sakyamuni, ayant atteint la plus haute possibilité d'accomplissement offerte à l'homme, a enseigné un chemin progressif incluant recherche, compréhension, effort, persévérance. C'est ce chemin que nous propose avec ce livre Bhante Gunaratana, un maître du hinayana particulièrement reconnu et respecté. Je suis convaincu que son témoignage sera précieux pour de nombreux lecteurs même non bouddhistes. La paix du cœur, la lucidité, la compassion, la sagesse transcendante ne sont la propriété exclusive d'aucune religion ou tradition.

Arnaud Desjardins

Note sur la traduction

Mindfulness est traduit par « Attention ». L'Attention est une conscience préconceptuelle. Au début de la septième marche, l'Attention est expliquée. Une plus ample discussion de ses caractéristiques se trouve dans *Méditer au quotidien*[1].

Awareness est traduit par « Conscience », au sens d'une conscience directe de l'objet ou des phénomènes.

Insight est traduit par « Vision intérieure », « intuition » selon le contexte. C'est une connaissance directe, intuitive, dans la nature de la réalité.

One-pointedness est traduit par « uni-fixation ». Le terme veut exprimer l'état de l'esprit lorsqu'il est affranchi de toute dispersion mentale et centré en lui-même, sur un point unique. Le chemin pour parvenir à cet état est exposé dans la huitième marche.

Enlightenment est traduit par « Éveil », « Illumination, » selon le contexte.

---

1. *Mindfulness in Plain English*, Wisdom Publication, 1991, trad. fr. *Méditer au quotidien*, Robert Laffont, 1995, rééd. Marabout, 1997.

Les huit marches du chemin sont le plus souvent qualifiées par l'adjectif « juste », dans les textes français. L'auteur utilise *skillful*, c'est-à-dire « habile, adroit », adjectifs parfois employés dans la traduction. Le lecteur est invité à substituer mentalement ces trois qualificatifs les uns aux autres, pour apprécier leurs différentes tonalités.

Les comportements et actions qualifiés en anglais de *wholesome* ou *unwholesome* sont traduits de même en français : « sains » ou « malsains ». Ces adjectifs qualifient les pensées, paroles et actions bienfaisantes pour soi-même et les autres dans le premier cas, et le contraire dans le second.

Delusion est le plus souvent traduit par « illusion mensongère ». Parfois, le terme utilisé est « aveuglement », selon le contexte. Le sens est : ne pas voir la réalité avec sagesse, c'est-à-dire ne pas voir l'impermanence, l'absence de soi et le caractère insatisfaisant des phénomènes. La sagesse, quant à elle, voit ces trois caractéristiques. En ce sens, ce terme est un synonyme d'« ignorance ». L'ignorance, « principale racine de tout mal et de toute souffrance dans le monde, voile l'œil mental de l'homme et l'empêche de voir la vraie nature des choses » (cf. Nyanatiloka, *Buddhist dictionary*).

To pay mindful attention to... est traduit par « fixer l'attention pure sur... ». Le sens de cette expression est : fixer entièrement l'esprit sur un objet ou une expérience, sans avidité, haine ou illusion mensongère ; sans réaction émotionnelle, ni rationnelle ; sans nommer, cataloguer, ni conceptualiser. L'impermanence seule est alors enregistrée dans l'esprit.

Dans les ouvrages en anglais, les citations du canon pali se réfèrent habituellement aux pages où elles apparaissent dans les éditions en pali de la Pali Text Society (PTS), d'Oxford. (Vous pouvez retrouver ces citations dans les traductions anglaises grâce au numéros de pages insérés dans le corps du texte.) Dans ce livre, une forme plus directe a été adoptée lorsque cela est possible, afin de faciliter la recherche des citations. Toutefois, les textes du canon pali étant organisés différemment les uns des autres, il n'est pas possible d'utiliser une approche unique. Le lecteur trouvera p. 383 la liste des abréviations et les références bibliographiques du canon pali.

Introduction

PEU APRÈS la parution de *Méditer au quotidien*, un certain nombre de mes amis et de mes étudiants m'ont demandé d'écrire, dans un style aussi direct et simple, un livre sur le chemin du bonheur tracé par le Bouddha. Le présent ouvrage constitue ma réponse.

Méditer au quotidien était un manuel de méditation, un guide pour ceux qui s'exercent à la pratique de l'Attention par la méditation. Mais la méditation n'est qu'une partie des enseignements du Bouddha. L'Attention peut grandement améliorer notre vie, mais le Bouddha nous a offert beaucoup plus. Il nous a laissé un guide complet pour parvenir au bonheur, dont il a résumé le contenu sous huit aspects. Un simple petit effort pour incorporer ces huit démarches dans votre vie vous rendra heureux. Un grand effort vous transformera et vous mènera aux états de félicité les plus élevés qu'il soit possible d'atteindre.

Il est assez facile de se souvenir des huit aspects de la voie du Bouddha, mais leur signification profonde demande une compréhension de nombreux points de l'enseignement, qui leur sont reliés. Même ceux qui connaissent bien le Chemin Octuple peuvent ne pas se rendre compte combien il est central à tout l'enseignement ou à quel point il correspond à leur expérience. Tout comme pour *Méditer au quotidien*, j'ai essayé de présenter cet enseignement de manière simple, pour que chacun puisse mettre en pratique les huit aspects du chemin dans sa vie quotidienne.

Je vous recommande de ne pas lire ce livre comme vous liriez un roman ou un journal. Pendant votre lecture, demandez-vous plutôt continuellement « Suis-je heureux ? » et examinez ce que vous découvrez. Le Bouddha invitait les gens qui l'écoutaient à « venir et voir ». Il nous invitait tous à nous observer, à nous rapprocher de notre propre corps et de notre propre esprit, et à les examiner. Ne vous perdez pas dans des croyances et des suppositions à propos du monde, disait-il. Essayez de découvrir ce qui se passe réellement.

Nous sommes doués pour accumuler des informations, pour rassembler des données. Peut-être avez-vous pris ce livre dans l'intention d'en obtenir plus encore. Si vous avez déjà lu des livres en vogue sur le bouddhisme, arrêtez-vous ici, et demandez-vous ce que vous espérez trouver avec celui-ci. Cherchez-vous simplement à impressionner les gens par votre bonne connaissance du bouddhisme ? Espérez-vous parvenir au bonheur par la connaissance intellectuelle des enseignements ? La connaissance seule ne vous aidera pas à le trouver.

Si vous lisez ce qui suit avec la volonté de pratiquer le chemin vers le bonheur enseigné par le Bouddha, plutôt que d'en tirer une simple impression intellectuelle, alors la profonde simplicité de son message deviendra claire. Progressivement, la pleine vérité de toutes choses vous sera révélée et vous découvrirez peu à peu le bonheur durable que la pleine connaissance de la vérité peut vous apporter.

S'il vous arrive d'être irrité par certains passages des *Huit marches vers le bonheur*, demandez-vous pourquoi. Regardez en vous-même. Demandez-vous ce qui se passe en ce moment dans votre esprit. Si ce que vous lisez vous rend malheureux, demandez-vous pourquoi. Il nous arrive parfois d'être mal à l'aise lorsque quelqu'un nous montre notre maladresse. Il est possible que de mauvaises habitudes et d'autres obstacles vous empêchent d'être plus heureux. Voulez-vous les connaître et effectuer les changements nécessaires ?

Il nous arrive très souvent de nous vexer pour une toute petite chose dont nous rejetons ensuite la responsabilité sur quelqu'un d'autre – ami, secrétaire, patron, voisin, enfant, frère ou sœur, parent, gouvernement ; ou encore d'être déçu de ne pas obtenir ce que nous voulons, ou malheureux de perdre une chose à laquelle nous attachons de la valeur. Nous hébergeons dans notre esprit des « irritants psychiques », sources de souffrance, qui sont rendus actifs par certains événements ou par nos pensées. Alors, nous souffrons et nous essayons de mettre fin à la souffrance en changeant le monde. Une vieille histoire raconte qu'un homme voulait couvrir de cuir la terre entière pour marcher plus confortablement. Il lui aurait été plus facile de se fabriquer une paire de sandales. De même, au lieu d'essayer de contrôler le monde pour être heureux, travaillez à réduire vos irritants psychiques.

Mais vous devez vraiment vous entraîner et non vous contenter de lire, ou simplement y penser. Même la méditation ne vous mènera pas loin si vous ne pratiquez pas la totalité du chemin – et tout particulièrement ses aspects essentiels : développer la Compréhension juste, faire des efforts importants et avisés, et entretenir une constante Attention. Certains s'assoient sur leur coussin de méditation pendant des heures, pleins de colère, de fantasmes ou de soucis. Ensuite, ils disent : « Je ne peux pas méditer, je ne peux pas me concentrer. » Vous portez le monde sur vos épaules pendant que vous méditez et vous ne voulez pas le déposer.

J'ai entendu dire qu'un de mes étudiants marchait le long de la route tout en lisant *Méditer au quotidien*. Inconscient du lieu où il se trouvait, il fut heurté par une voiture ! L'invitation du Bouddha à « venir et voir » demande que vous fassiez vôtre ce que vous lisez ici. Mettez en pratique les huit aspects du chemin, alors même que vous lisez. Ne vous laissez pas aveugler par vos soucis.

Même si vous lisez ce livre cent fois il ne vous aidera pas, sauf si vous mettez en pratique ce qui est écrit. Mais il vous aidera de façon certaine si vous pratiquez sincèrement, examinez sans crainte votre souffrance, et vous engagez à faire tout ce qui est nécessaire pour parvenir au bonheur durable.

LA DÉCOUVERTE DU BOUDDHA

De rapides avancées technologiques. Une richesse grandissante. Le stress. Des vies équilibrées et des carrières subissent la pression du changement qui s'accélère. Le vingt et unième siècle ? Non, le sixième avant J.-C. – une époque de guerres meurtrières, de dislocation économique, de vaste perturbation des schémas de vie établis, tout comme aujourd'hui. Dans des conditions semblables aux nôtres, le Bouddha découvrit un chemin menant à une félicité durable. Sa découverte – une méthode « pas à pas » d'entraînement de l'esprit pour parvenir au bonheur – est aussi pertinente aujourd'hui qu'elle l'était alors.

Mettre en pratique la découverte du Bouddha n'est pas l'affaire d'un instant. Cela peut prendre des années. Ce qui est primordial, au commencement, c'est un fort désir de changer sa vie, en adoptant de nouvelles habitudes et en apprenant à voir le monde sous un jour nouveau.

Chaque pas, sur le chemin du Bouddha, demande de pratiquer la Vision intérieure, jusqu'à ce qu'elle fasse partie de la vie quotidienne. L'Attention – ou Vision intérieure – est une façon de s'entraîner pour devenir conscient des choses telles qu'elles sont réellement. Avec l'Attention pour mot de passe, vous progressez à travers les huit aspects du chemin établi par le Bouddha il y a plus de vingt-cinq siècles. C'est une formation douce, progressive, sans brutalité, pour mettre fin à l'insatisfaction.

Qui devrait entreprendre cette formation ? Tous ceux qui en ont assez d'être malheureux. « J'ai une bonne vie, telle qu'elle est », pensez-vous peut-être. « Je suis assez heureux. » Dans toute vie, il y a des moments de plaisir et de joie. Mais qu'en est-il du revers de la médaille, de ces moments auxquels vous préférez ne pas penser quand les choses vont bien ? Tragédie, chagrin, déception, douleur physique, dépression, solitude, rancune..., ce sentiment lancinant que les choses pourraient être mieux qu'elles ne sont. Ces moments existent aussi, n'est-ce pas ? Notre fragile bonheur dépend de la façon dont les choses arrivent. Mais il existe un autre niveau : un bonheur qui ne dépend pas de conditions particulières. Le Bouddha a enseigné le chemin pour trouver ce bonheur parfait.

Si vous êtes prêt à tout pour suivre la voie qui mène hors de la souffrance – et cela signifie affronter les racines des résistances et de l'avidité ici même, en ce moment même –, le succès peut être complet. Même si vous lisez ce livre par hasard, vous pouvez tirer profit de ces enseignements, du moment que vous avez la volonté d'utiliser ceux qui vous paraissent justes. Si vous savez que quelque chose est vrai, ne l'ignorez pas. Mettez-le en pratique !

Cela peut paraître facile, mais rien n'est plus difficile. Lorsque vous admettez en vous-même « Je dois faire ce changement pour être plus heureux », non parce que le Bouddha l'a dit, mais parce que votre cœur reconnaît que c'est une vérité profonde, vous devez consacrer toute votre énergie à effectuer ce changement. Il vous faut une forte détermination pour surmonter les habitudes néfastes.

Mais le résultat final est le bonheur. Pas simplement aujourd'hui, mais pour toujours.

Ce qu'est le bonheur et ce qu'il n'est pas

Le désir d'être heureux est vieux comme le monde, et pourtant le bonheur nous échappe toujours. Que signifie être heureux ? Nous recherchons souvent le plaisir des sens. Par exemple, manger quelque chose de bon, regarder une bonne comédie, en raison de l'agrément que nous en retirons. Mais y a-t-il un bonheur au-delà de cette satisfaction passagère apportée par une expérience plaisante ?

Certaines personnes essayent d'accumuler un grand nombre d'expériences agréables, et appellent cette façon de faire une vie heureuse. D'autres, ressentant les limites des satisfactions sensuelles, cherchent un bonheur de plus longue durée, dans le confort matériel, la vie de famille ou la sécurité. Mais ces sources de bonheur ont aussi leurs limites. À travers le monde, nombreux sont ceux qui souffrent de la faim, dont les besoins élémentaires sont insatisfaits. Ils sont sous la menace constante de la violence. Il est compréhensible qu'ils croient qu'un plus grand confort matériel leur apportera un bonheur durable. Même aux États-Unis, la répartition inégale de la richesse laisse un grand nombre de personnes dans la pauvreté, mais la famine, le dénuement, y sont rares. Le niveau de vie de la majorité des citoyens américains est élevé. C'est pourquoi, dans d'autres parties du monde, certains pensent que les Américains sont les plus heureux sur terre.

Mais s'ils venaient aux États-Unis, qu'y verraient-ils ? Ils remarqueraient que les Américains sont constamment affairés – courant à leurs rendez-vous, discutant sur leur téléphone portable, achetant des vêtements, faisant leurs courses, travaillant tard au bureau ou à l'usine. Pourquoi toute cette activité effrénée ?

La réponse est simple. Bien que les Américains paraissent tout avoir, ils sont toujours malheureux. Et cela les rend perplexes. Comment peuvent-ils avoir de beaux habits, une famille aimante, un bon travail, une belle maison, assez d'argent, une vie pleine d'intérêts variés, et ne pas se sentir toujours heureux ? Ils sont pourtant persuadés que c'est l'absence de ces choses qui rend malheureux. Posséder des biens, jouir de la reconnaissance sociale, de l'affection de la famille et des amis, vivre de riches expériences agréables, devrait rendre les gens heureux. Pourquoi, en Amérique comme ailleurs, les gens sont-ils au contraire si souvent malheureux ?

Il semble que ce que nous croyons pouvoir nous rendre heureux soit en fait source de souffrance. Pourquoi ? Parce que rien ne dure. Les liens de la famille se brisent, les affaires tournent mal, les gens perdent leur travail, les enfants grandissent et s'en vont, et le sentiment de bien-être, acquis au moyen de coûteuses possessions et d'agréables expériences, est au mieux passager. Le changement est partout autour de nous, menaçant les choses mêmes dont nous pensons avoir besoin pour être heureux.

C'est un paradoxe : plus nous possédons, plus notre risque d'être malheureux grandit.

De nos jours, les gens ont des besoins de plus en plus sophistiqués, c'est indéniable. Mais quel que soit le nombre de belles et coûteuses possessions qu'ils collectionnent, ils en veulent plus. La culture moderne renforce cette soif. Ce dont vous avez réellement besoin pour être heureux, comme chaque message publicitaire à la télévision ou chaque affiche le proclame, c'est de cette étincelante nouvelle automobile, de cet ordinateur ultra-rapide, de fabuleuses vacances à Tahiti…

Et cela paraît marcher. Sur le moment. Les gens confondent le tournis de l'excitation créée par une nouvelle possession ou par une expérience agréable avec le bonheur. Mais, bien trop tôt, l'envie les démange de nouveau. Le bronzage pâlit, la nouvelle voiture s'abîme, et une nouvelle fringale d'achats les saisit. Cette incessante ruée vers les boutiques les empêche de découvrir la source du véritable bonheur.

Les sources du bonheur

Le Bouddha a décrit plusieurs catégories de bonheur en les classant de la plus éphémère à la plus profonde.

LE MOINDRE BONHEUR DE L'ATTACHEMENT

Le Bouddha a groupé dans la plus basse catégorie ce que la plupart d'entre nous appellent bonheur. Il a appelé cette catégorie « le bonheur des plaisirs sensuels ». Nous pourrions également dire « le bonheur des conditions favorables » ou « le bonheur de l'attachement ». Tous les agréments passagers de la vie, provenant des gratifications sensuelles, du plaisir physique et des satisfactions matérielles en font partie : bonheur de posséder des richesses, de beaux vêtements, une nouvelle automobile ou une agréable demeure ; bonheur de voir de belles choses, d'écouter de belles musiques, de manger des mets savoureux, d'avoir de plaisantes conversations ; bonheur de peindre avec talent, de jouer du piano et tout autres choses semblables ; bonheur d'une vie familiale affectueuse.

Regardons de plus près ce bonheur du plaisir des sens. Sa forme la plus basse consiste à s'adonner sans retenue aux plaisirs procurés par l'un des cinq sens. Au pire, s'y complaire de manière exagérée peut mener à la débauche, à la perversion, à la toxicomanie. Il est facile de se rendre compte que la satisfaction des sens n'est pas du bonheur, puisque le plaisir éprouvé disparaît presque immédiatement et qu'il peut même entraîner un sentiment de déchéance et de remords.

Un jour, le Bouddha a expliqué qu'en mûrissant spirituellement, on en vient à comprendre qu'il y a plus dans la vie que le plaisir provenant des cinq sens. Il utilisa la métaphore d'un bébé fragile, qui serait attaché en cinq endroits par cinq fils minces : aux poignets, aux chevilles et au cou. De même que ces cinq fils – les cinq plaisirs des sens – peuvent maintenir au sol un bébé, mais non un adulte qui romprait aisément les fils pour se libérer, une personne dotée de discernement se libère de l'idée que s'adonner aux plaisirs des cinq sens rend la vie heureuse et lui donne sa raison d'être (M80).

Le bonheur dans le monde dépasse, néanmoins, les satisfactions sensuelles. Les joies de la lecture, d'un bon film, d'autres formes de stimulation mentale ou de divertissement en font partie. Il comprend aussi les saines joies de ce monde : aider les autres, pourvoir aux besoins d'une famille stable, élever des enfants, gagner honnêtement sa vie.

Le Bouddha mentionna quelques-unes de ces formes plus satisfaisantes de bonheur. L'une d'elles est le sentiment heureux et sécurisant qui provient d'une richesse durement gagnée par un travail honnête. Vous jouissez de vos biens avec une conscience claire, sans craindre ni insultes ni vengeance. Supérieure encore est la satisfaction de jouir à la fois des biens que vous avez gagnés honnêtement et de les partager avec d'autres. Autre forme de bonheur particulièrement gratifiante : réfléchir au fait de n'avoir aucune dette de quelque sorte envers personne (AII (Fours). VII.2).

La plupart d'entre nous, même ceux qui sont dotés du meilleur discernement, considèrent ces acquis comme l'essence d'une bonne vie. Pourquoi le Bouddha les rangeait-il alors dans la plus basse forme du bonheur ? Parce qu'ils dépendent de conditions favorables. Bien que moins fugaces que les fugitifs plaisirs des sens, et potentiellement moins destructeurs à long terme, ils sont instables. Plus nous leur faisons confiance, les recherchons et nous y attachons, plus nous souffrons. Nos efforts créent une pénible agitation mentale et se révèlent en fin de compte être vains ; les conditions changeront inévitablement. Quoi que nous fassions, nous aurons le cœur brisé. Il existe de meilleures et plus stables sources de bonheur.

Les sources supérieures de bonheur

L'une d'elles est « le bonheur du renoncement », le bonheur spirituel venant de la recherche de ce qui est au-delà des plaisirs du monde. L'exemple classique est la joie qui naît de l'abandon de toutes préoccupations mondaines et de la recherche de la solitude dans un environnement paisible, pour se consacrer au développement de l'esprit. Le bonheur qui naît de la prière, des rituels religieux et de l'inspiration religieuse fait également partie de cette catégorie.

La générosité est une forme puissante de renoncement. Partager généreusement ce que nous possédons, tout comme d'autres actes de même nature, nous rend heureux. Un sentiment de plaisir et de soulagement apparaît chaque fois que nous lâchons prise. Le bon sens conduit à penser que si nous pouvions renoncer complètement à tout attachement aux choses du monde, ce grand renoncement entraînerait alors un bonheur encore plus grand que celui qui naît d'actes occasionnels.

Supérieur au renoncement envers les choses matérielles est « le bonheur de se libérer des irritants psychiques ». Ce type de bonheur apparaît naturellement lorsque nous agissons mentalement pour lâcher rapidement la colère, le désir, l'attachement, la jalousie, l'orgueil, la confusion et les autres irritants psychiques, chaque fois qu'ils se manifestent. Les tuer dans l'œuf permet à l'esprit d'être ouvert, joyeux, vif et clair. Mais il n'y a aucune garantie que ces éléments négatifs demeureront éloignés et qu'ils arrêteront d'irriter l'esprit.

Supérieurs encore sont le plaisir et la félicité des différents niveaux de concentration profonde. Dans ces états, aucune peine ne peut apparaître. Pourtant, aussi puissants et transcendants soient-ils, ces états ont un grand inconvénient : le méditant est finalement obligé d'en sortir. Étant impermanents, même ces états de profonde concentration doivent prendre fin.

LA PLUS HAUTE SOURCE DE BONHEUR

Le bonheur le plus élevé est celui d'atteindre les différents niveaux d'Illumination. À chaque stade, notre fardeau dans la vie s'allège, et nous ressentons un plus grand bonheur et une plus grande félicité. L'Illumination finale – la libération permanente de tous les états d'esprit négatifs – apporte une félicité ininterrompue et sublime. Le Bouddha recommandait d'apprendre à laisser partir nos attachements aux formes inférieures de bonheur et de focaliser tous nos efforts sur la découverte de la plus haute forme possible : l'Illumination.

Cependant, il exhortait également les gens à développer leur bonheur au maximum quel que soit le niveau où cela leur était possible. À ceux d'entre nous qui ne peuvent voir au-delà des satisfactions fondées sur les plaisirs des sens, il apportait de sages conseils pour éviter les problèmes du monde et pour trouver un bonheur optimum, par exemple en cultivant les qualités qui conduisent au succès matériel ou à une vie familiale heureuse. À ceux dont l'ambition plus élevée est de renaître en des royaumes paradisiaques, il expliquait exactement comment y parvenir. À ceux qui sont intéressés par le but ultime de l'Illumination complète, il enseignait comment atteindre ce but. Mais quel que soit le type de bonheur que nous recherchons, nous utilisons les huit marches du Chemin Octuple.

Le piège de l'insatisfaction

Le Bouddha savait que rechercher sans trêve le bonheur au moyen de conditions matérielles procurant du plaisir nous fait tomber dans le piège d'un cycle sans fin de causes et d'effets, d'attirances et de répulsions. Chaque pensée, chaque parole, chaque action est une cause qui engendre un effet, lequel devient à son tour une cause. Pour mettre en évidence la manière dont fonctionne le cycle de la souffrance, le Bouddha a dit :

> En raison de la sensibilité, il y a le désir ; du désir résulte la poursuite ; de la poursuite provient l'obtention ; en dépendance de l'obtention s'effectue la prise de décision ; avec la prise de décision, il y a le désir et l'avidité, qui entraînent l'attachement ; l'attachement crée la possessivité, qui mène à l'avarice ; de l'avarice naissent la crainte et la méfiance ; et en raison de la méfiance apparaissent divers maux, phénomènes malsains – conflits, querelles, paroles insultantes et tromperies (D15).

Nous faisons tous chaque jour l'expérience de différentes versions de ce cycle. Disons qu'en faisant vos courses, vous entrez chez le pâtissier. Votre œil se porte sur une tarte d'aspect succulent, garnie de fruits rouges et de crème chantilly. C'est la dernière qui reste. Bien qu'un instant seulement auparavant votre esprit ait été calme et content, cette vision – que le Bouddha appelle « contact entre l'organe sensoriel et l'objet sensoriel » – cause l'apparition d'une sensation agréable et de pensées plaisantes.

À partir de cette agréable sensation, l'envie apparaît. Vous vous dites : « Mmmm, des fraises, avec de la vraie crème chantilly. »

Votre esprit continue sur ce ton et amplifie ces agréables pensées. « Une tarte aux fraises, c'est si bon ! Et comme elle sent bon ! Et cette chantilly si douce aux lèvres et à la langue !... » Une décision s'ensuit : « Il me faut cette tarte. » Maintenant arrive l'attachement : « Cette tarte est à moi. » Peut-être remarquez-vous un peu d'aversion, au moment où votre esprit hésite quelques instants, en considérant les effets négatifs de la tarte sur votre tour de taille ou sur votre porte-monnaie.

Soudain, vous remarquez qu'une autre personne s'est arrêtée et qu'elle admire cette tarte. Votre tarte ! Dans un accès de possessivité vous l'attrapez, vous vous précipitez à la caisse pour payer, pendant que l'autre client vous suit des yeux d'un air furieux. Dans le cas, peu probable, où ce dernier vous suivrait jusqu'à votre place de parking et essayerait de vous délester de votre tarte, imaginez quelles actions malheureuses pourraient s'ensuivre – des insultes probablement, peut-être même une empoignade. Mais même si aucune confrontation directe n'a lieu, vos actions auront conduit une autre personne à développer des pensées négatives et à vous juger plein d'avidité. Votre contentement mental a également disparu.

Une fois que le désir apparaît dans l'esprit, un comportement égoïste et possessif est généralement inévitable. Habités par notre pulsion pour un simple petit plaisir – une tarte aux fraises –, nous pouvons agir brutalement et risquer de nous faire un ennemi. Lorsque le désir se porte sur quelque chose de plus important, par exemple les bijoux d'une autre personne ou une relation sexuelle adultère, les enjeux sont beaucoup plus élevés ; une grande violence et une souffrance sans fin peuvent en résulter.

Si nous pouvions renverser cet enchaînement, en partant de notre comportement négatif et en remontant pas à pas jusqu'à ses causes émotionnelles et mentales, nous aurions la possibilité d'éliminer notre souffrance à sa source. C'est du simple bon sens de constater qu'une fois notre avidité et notre possessivité balayées

– complètement éliminées –, le bonheur est assuré. Peut-être n'avons-nous aucune idée de la façon d'accomplir un tel exploit, mais lorsque nous nous rendons compte de ce que nous avons à faire, nous avons commencé notre voyage.

L'entraînement progressif

Vous voyez maintenant pourquoi nous disons que le vrai bonheur ne peut venir que de l'élimination du désir. Même s'il est irréaliste d'espérer atteindre le bonheur suprême, nous tirerons néanmoins un bienfait en réduisant la force du désir. Plus nous abandonnons l'avidité, plus nous nous sentons heureux. Mais comment réduire le désir ? L'idée de le diminuer – et plus encore de le déraciner – peut paraître décourageante. Si vous pensez que faire l'effort de rejeter l'existence même du désir par un pur effort de volonté se terminera en frustration, vous avez raison. Le Bouddha a proposé une meilleure solution : l'entraînement progressif du Chemin Octuple.

Le chemin de développement progressif du Bouddha agit sur tous les aspects de votre vie. Le processus commence à n'importe quel stade, à n'importe quel moment. Vous démarrez où que vous en soyez et avancez pas à pas. Chaque changement salutaire de comportement ou de compréhension se cumulera avec le précédent.

Parmi les foules de gens qui entendirent le Bouddha enseigner, certains avaient des esprits si réceptifs qu'ils parvinrent à un bonheur durable après avoir entendu ses instructions progressives une seule fois. D'autres étaient à ce point prêts qu'en entendant seulement l'enseignement le plus élevé – les Quatre Nobles Vérités –, leur esprit fut complètement libéré. Mais la plupart des disciples du Bouddha furent obligés de se frayer leur chemin à travers l'enseignement, de maîtriser chaque étape avant de passer à la suivante. Il fallut des années à certains pour traverser certains obstacles à leur compréhension, avant de pouvoir s'élever au niveau de questionnement suivant.

Nous avons, pour la plupart d'entre nous, un gros travail personnel à effectuer, pour nous dégager d'années d'attitudes et de comportements autodestructeurs. Nous devons travailler lentement sur le chemin d'entraînement progressif du Bouddha, avec beaucoup de patience et d'encouragement. Tout le monde n'obtient pas une complète compréhension du jour au lendemain. Nous arrivons tous avec des différences provenant de nos expériences antérieures et de l'intensité de notre effort pour progresser spirituellement.

Le Bouddha était un enseignant profondément habile. Il savait que nous avons besoin d'une certaine clarté de base, avant de pouvoir assimiler les enseignements les plus élevés. Son Chemin Octuple vers le bonheur est composé de trois étapes qui reposent l'une sur l'autre : moralité, concentration et sagesse.

La première étape, la moralité, consiste à adopter un noyau central de valeurs et à mener notre vie en conformité avec elles. Le Bouddha savait que penser, parler et agir dans le respect de valeurs morales constitue des préliminaires avant de pouvoir progresser vers un développement spirituel plus élevé. Mais, évidemment, il nous faut déjà un peu de sagesse pour discerner ce qui est moral. Aussi commença-t-il son enseignement en nous aidant à cultiver un niveau de base de Compréhension juste (première marche) et de Pensée juste (deuxième marche). Ces capacités mentales nous aident à distinguer les pensées et actions morales et immorales, les comportements sains et ceux qui nous font du mal et en font à ceux qui nous entourent.

À mesure que nous développons l'attitude mentale juste, nous pouvons commencer à mettre en œuvre notre compréhension progressive, en pratiquant la Parole juste (troisième marche), l'Action juste (quatrième marche) et les Moyens d'existence justes (cinquième marche). Ces pratiques concrètes de bonne conduite morale aident à rendre notre esprit réceptif, à le libérer des obstacles, à le rendre joyeux et confiant. Lorsque l'agitation provenant des comportements destructeurs commence à s'estomper, la concentration peut apparaître.

Il y a trois étapes dans la concentration. La première est l'Effort juste (sixième marche), qui apporte la focalisation mentale à tous les autres aspects du chemin. Cet effort est particulièrement nécessaire quand nous nous asseyons pour méditer et que de nombreuses pensées malsaines font irruption dans la conscience. Ensuite vient l'Attention juste (septième marche). Pour que l'Attention soit présente, il est nécessaire qu'une certaine concentration saine existe à chaque moment, de façon que l'esprit puisse rester en contact avec les objets qui changent. La Concentration juste (huitième marche) nous permet de centrer l'esprit sur un objet ou une idée de manière ininterrompue. Comme il s'agit d'un état d'esprit positif, libéré de la colère ou de l'avidité, la concentration nous donne l'intensité mentale nécessaire pour voir en profondeur la vérité de notre situation.

Avec la moralité comme fondation, la concentration apparaît. Avec la concentration, le troisième aspect du chemin du Bouddha – la sagesse – se développe. Cela nous ramène aux deux premières marches sur le chemin : la Compréhension juste et la Pensée juste. Des perceptions intuitives dans notre comportement commencent à se produire. Nous voyons comment nous créons notre propre malheur. Nous voyons comment nos pensées, nos paroles et nos actes nous ont fait du mal et en ont fait aux autres. Nous voyons à travers nos mensonges et nous trouvons face à notre vie telle qu'elle est réellement. La sagesse est la claire lumière qui nous montre le chemin pour sortir du méli-mélo de notre souffrance.

Bien que je vienne de présenter la voie du Bouddha sous forme d'une série d'étapes successives, en réalité elle fonctionne plutôt moments où notre esprit est complètement tranquille et paisible, malgré toute l'agitation qui règne autour de nous.

Le Bouddha a expliqué ce paradoxe. Si nous avons peu d'attachement et de désir, dit-il, nous pouvons vivre dans la solitude au milieu d'une foule. Nous pouvons nous défaire de notre sentiment de possession et de propriété ; mais nous sommes aussi attachés à ceux que nous aimons, à nos possessions, à nos emplois, à nos obligations et à nos liens, à nos points de vue et opinions. À mesure que diminue notre saisie, nous nous rapprochons de la liberté intérieure, qui est l'essence de la solitude. La véritable solitude est dans l'esprit. Une personne dont l'esprit est libre des liens de la possessivité et de l'attachement, a dit le Bouddha, est « quelqu'un qui vit seul ». Et quelqu'un dont l'esprit est peuplé par l'avidité, la haine et de fausses idées est « quelqu'un qui vit avec un compagnon », même dans la solitude physique. Le meilleur support de notre pratique, par conséquent, est un esprit bien discipliné.

Certaines personnes peuvent constater compte que les rituels traditionnels les aident à calmer leur esprit et à se souvenir de ce qui est réellement important. Vous et votre famille pouvez chanter ensemble, faire brûler de l'encens, allumer une bougie, ou offrir des fleurs chaque jour à une image du Bouddha. Ces pratiques simples et belles n'apporteront pas l'Illumination, mais elles peuvent être utiles pour préparer l'esprit à une pratique quotidienne de la Vision intérieure.

Exercez votre modération

Une vie bien disciplinée peut aussi être une source de bonheur. Portez un regard impartial sur votre cadre de vie. Si votre chambre est jonchée de linge sale, si votre bureau est un vrai fouillis de livres, de papiers, de disquettes et de vieux magazines, et si la vaisselle de la semaine dernière est encore dans l'évier, comment aurez-vous la capacité d'organiser votre esprit ? La pratique se développe de l'extérieur vers l'intérieur. Commencez par nettoyer votre maison, puis allez à l'intérieur pour balayer la poussière de l'attachement, de la haine et de l'ignorance.

Un corps en bonne santé est également bénéfique à la pratique. Le yoga et d'autres formes d'exercices contribuent à notre santé mentale. Effectuez au minimum une longue marche chaque jour. La marche est à la fois un bon exercice et une occasion de pratiquer l'Attention dans la solitude et le silence.

Une nourriture saine et modérée est aussi un support de la pratique spirituelle. En mangeant un bon petit déjeuner, un déjeuner raisonnablement copieux et un dîner léger, vous vous sentirez à l'aise le lendemain matin. Ainsi va un vieux dicton : « Prends ton petit déjeuner comme un roi, partage ton déjeuner avec ton ami, et donne ton dîner à ton ennemi. » (Toutefois, j'ajouterai que vous ne devez pas faire quelque chose qui pourrait être nuisible à votre ennemi !) Nourriture de mauvaise qualité, alcool, café et autres stimulants rendent la concentration plus difficile. Mangez pour vivre, ne vivez pas pour manger. Essayez aussi de ne pas prendre l'habitude de manger de manière inattentive. Certains pratiquants entreprennent un jeûne de temps à autre, ce qui démontre rapidement qu'une bonne partie de ce que nous pensons être de la faim est en réalité une habitude.

Enfin, astreignez-vous à méditer chaque jour. Un temps de méditation le matin, aussitôt après le lever, et le soir avant d'aller au lit, vous aidera à progresser. Si vous constatez que vous êtes incapable de soutenir une pratique régulière, demandez-vous pourquoi. Peut-être avez-vous des doutes sur l'importance de la méditation, ou peur qu'elle ne vous aide pas à résoudre vos problèmes. Examinez vos doutes et vos peurs avec soin. Lisez les histoires de la vie du Bouddha et d'autres êtres qui ont utilisé la méditation pour parvenir au bonheur permanent. Souvenez-vous que vous seul pouvez améliorer votre vie et que la méditation a prouvé son efficacité avec d'innombrables personnes. Ensuite, utilisez un peu d'autodiscipline, surtout au début, pour créer l'habitude de méditer régulièrement chaque jour.

Cultivez les valeurs positives

Cultiver les valeurs positives, générosité, patience, foi et autres vertus, est le début de l'éveil spirituel.

La générosité est enseignée dans toutes les traditions religieuses, mais elle est un état naturel de l'esprit que tous les êtres vivants possèdent de manière intrinsèque. Même les animaux partagent leur nourriture. Quand vous êtes généreux, vous vous sentez heureux et vous vous réjouissez en vous souvenant de la joie de celui qui en a profité.

Pratiquez également la patience. Être patient ne signifie pas lâcher la bride sur le cou à quelqu'un pour qu'il vous fasse du mal, mais attendre votre heure et vous exprimer utilement, au bon moment, au bon endroit, avec des mots et une attitude justes. Si vous laissez impatiemment échapper votre réaction, vous risquez de regretter vos paroles et de faire du mal.

Être patient signifie aussi essayer de comprendre les autres au mieux de vos possibilités. Compréhension erronée, mauvaise interprétation et suspicion font du mal et sont des sources de souffrance. Souvenez-vous que les autres ont autant de problèmes que vous, peut-être plus. Parfois, des gens très bons se trouvent placés au mauvais endroit et disent ou font des choses irréfléchies. Si, malgré la provocation, vous conservez votre patience, vous pouvez éviter de vous fâcher, et votre compréhension de la nature humaine s'approfondira.

Essayez aussi de ne pas incriminer les autres pour votre souffrance, ni d'attendre qu'ils vous rendent heureux. Regardez en vous-même, découvrez pourquoi vous êtes malheureux, et trouvez un moyen d'être content. Les gens malheureux ont tendance à rendre les autres malheureux. Mais si vous êtes entouré de gens malheureux, vous pouvez garder votre esprit en paix en le conservant aussi clair que possible. Et il est possible que votre patience et votre compréhension les réconfortent.

Enfin, ayez foi en votre potentiel pour atteindre un bonheur durable. Cela inclut la confiance en votre instructeur spirituel, en vous-même, en votre travail, en vos amis et en l'avenir. Foi et confiance engendrent une attitude optimiste envers la vie. Vous pouvez accroître votre confiance en examinant votre propre expérience. Vous avez déjà des preuves de vos nombreuses capacités. Ayez foi, de même, en celles que vous n'avez pas encore manifestées.

Trouvez un instructeur et explorez les enseignements

Un bon centre de méditation et un enseignant souhaitant sincèrement vous aider constituent d'importantes aides. Vous ne voulez pas d'un instructeur qui requière votre soumission ou promette des pouvoirs magiques. Vous cherchez quelqu'un qui soit plus avancé que vous, dont la vie soit exemplaire, et avec qui vous puissiez développer une relation de longue durée. La voie du Bouddha peut prendre plusieurs années – dans certains cas, plusieurs vies. Choisissez votre guide avec sagesse.

Le Bouddha décrivait le parfait enseignant comme « un bon ami ». Une telle personne parle avec douceur, bonté et sincérité ; elle vous respecte, prend soin de vous et est compatissante. Un bon ami ne vous demande jamais de faire quelque chose de mal, mais vous encourage à faire ce qui est juste, et vous aide chaque fois que vous avez besoin d'assistance. Un bon ami connaît les enseignements et est plein de ressources, prêt à partager son savoir avec vous sans hésitation.

Observez attentivement un instructeur potentiel. Les actes sont plus importants que les paroles. Un contact quotidien avec quelqu'un qui a suivi la voie du Bouddha pendant au moins dix ans est une bonne façon de voir par vous-même si les enseignements sont efficaces. Méfiez-vous des enseignants qui demandent une rémunération élevée, ils peuvent porter plus d'intérêt à votre argent qu'à votre développement spirituel.

De même qu'un maître artisan enseigne à ses apprentis non seulement les techniques de son art, mais également les qualités personnelles nécessaires pour mettre ces capacités en œuvre, un bon instructeur, lui aussi, guide à la fois votre pratique et vous aide à effectuer les changements nécessaires dans votre mode de vie pour soutenir la pratique. Si vous recherchez véritablement le bonheur, prenez le temps et faites l'effort de devenir le disciple d'un tel maître.

Ensuite, suivez la voie d'apprentissage progressif prescrite par le Bouddha. Elle consiste essentiellement à apprendre à vous calmer et à observer vos pensées et votre comportement ; puis à les transformer en quelque chose de plus propice à la méditation et à la présence consciente. C'est un processus lent, qu'il ne faut pas précipiter. Une raison pour laquelle tant de gens abandonnent la méditation est de ne pas avoir pris le temps d'établir la base d'une pratique effective.

Enfin, trouvez le temps de lire et de réfléchir sur les enseignements du Bouddha. Il est facile de se procurer des livres, de trouver des groupes de discussion et des lieux d'enseignement. Vous pouvez même avoir des discussions sur le message du Bouddha par Internet et par courrier électronique. Lire et discuter les enseignements n'est jamais du temps perdu.

Bien que ces conditions nécessaires pour progresser puissent paraître évidentes, très peu d'entre nous vivent tranquillement, mangent modérément, font régulièrement de l'exercice et mènent une vie simple. Encore moins nombreux sont ceux qui étudient avec un enseignant qualifié, échangent régulièrement sur l'enseignement et méditent quotidiennement. Cette insistance sur la simplicité et la modération ne signifie pas que vous ne puissiez commencer à suivre la voie du Bouddha dès maintenant, quel que soit votre mode de vie. Elle précise simplement ce que vous pouvez avoir besoin de faire au fil des ans – ou même de plusieurs vies – afin d'avancer vers le bonheur suprême.

COMMENCER UNE PRATIQUE DE LA VISION INTÉRIEURE

Les changements de mode de vie mentionnés ci-dessus ont un but : vous aider à établir la Vision intérieure dans votre vie quotidienne. La pratique est une méthode unique pour cultiver une conscience instant par instant de la vraie nature de tout ce qui est connu au moyen du corps et de l'esprit. Vous avez peut-être entendu appeler cette méthode « méditation vipassana ». Vous allez développer et utiliser cette conscience particulière à tous les stades de la voie du Bouddha. Voici quelques suggestions pour commencer la pratique de la Vision intérieure.

Méditation assise

Une bonne heure pour commencer votre méditation assise est tôt le matin, avant vos activités de la journée. Un endroit silencieux est souhaitable, mais comme il y en a peu dans le monde, choisissez un lieu agréable et placez-y un coussin confortable.

Ensuite, choisissez une posture pour votre pratique assise. La meilleure, mais la plus difficile, est la posture du lotus complet. Croisez vos jambes et faites reposer chaque pied sur la partie supérieure de la cuisse opposée, plante du pied tournée vers le haut. Placez vos mains juste en dessous du nombril, la partie courbée de vos poignets appuyée sur les cuisses, et redressez la partie supérieure du corps. Votre colonne vertébrale est droite, comme une pile de pièces de monnaie, chaque vertèbre juste au-dessus de la précédente. Votre menton est relevé.

Si vous ne pouvez pas vous asseoir dans la posture du lotus complet, essayez le demi-lotus. Placez votre pied droit sur la cuisse gauche (ou l'inverse), vos genoux reposant sur le sol. Ensuite, penchez-vous en avant et tirez le coussin par-derrière. Si vous avez des difficultés pour que vos genoux touchent le sol, faites reposer l'une des cuisses sur la courbure de l'autre pied.

Vous pouvez également vous asseoir jambes repliées, la gauche ou la droite reposant devant l'autre sur le sol. Ou bien encore vous asseoir sur un petit banc, tel que ceux que l'on trouve dans les salles de méditation. Si tout cela est trop difficile, vous pouvez vous asseoir sur une chaise.

Après avoir choisi l'une de ces positions, redressez votre dos et assurez-vous qu'il est vertical, afin que votre poitrine puisse aisément se dilater en inspirant. Votre position devrait être naturelle et souple, non raidie.

Installez-vous dans votre posture avec soin, car il est important de ne pas la modifier jusqu'à la fin de la séance. Pourquoi est-ce important ? Imaginez que vous changiez de position, car elle est inconfortable. Au bout d'un moment, la nouvelle position deviendra à son tour inconfortable. Vous voudrez en adopter une nouvelle, qui bientôt deviendra également inconfortable. Ainsi, vous continuerez de changer, de bouger, de passer de l'une à l'autre pendant toute la durée de votre assise, au lieu d'atteindre un niveau de conscience plus profond. Utilisez votre capacité de contrôle et conservez votre position d'origine.

Au début de la séance, déterminez la durée de votre assise. Si vous n'avez jamais médité, commencez par environ vingt minutes. Avec la pratique, vous pourrez progressivement allonger la durée. La longueur de votre séance dépend du temps dont vous disposez et de la durée pendant laquelle vous pouvez rester assis sans douleur.

Une fois installé, fermez les yeux ; cela vous aidera à vous concentrer. Avant la méditation l'esprit est comme une coupe d'eau boueuse. Si vous gardez la coupe immobile, la boue se dépose et l'eau se clarifie. De même, si vous restez tranquille, en gardant votre corps immobile, et en centrant votre attention sur votre objet de méditation, votre esprit s'apaisera et vous commencerez à éprouver la joie de la méditation.

Traiter la douleur

Supposons que vous ayez suivi les instructions concernant la posture et que vous soyez assis dans la position la plus confortable pour vous. Rapidement, vous vous rendez compte que votre sensation confortable a disparu. Maintenant vous avez mal, et vous perdez votre détermination première, votre patience et votre enthousiasme pour pratiquer la méditation assise.

Cela peut être décourageant. Mais soyez assuré que votre douleur est principalement due au manque de pratique. En pratiquant, la douleur diminue, et il est également plus facile de la supporter. Par conséquent, utilisez la douleur comme un signal pour renouveler votre détermination à pratiquer davantage.

Si la douleur survient en raison d'un problème physique, par exemple un disque vertébral déboîté ou une blessure antérieure, vous devez alors changer de posture – peut-être aller vous asseoir sur un banc ou sur une chaise. Mais si la douleur se produit dans une zone du corps normale et saine, je vous suggère d'essayer ce qui suit.

La manière la plus efficace, mais la plus difficile, de traiter la douleur est de l'observer. Soyez avec la douleur, fondez-vous en elle. Ressentez-la sans y penser comme étant « ma » douleur, « mon » genou, « mon » cou. Observez simplement la douleur de près, et voyez ce qui lui arrive.

Au début, la douleur peut devenir plus forte, et faire peur. Par exemple, votre genou peut commencer à faire si mal que vous avez peur de perdre votre jambe : « Il aura la gangrène et devra être amputé ! » et vous voilà en train de vous demander comment vous vous débrouillerez avec une seule jambe. Ne vous inquiétez pas. Je n'ai jamais vu quelqu'un perdre une jambe à cause de la méditation ! Lorsque la douleur que vous observez arrive à son point le plus atroce, si vous attendez patiemment pendant, disons, cinq minutes de plus, vous verrez cette douleur effrayante, menaçant votre vie, commencer à se désintégrer. La douleur se transformera en une sensation neutre, et vous découvrirez que même une sensation douloureuse est impermanente.

Vous pouvez utiliser une technique similaire avec la douleur psychologique, qui peut être due à la culpabilité ou à un souvenir traumatique. N'essayez pas de la repousser. Faites-lui bon accueil. Restez avec elle, même si un scénario horrible se déroule dans votre esprit. Sans vous perdre dans les souvenirs, continuez d'observer cette douleur psychologique et voyez comme elle finit par se dissoudre, de même que la douleur physique.

Quand la percée a lieu et que la douleur disparaît, il se peut que vous éprouviez un grand soulagement, un calme paisible et relaxant. Naturellement, la douleur corporelle ou la mémoire traumatique peut réapparaître. Mais une fois que vous aurez traversé une douleur particulière, physique ou psychologique, cette douleur ne reviendra jamais avec la même intensité. Et la prochaine fois que vous serez sur votre coussin, elle n'apparaîtra probablement que plus tardivement.

La deuxième stratégie pour traiter la douleur est de la comparer à celles que vous avez éprouvées au cours de votre vie. Cette douleur présente, bien qu'elle paraisse si pénible, n'est qu'une petite chose comparée à toutes celles que vous avez connues, et vous avez probablement déjà enduré bien pire. De plus, il y a ce subtil sentiment d'insatisfaction qui vous poursuit nuit et jour, en arrière-plan. Comparée à ces autres souffrances, cette petite douleur dans la jambe n'est pas si grande. Cela vaut la peine de la supporter, de manière à pouvoir surmonter les souffrances plus importantes et plus envahissantes de la vie. Elle est comparable à une écharde. Retirer une écharde fait très mal, et pourtant vous acceptez ce mal pour en éviter un pire plus tard. De même, vous pouvez accepter les douleurs de la méditation assise pour vous éviter de pires problèmes à l'avenir.

Une autre approche est de penser aux souffrances que d'autres endurent. En ce moment même, de nombreuses personnes souffrent physiquement et psychologiquement, à cause d'une maladie, d'une vulnérabilité, d'une séparation de ceux qu'elles aiment ou d'autres problèmes graves. Rappelez-vous que, comparativement à toutes ces misères, votre douleur n'est pas si terrible.

La quatrième approche est d'ignorer la douleur. Vous portez délibérément votre attention sur la respiration. Vous pouvez, pour vous aider à y rester, respirer rapidement plusieurs fois.

Ma dernière suggestion, seulement lorsque tout cela a échoué, est de bouger – mais avec beaucoup de circonspection. Faites doucement jouer les muscles pour voir si la douleur peut être diminuée avec un minimum de changement dans votre posture. Si la douleur est dans le dos, rendez-vous compte qu'il commence à être douloureux lorsque vous vous êtes affaissé vers l'avant. Si une tension apparaît dans le dos, effectuez d'abord une inspection mentale de votre posture, détendez-vous et ensuite redressez-vous doucement.

Les douleurs dans les chevilles et les genoux nécessitent une approche spéciale, car vous devez faire attention à ne pas créer une tension nuisible aux tendons. Si vous pensez que la douleur peut venir d'un tendon, essayez d'abord de contracter et de relaxer les muscles situés au-dessus et au-dessous de cette articulation, sans bouger ou modifier votre posture. Si cela n'apporte pas de soulagement, bougez doucement la jambe, juste assez pour soulager la tension et le tendon.

Peut-être vous demandez-vous quelle peut être l'utilité de supporter la douleur. « J'ai commencé cette pratique pour me débarrasser de ma souffrance. Pourquoi devrais-je souffrir davantage pendant la méditation assise ? » Souvenez-vous, alors, qu'il s'agit d'une sorte de souffrance qui peut mener à la cessation de toute souffrance. Lorsque vous observez attentivement l'apparition et la disparition de la douleur et expérimentez la félicité qui suit sa disparition, votre confiance en votre capacité de supporter la douleur grandit. Plus important, votre expérience douloureuse étant volontaire et focalisée, elle constitue un bon terrain d'entraînement. Vous effectuez une percée à travers votre résistance aux plus grandes souffrances de la vie.

Soyez patient. Peut-être n'aviez-vous encore jamais pris une posture de méditation, ou bien seulement occasionnellement. Peut-être avez-vous l'habitude de vous asseoir sur des chaises ou des fauteuils. Il est naturel que vous ressentiez quelques douleurs quand vous vous asseyez par terre, la première fois. N'avez-vous jamais escaladé une montagne, n'êtes-vous jamais monté à cheval ? Vous souvenez-vous de ce que ressentait votre corps la première fois, ou à quel point il était douloureux le lendemain ? Pourtant, si vous escaladez des montagnes ou montez à cheval chaque jour, vous y prenez plaisir rapidement, sans douleur. Il en va de même avec la méditation : vous devez simplement continuer et continuer encore de méditer, en vous asseyant chaque jour dans la même posture.

Concentrez votre esprit

Une bonne façon de calmer l'esprit est de le centrer sur la respiration. La respiration est facile à trouver. Vous n'avez pas un gros effort à faire pour y parvenir : elle entre et sort constamment par les narines. Elle n'est impliquée dans aucune émotion, aucun raisonnement, aucune décision. Conserver l'esprit sur la respiration est une bonne façon de cultiver un état d'esprit neutre.

Il est bon de commencer chaque méditation avec des pensées d'amitié bienveillante. Certaines personnes ont parfois la capacité de se connecter directement à de telles pensées et de les adresser à tous les êtres vivants. Mais, le plus souvent, une méthode est nécessaire pour y parvenir. Commencez par diriger vos pensées bienveillantes vers vous-même, puis élargissez le cercle des destinataires lentement, jusqu'à inclure tous les êtres vivants. Je recommande de réciter mentalement ou à haute voix le texte suivant :

> Puissé-je être bien portant, heureux et en paix. Puisse-t-il ne m'arriver aucun mal. Puissé-je ne rencontrer aucune difficulté,

aucun problème, et toujours connaître le succès. Puissé-je aussi être patient, courageux, compréhensif, et déterminé à affronter et à surmonter les difficultés, les problèmes et les échecs inévitables dans la vie.

Après avoir récité ces phrases, recommencez, en remplaçant « je » et « moi » par d'autres personnes, en commençant par vos parents : « Puissent mes parents être bien portants, heureux et en paix. Puisse-t-il ne leur arriver aucun mal... » Récitez ensuite ces mêmes phrases à l'intention de vos enseignants : « Puissent ceux qui m'enseignent être bien portants... » Puis, récitez-les pour votre famille ; puis vos amis ; puis pour les personnes qui vous sont indifférentes (celles envers qui vos sentiments sont neutres) ; puis pour vos ennemis ; et finalement pour tous les êtres vivants. Cette pratique simple rendra la concentration plus facile et vous aidera à surmonter les ressentiments pouvant apparaître au cours de la méditation.

Ensuite, prenez trois respirations profondes. En inspirant et en expirant, remarquez la dilatation et la contraction du bas abdomen, du haut abdomen et de la poitrine. Respirez à fond pour dilater ces trois parties du corps. Après ces trois respirations profondes, respirez normalement, en laissant l'air entrer et sortir librement, sans effort, naturellement, tout en centrant votre attention sur la sensation du passage de l'air au bord des narines. La plupart des gens sentent facilement la respiration au bord des narines ; toutefois, certaines personnes, selon leur structure faciale, peuvent préférer centrer l'attention sur la sensation produite par l'air touchant la lèvre supérieure, ou dans les narines, ou dans la région des sinus. Quel que soit l'endroit, soyez simplement conscient de la sensation produite à cet endroit par l'air entrant et sortant.

Lorsque vous centrez votre attention sur la respiration, vous sentez le début, le milieu et la fin de chaque inspiration et de chaque expiration. Vous n'avez aucun effort spécial à faire pour remarquer ces trois stades. Quand une inspiration est complète, avant le début de l'expiration il y a une courte pause. Remarquez-la, et soyez conscient du commencement de l'expiration. Quand l'expiration est terminée, il y a une autre courte pause avant le début de la prochaine inspiration. Remarquez-la également. Ces deux pauses sont si courtes qu'il se peut que vous n'en ayez pas conscience. Mais quand vous êtes attentif, vous pouvez les remarquer.

Au commencement, il est possible que l'inspiration et l'expiration soient longues. Rendez-vous-en compte, mais sans penser ni vous dire : « Inspiration longue, expiration longue. » Alors que vous remarquez la sensation des inspirations et des expirations longues, votre corps devient relativement calme. Ensuite, il se peut que votre respiration devienne courte. Remarquez comment vous ressentez la respiration courte, mais, de nouveau, sans vous dire : « Respiration courte. » Ensuite, ayez conscience de l'ensemble du processus respiratoire, du début à la fin. Maintenant, il se peut que la respiration devienne subtile. L'esprit et le corps deviennent plus calmes. Soyez conscient de cette sensation calme et paisible.

Malgré vos efforts pour rester concentré sur la respiration, votre esprit peut s'échapper. Vous allez peut-être vous retrouver en train de vous souvenir d'endroits que vous avez visités, de personnes que vous avez rencontrées, d'amis que vous n'avez pas vus depuis longtemps, d'un livre que vous avez lu dans le temps, du goût de la nourriture que vous avez mangée hier. Aussitôt que vous vous rendez compte que votre esprit n'est plus sur votre respiration, ramenez-le et ancrez-le sur la respiration.

Certaines personnes utilisent des étiquettes, c'est-à-dire qu'elles mettent des mots sur les phénomènes qui apparaissent pendant la méditation. Par exemple, le méditant peut remarquer des pensées et dire alors mentalement : « Pensées, pensées, pensées. » En entendant un son, le méditant pense : « Entendre, entendre, entendre. »

Je ne recommande pas cette technique. Les phénomènes que vous pouvez vouloir étiqueter se produisent si rapidement que vous n'avez pas le temps de les nommer. Étiqueter prend du temps – le temps que la pensée apparaisse ou que la sensation se produise, le temps de penser à des mots pour conceptualiser ce dont vous êtes conscient. Il n'est pas possible d'étiqueter une chose pendant qu'elle se produit. Vous ne pouvez le faire que lorsqu'elle est déjà passée. Observer les choses lorsqu'elles arrivent et en être conscient est suffisant.

L'Attention vous enseigne la connaissance directe. Elle vous aide à éliminer les intermédiaires tels que concepts et mots. Ces derniers apparaissent après la prise de conscience pour communiquer idées, sensations et sentiments. En méditation, cependant, vous n'avez rien à exprimer à qui que ce soit. Vous avez simplement la connaissance que voir devrait se limiter à voir, qu'entendre est entendre, toucher est toucher, connaître est connaître. Cela suffit.

Pratiquez l'Attention minute

Lorsque vous vous levez de votre méditation assise, prenez la détermination de méditer une minute par heure, pendant toute la journée. Vous pouvez vous demander ce que vous pourrez bien faire en une minute – à peine le temps de trouver votre coussin. Ne vous en préoccupez pas. Restez où vous êtes, assis, debout, couché, c'est sans importance. Passez cinquante-neuf minutes de chaque heure à faire tout ce que vous avez à faire pendant la journée. Mais chaque heure, pendant une minute, arrêtez tout ce que vous êtes en train de faire, et méditez. Vous pouvez même régler votre montre ou votre ordinateur pour sonner toutes les heures, et vous aider à vous en souvenir.

Quand vous entendez le signal, sortez de votre esprit ce que vous êtes en train de faire, quoi que ce soit, et fermez les yeux. Restez concentré sur votre respiration. Si vous pensez ne pas pouvoir évaluer la durée d'une minute, inspirez et expirez quinze fois en portant une attention sans partage à la respiration. Si vous dépassez la minute, ne vous en inquiétez pas. Vous n'aurez rien perdu.

Lorsque la minute est finie, avant d'ouvrir les yeux, prenez la résolution de méditer encore pendant une minute à la fin de la prochaine heure. Réjouissez-vous d'avance de cette nouvelle minute et faites grandir votre enthousiasme envers elle. Demandez-vous aussi : « Quand vais-je m'asseoir et méditer de nouveau ? »

Si vous utilisez cette méthode simple de manière répétée, à la fin de la journée vous aurez médité dix ou quinze minutes de plus. Et, à la fin de la journée, votre désir de vous asseoir – renforcé par le fait d'y avoir pensé toutes les heures – vous aidera à trouver la motivation pour méditer un moment, avant d'aller au lit.

Terminez votre journée par une demi-heure de méditation assise. Quand vous vous couchez, conservez votre esprit sur la respiration en vous endormant. Quand vous vous réveillez pendant la nuit, portez votre attention sur la respiration. Le lendemain matin, lorsque vous vous réveillerez, votre esprit sera encore avec la respiration, vous faisant vous souvenir de commencer votre journée par votre méditation assise.

PREMIÈRE MARCHE

La Compréhension Juste

NOMBREUX parmi nous sont ceux qui connaissent l'histoire de la vie du Bouddha. Nous savons que le prince Siddhattha quitta le luxueux palais de son père, renonça à son foyer pour adopter la vie errante du chercheur spirituel, et qu'il atteignit l'Illumination après des années de pratique rigoureuse, alors qu'il méditait sous l'arbre de la Bodhi. Au sortir de sa méditation, il marcha jusqu'à la ville de Bénarès – maintenant nommée Varanasi. En ce lieu, dans le parc aux Gazelles, il enseigna pour la première fois ce qu'il avait découvert : le chemin qui mène au bonheur permanent.

Son message était simple, mais profond. Ni une vie consacrée aux plaisirs des sens, ni une vie d'ascétisme mortifiant ne peuvent apporter le bonheur. Seul un chemin médian, évitant ces deux extrêmes, peut apporter la paix de l'esprit, la sagesse et la libération complète des insatisfactions de la vie.

Traditionnellement, le message du Bouddha est connu comme les « Quatre Nobles Vérités ». La dernière d'entre elles expose les huit marches du chemin du bonheur, pour parvenir au juste perfectionnement de notre compréhension, notre pensée, notre parole, notre action, nos moyens d'existence, notre effort, notre attention et notre concentration.

Dans ce chapitre et dans les suivants, nous examinerons ces huit marches en détail. Vous remarquerez que trois aspects, la compréhension, l'effort et l'Attention, apparaissent de manière répétée. Il s'agit de points essentiels du chemin, où tout est interdépendant, mais où rien ne fonctionne sans une forte dose de compréhension, d'effort et d'Attention.

Vous avancez sur ce chemin en portant une Conscience attentive sur tous les aspects de votre vie quotidienne, en travaillant continuellement à la rendre plus saine au moyen d'une compréhension juste. À mesure que le mental se calme, les intuitions commencent à apparaître.

Certaines intuitions peuvent être ressenties comme une douce révélation quand une certaine partie de votre vie ou du monde devient soudainement claire. D'autres sont profondes, comme si toute la terre avait été secouée par votre nouvelle connaissance. Une impression de libération peut apparaître, suivie d'un puissant sentiment de bien-être ou de félicité pouvant durer pendant des heures ou même des jours. Ces merveilleuses expériences ne sont pas l'Illumination. Elles donnent juste une idée de ce que l'Illumination complète pourrait être.

Mais un moment peut venir où tous les facteurs des huit marches sont en place. La moralité a été rendue parfaite, la concentration est profonde et forte, l'esprit est vif et clair. Alors, une intuition extrêmement profonde peut se produire – l'intuition que toute expérience est impersonnelle et impermanente à tous points de vue, et que rien ne mérite de s'y attacher. À ce moment, tous vos doutes disparaissent et votre vision du monde change.

À partir de cet instant, vous marchez sur le chemin à un niveau entièrement nouveau. Précédemment, il vous fallait une bonne et claire compréhension intellectuelle de la manière dont tous les aspects du chemin s'articulent et fonctionnent ensemble. Après cette profonde intuition, votre compréhension atteint un niveau supérieur, appelé « supra-mondain », et vous avancez avec une confiance suprême. Vous savez que, quoi qu'il arrive, vous atteindrez votre but.

Quoi que nous fassions, la première chose est de savoir pourquoi nous le faisons. C'est pourquoi le Bouddha a fait de la Compréhension juste le premier pas de son chemin vers le bonheur. Il voulait que nous comprenions que la voie bouddhique n'est pas une théorie abstraite, une sorte de « promesse d'être bon » pour obtenir une récompense, ni un code de conduite mystérieux que nous devrions suivre pour appartenir à une société secrète.

Plus exactement, le chemin du Bouddha est fondé sur le bon sens et sur l'observation attentive de la réalité. Il savait que si nous ouvrons nos yeux et regardons attentivement notre vie, nous comprendrons que les choix que nous faisons conduisent soit au bonheur, soit au malheur. Une fois ce principe pleinement compris, nous ferons de bons choix, parce que nous voulons être heureux.

Comme le Bouddha l'a expliqué, la Compréhension juste comporte deux parties : comprendre la cause et l'effet, et comprendre les Quatre Nobles Vérités.

COMPRENDRE LA CAUSE ET L'EFFET

Les bouddhistes peuvent dire que des actions sont justes ou injustes, bonnes ou mauvaises, morales ou immorales, mais en esprit ils donnent à ces adjectifs un sens quelque peu différent de celui qu'ils transmettent généralement. « Habile ou malhabile » fait probablement mieux comprendre leur idée. À la base de la moralité bouddhique se trouve la notion que l'action malhabile entraîne des conséquences malheureuses, alors qu'agir habilement produit des résultats heureux. Ce simple principe de cause à effet est un aspect de ce que les bouddhistes appellent kamma (ou karma).

Même si des actions malhabiles peuvent apporter une joie temporaire – quand, par exemple, le trafiquant de drogue tire plaisir de sa nouvelle automobile rutilante, ou lorsque vous ressentez une satisfaction d'amour-propre en faisant souffrir quelqu'un qui vous a blessé, le Bouddha insistait sur le fait que les mauvaises actions engendrent toujours le mal. Nos propres observations confirment cette vérité. Parfois, ce mal n'est pas visible, comme dans le cas de la souffrance mentale due à la culpabilité et au remords. D'autres maux ne se manifestent pas immédiatement. Les résultats des actions habiles et malhabiles, a expliqué le Bouddha, peuvent atteindre quelqu'un d'éloigné, loin dans le futur, même au-delà de la vie présente.

Il est possible que vous pensiez : « Je ne me fais pas de soucis pour une vie future, je veux simplement tirer ce que je peux de celle-ci. » Le Bouddha nous a conseillé de considérer les possibilités suivantes : même s'il n'y a pas de vie future, accomplir des actions saines m'apportera du bonheur et une conscience claire dans cette vie-ci. Et s'il se trouve qu'il y a une vie future après la mort, je serai doublement récompensé – maintenant et plus tard encore. De l'autre côté, s'il n'y a pas de vie future, en agissant mal je me sentirai misérable et coupable dans cette vie-ci. Et, s'il y a réellement une vie future au-delà de la mort, je souffrirai encore à l'avenir. Ainsi, qu'il y ait une vie future ou non, abandonner ce qui est malsain et cultiver ce qui est sain garantit notre bonheur.

Une fois que nous comprenons que tout ce que nous pensons, disons ou faisons est une cause qui a inévitablement un certain effet, maintenant ou dans le futur, nous voudrons naturellement penser, dire et faire des choses qui conduisent à des résultats positifs, et éviter les pensées, paroles et actions qui entraînent des conséquences négatives. Reconnaître que les causes produisent toujours des conséquences nous aide à accepter celles des actions passées, ainsi qu'à concentrer notre attention pour faire des choix pouvant mener à une vie plus heureuse à l'avenir.

Les actions habiles sont celles qui créent les causes du bonheur, par exemple celles qui sont motivées par l'amitié-bienveillance et la compassion. Toute action émanant d'un esprit qui n'est pas dominé en ce moment par le désir, la haine ou l'illusion mensongère apporte le bonheur à celui qui agit et à celui qui en est le destinataire. Une telle action est, par conséquent, habile ou juste.

Supposons, par exemple, que vous cultiviez régulièrement la générosité et l'amitié-bienveillance envers tous. Ce bon comportement est une cause. Quel en sera le résultat ? Vous vous ferez de nombreux amis, beaucoup de gens éprouveront de l'affection pour vous, vous vous sentirez détendu et paisible. S'il arrive que des personnes autour de vous soient en colère et malheureuses, vous ne serez pas comme elles.

Votre comportement positif aura créé deux types de résultats immédiats. Le premier est intérieur. C'est la manière dont vous vous sentez. Comme vous avez été régulièrement généreux et bon, et avez réfléchi à vos actions généreuses et aimantes, votre esprit est paisible et heureux. Le second type est extérieur : on vous apprécie et on a de l'affection pour vous. Bien que ce soit certainement agréable, les résultats extérieurs sont moins importants que les premiers, car ils sont tributaires de la réaction d'autres personnes et, par conséquent, moins fiables.

Lorsque nous comprenons ce principe, son contraire devient également clair. Le Bouddha a désigné dix actions qui sont toujours malhabiles, car elles causent inévitablement de la souffrance. Trois d'entre elles sont des actions liées au corps : tuer, voler et avoir une conduite sexuelle incorrecte. Quatre sont des actions liées à la parole : mentir, médire, parler avec brutalité, bavarder inutilement. Les trois dernières sont des actions liées à l'esprit : convoiter, haïr et comprendre de manière erronée la nature de la réalité.

Ce que recouvre chacune de ces dix actions et comment nous pouvons les éviter est expliqué en détail dans les prochaines étapes du chemin. Cependant, avant même de pouvoir pratiquer la voie du Bouddha, nous avons besoin d'une compréhension de base suffisante, pour nous rendre compte que ces dix actions sont malhabiles car elles entraînent inévitablement une profonde souffrance, à la fois à ceux qui les commettent et à ceux qui les subissent.

S'abstenir de ces dix actions ne résulte pas d'une liste de commandements, mais d'un ensemble de principes à suivre volontairement, par conviction. Personne ne peut vous y contraindre. Vous devez découvrir par vous-même, à partir de vos propres expériences et en observant celles d'autrui, si ces actions mènent à des résultats positifs ou négatifs. C'est votre expérience qui vous dira si les comportements malhabiles entraînent des souffrances physiques et psychologiques, pour vous-même et pour les autres.

Par ailleurs, les gens n'entreprennent de mauvaises actions que lorsque leur compréhension est défectueuse et leur esprit pollué par l'avidité, la haine ou l'illusion mensongère. En fait, toute action provenant d'un esprit plein d'avidité, de haine ou ignorant conduit à la souffrance et est, par suite, malhabile ou fausse.

La morale bouddhique est un comportement rationnel fondé sur ce principe de cause à effet. Pour mal agir, vous avez besoin de vous mentir à vous-même sur les causes et les effets. Plus votre comportement est mauvais, plus votre mensonge doit être grand. Quelle intuition profonde, quelle libération pourrez-vous jamais connaître, si vous nourrissez délibérément vos illusions par des comportements allant à l'encontre de cette vérité fondamentale que les actions ont des conséquences ? Si vous vous engagez dans un comportement réellement mauvais, vous ne parviendrez pas à une grande clarté – sans parler d'intuition libératrice – par la voie du Bouddha. Vous devez observer ces principes de moralité. C'est essentiel.

La méditation de la Vision intérieure accroît la perception des conséquences dévastatrices d'un comportement immoral. Le méditant fait l'expérience saisissante des effets douloureux des pensées, des paroles et des actes malsains, et il éprouve de manière pressante le besoin de renoncer à toutes leurs formes.

Vous seul êtes l'auteur de votre avenir – l'expérience vous l'enseigne. Votre comportement n'est pas une loi naturelle immuable. À chaque moment, vous avez la possibilité de changer, de modifier vos pensées, vos paroles, vos actions. Si vous vous entraînez à être attentif à ce que vous faites, et vous demandez si vos actions ont des chances d'avoir des résultats positifs ou négatifs, vous serez votre propre guide pour aller dans la bonne direction.

De bonnes intentions répétées peuvent générer une puissante voix intérieure qui vous gardera sur les rails. Elle vous rappellera, chaque fois que vous êtes pris au piège d'un cycle de souffrance, que vous pouvez en sortir. Périodiquement, de brefs éclairs vous montreront à quoi ressemble le fait d'être libre. Vous transformerez cette vision en une réalité en accomplissant des actions positives et en laissant partir la souffrance.

Ainsi, la moralité – définie comme des actions en accord avec la réalité – est le fondement de tout progrès spirituel. Sans elle, aucun aspect du chemin ne permettra de réduire la souffrance.

L'idée que les actes ont des conséquences qui leur correspondent est la première partie de la Compréhension juste. Maintenant, vous devez y ajouter une bonne intelligence des Quatre Nobles Vérités.

COMPRENDRE LES QUATRE NOBLES VÉRITÉS

Le Bouddha a lui-même dit qu'il enseignait seulement quatre idées : insatisfaction, cause, cessation et chemin. « Insatisfaction » se réfère à la souffrance que nous ressentons dans notre vie. « Cause » est la raison de cette souffrance : notre esprit indiscipliné, avide. « Cessation » est la promesse du Bouddha que nous pouvons faire cesser l'insatisfaction en supprimant notre avidité. « Chemin » est la démarche aux huit aspects que nous devons faire pour atteindre ce but.

Durant ses quarante-cinq années d'enseignement, du jour de son premier sermon dans le parc aux Gazelles jusqu'à sa mort, le Bouddha a expliqué ces quatre mots des centaines de fois. Il voulait avoir la certitude que ces idées essentielles puissent être comprises par des gens de tempéraments différents, situés à des niveaux de développement spirituel variés.

En une occasion, il expliqua que le mécontentement venant des souffrances de la vie est un fardeau. Nous créons notre insatisfaction en ramassant le fardeau. Nous la faisons cesser en le mettant à terre. Le chemin nous dit comment nous décharger du fardeau. Une autre fois, il appela l'insatisfaction une maladie. Comme un médecin, le Bouddha diagnostique la cause de la maladie. La guérison obtenue par le docteur Bouddha met fin à la maladie, et le chemin est la médecine qu'il nous a prescrite pour recouvrer la santé.

Comprendre la première vérité : l'insatisfaction

La première vérité énoncée par le Bouddha nous dit que l'insatisfaction est inévitable. Vous êtes en droit de vous demander : « Cet enseignement sur l'insatisfaction s'applique-t-il à notre monde moderne, alors que tant de découvertes ont rendu notre vie plus confortable ? À l'époque du Bouddha, les gens devaient souffrir des éléments, de la maladie et des désastres naturels. Mais nos capacités techniques actuelles ne nous permettent-elles pas de faire tout ce que nous voulons, d'aller partout où nous le désirons et de fabriquer tout ce dont nous avons besoin ? »

Pourtant, aussi facile et sûre notre vie moderne puisse paraître, la vérité de l'insatisfaction n'a pas changé. Elle est aussi valable aujourd'hui qu'elle l'était à l'époque du Bouddha. En ce temps-là, les gens étaient insatisfaits, et nous le sommes aussi.

Cette première vérité énoncée par le Bouddha peut prendre différents noms en fonction de la situation : souffrance, stress, peur, tension, anxiété, chagrin, déception, colère, jalousie, solitude, nervosité, douleur... Tous les êtres humains, quel que soit l'endroit ou l'époque à laquelle ils vivent, sont soumis à ces mêmes problèmes.

À n'importe quel moment nous pouvons tomber malades. Nous pouvons être séparés de ceux que nous aimons. Nous pouvons perdre ce qui est nôtre ou être forcés par les circonstances à nous accommoder de conditions que nous détestons. Parents et enfants, maris et femmes, frères et sœurs, voisins et amis, communautés et pays, tous se querellent pour l'argent, le pouvoir, les fonctions, les frontières... Certains de ces problèmes naissent de l'avidité, d'autres de la haine, d'autres de l'ignorance. Tous sont, à la fois, liés à des conditions extérieures – conditions sociales, politiques, économiques, éducatives, environnementales – et propres à nous-mêmes.

Reconnaître le caractère inévitable de ces problèmes déclenche la souffrance en notre esprit. Les prendre en compte et les accepter tels qu'ils sont réellement, sans blâmer les autres, est l'essence de la première vérité du Bouddha. Pour débuter sur le chemin du bonheur, dit-il, nous devons regarder l'insatisfaction en face, l'esprit calme et sans émotivité, sans nous mettre en colère, sans nous sentir déprimés, sans pessimisme. Nous devons ouvrir pleinement les yeux sur notre situation difficile : chaque expérience vécue apporte un certain degré de souffrance à quiconque n'est pas pleinement illuminé.

La souffrance peut être extrêmement subtile : une légère nervosité sous-jacente. Elle peut aussi être plus évidente : un fort attachement à une personne, à une possession, ou à une opinion. Tout dépend de la force de notre désir, de notre haine et de notre aveuglement, de notre personnalité et de nos expériences passées.

Considérez, par exemple, le cas de deux personnes, témoins du même événement, qui en retirent des impressions complètement différentes. L'une le trouve heureux et agréable, l'autre effrayant et terrible. La joie et son opposé sont des productions mentales. Notre esprit crée nos expériences vécues, et jouit de ces créations ou en souffre. C'est pourquoi le Bouddha disait que nous créons le ciel et l'enfer dans cette vie même.

Jusqu'à ce que nous atteignions l'Illumination, de nombreuses sortes d'expériences nous causent, à tous, de puissants désagréments. Examinons-en trois : le cycle de la vie, le changement et l'absence de contrôle sur notre vie.

LE CYCLE DE LA VIE

Le cours inévitable de la vie humaine – naissance, vieillissement, maladie, mort – fait apparaître l'insatisfaction.

Les enfants ne naissent pas avec un grand sourire aux lèvres. En grandissant, le cri par lequel nous avons salué le monde pour la première fois se fait moins entendre. Nous pourrions dire qu'il se transforme en un cri intérieur, se poursuivant pendant le reste de notre vie. Nous pleurons pour obtenir des litres et des litres de lait, des tonnes de nourriture, des mètres et des mètres de tissu, des hectares de terrain pour y bâtir des maisons, des écoles, des hôpitaux. Nous demandons que des arbres soient abattus pour faire du papier, des livres, des meubles. Nous réclamons on ne sait combien de pilules pour des maladies variées, nous voulons qu'un grand nombre de gens nous aiment et disposer de multiples moyens pour combler nos manques. Si nous n'étions pas nés dans ce monde insatisfaisant, toutes les autres formes d'insatisfaction n'existeraient pas. Avec chaque enfant, pourrait-on dire, l'insatisfaction prend elle aussi naissance.

La société également, dans l'ensemble, souffre pour cause de naissance. À mesure qu'augmente la population terrestre, la pollution de l'air, de l'eau, de la terre, s'accroît de manière alarmante. Avec tant de bouches à nourrir, les ressources diminuent, la faim hante de nombreuses parties du monde. Les forêts disparaissent en nombre croissant pour construire des routes et bâtir des maisons. Le surpeuplement favorise la dissémination de terribles maladies. Et il ne s'agit là que de quelques exemples. Vous pouvez, sans aucun doute, penser à de nombreux autres.

Le processus de vieillissement fait également apparaître l'insatisfaction. Nous avons probablement oublié combien nous avons dû nous adapter dans notre enfance à un nouveau voisinage ou à un nouvel enseignant, mais nous nous souvenons certainement de nos difficultés à l'adolescence, pour nous adapter aux changements du corps et des émotions. À l'âge adulte, nous devons nous plier à de nouveaux emplois, de nouvelles relations, de nouvelles technologies, de nouvelles maladies, de nouvelles conditions sociales – souvent avant même d'être pleinement à l'aise avec les présentes. Ces changements inconfortables semblent être communs à toutes les étapes de la vie.

En vieillissant, le problème de l'ajustement au changement devient plus manifeste encore. Il est pénible de perdre le bien-être physique dont nous jouissions dans notre jeunesse. Nous savons que vieillir est inévitable, mais nous souhaitons que ce ne le soit pas. Aussi souffrons-nous.

Lorsque le Bouddha a dit que vieillir fait apparaître la souffrance, il parlait en réalité de la croissance et de la dégénérescence en général. Nous savons que chacune des cellules de notre corps est en train de se dégrader ou de mourir, et que de nouvelles cellules prennent continuellement leur place. De même, chaque état d'esprit se dissipe et un nouvel état apparaît. À la longue, ce processus de dégénérescence et de changement affaiblit le corps et l'esprit, et cause notre mort physique.

De manière évidente, la maladie est une autre cause d'insatisfaction. Tout le monde sait à quel point la maladie est douloureuse. En fait, la maladie cause deux formes de souffrance : la peur d'être malade et l'expérience directe de la maladie. Ainsi est-elle une source continuelle d'anxiété, créant la souffrance quand nous sommes malades et la peur quand nous sommes en bonne santé.

Les gens pensent généralement que douleur et souffrance sont synonymes, mais ce n'est pas le cas. Bien que vous ne puissiez pas éviter la douleur d'une blessure ou d'une maladie, il est possible d'éviter la souffrance qui résulte de la douleur. À mesure que diminue votre attachement à ce que vos sensations corporelles soient d'une certaine manière, vous éprouvez moins d'insatisfaction quand elles sont différentes. Par exemple, lorsque Devadatta lança une pierre et blessa le Bouddha au pied, celui-ci éprouva de la douleur. Mais, comme il comprenait la nature de la douleur, il ne souffrit pas à la manière des gens ordinaires. Il est généralement possible de s'accommoder des sensations douloureuses. La souffrance causée par « ce qui est » est plus profonde et plus difficile à surmonter.

La quatrième forme de souffrance du cours de la vie est la mort – non seulement le moment de la mort, mais aussi tout ce qui y mène. Nous redoutons tous la mort et nous nous tracassons quant à la manière dont nous mourrons et quant au moment où cela pourrait se produire. Nous savons aussi qu'en mourant, nous serons obligés de tout laisser derrière nous. Sommes-nous capables de le supporter ? Quand quelqu'un que nous aimons meurt, c'est un choc ; le chagrin et le sentiment de perte peuvent durer des années, et même toujours.

Mais les souffrances du cycle de la vie ne se terminent pas avec la mort. Le Bouddha a enseigné que celle-ci n'y met pas fin. Quelqu'un ayant traversé de grandes souffrances peut dire, à l'approche de la mort : « Plus jamais cela. » Mais ce simple souhait ne peut empêcher le cycle de se poursuivre. Aussi longtemps que nous sommes ignorants de la nature véritable de la réalité, cette vie se connecte à une autre. Aussi longtemps que le désir, la haine et l'ignorance existent dans notre conscience, la ronde sans fin des renaissances – le cycle des vies passées, présentes et futures – continuera.

Au sein du cycle, les désagréments que nous avons mentionnés se reproduisent encore et encore. L'énergie de toutes ces expériences est comme un sac à dos que nous portons de vie en vie, à travers un nombre incalculable de renaissances. À chaque nouvelle vie, son contenu est simplement transféré dans un nouveau bagage. Quand nous mourons, rien de matériel ne vient avec nous. Pourtant, ce même sac à dos d'énergie – les traces de toutes les activités mentales et de toutes les paroles et actions intentionnelles de cette vie et des précédentes – non seulement voyage avec nous, mais oriente véritablement la nouvelle vie.

Jusqu'à ce que nous ayons vidé nos sacs – jusqu'à ce que nous ayons épuisé les résultats de tout ce que nous avons créé par désir, haine, ou ignorance, au cours d'innombrables vies –, nous ne pouvons échapper à la mort et à la renaissance perpétuelles. Cette pensée peut nous motiver pour faire tout ce que nous pouvons en cette vie-ci pour parvenir au bonheur permanent de la libération.

Nous avons déjà mentionné le désir et la haine comme de fortes motivations de nos actions, mais que voulait dire le Bouddha quand il parlait d'ignorance ? Et pourquoi joue-t-elle un rôle aussi crucial dans le mécontentement que nous ressentons ?

« Ignorance », au sens bouddhique, signifie à la fois « ne pas connaître, » comme dans ne pas connaître ce que le Bouddha voulait dire par les Quatre Nobles Vérités, et « connaissance erronée, » c'est-à-dire croire que nous comprenons comment le monde fonctionne, alors que nous ne le comprenons pas.

Étant ignorants de la vérité de la souffrance, nous croyons qu'un nouvel emploi, une nouvelle maison, un nouveau partenaire, nous apportera un bonheur authentique. Ignorant la manière dont l'énergie de nos paroles et de nos actions voyage avec nous de cette vie à la suivante, nous permettons au désir, à la haine, au doute, à la jalousie..., de nous motiver. Ignorant qu'une vie simple et disciplinée, de bons amis, la pratique de la méditation et une étude attentive de la nature véritable de notre expérience nous apportent le bonheur en cette vie et en celles à venir, nous forgeons des millions d'excuses pour ne pas nous engager dans ces activités positives.

Nous sommes même ignorants de notre ignorance. Après un enseignement particulièrement profond sur la nature de la réalité, Ananda, le fidèle serviteur du Bouddha, lui dit : « Vénérable, cet enseignement semble très profond, mais il est pour moi aussi clair qu'il est possible de l'être. » Le Bouddha répondit : « Non, non, ne dis pas cela ! Il ne semble pas seulement profond, il est profond » (D15).

En raison de son ignorance, la compréhension du message du Bouddha par Ananda n'était pas encore complète, et ainsi n'atteignit-il pas la libération à ce moment-là. Comme Ananda, notre ignorance continue de nous faire tourner parmi les nombreuses souffrances du cycle de la vie.

LE CHANGEMENT

Le changement nous mécontente également. Quoi que nous fassions, le changement nous sépare de ce que nous aimons et nous offre ce que nous haïssons. La mort et l'éloignement nous séparent de ceux que nous aimons. Les amis déménagent. Les partenaires nous rejettent. De telles séparations nous font très mal. Perdre ce à quoi nous sommes attachés nous met en colère et nous attriste. Même une chose insignifiante peut nous désoler quand elle se casse ou disparaît.

Jadis, quand j'avais quatre ans, assis sur le sable, j'avais tracé avec mon doigt un cercle parfait autour de moi. Comme j'étais content ! Ma sœur, qui avait à peu près sept ans, s'approcha et effaça le cercle avec son pied. J'ai été pris d'une telle colère que je me suis lancé à sa poursuite, ai ramassé un banc en bois, petit mais lourd, et l'ai lancé sur elle. Elle en garde encore une cicatrice à l'un de ses orteils. Tout ce chagrin, toute cette fureur, tous ces pleurs et cette douleur, causés par une chose aussi insignifiante et éphémère qu'un cercle tracé dans le sable !

Non seulement nous perdons les choses que nous aimons, mais nous sommes continuellement confrontés à des gens et à des situations dont nous souhaiterions qu'ils n'existent pas – au moins pas ici, pas maintenant. Vivre ou travailler, chaque jour, avec quelqu'un que nous n'aimons pas crée beaucoup de mécontentement. Même quelque chose que nous ne pouvons pas contrôler, comme le temps, nous rend insatisfaits. À la Bhavana Society, en Virginie, où j'enseigne, les gens se plaignent quand il fait chaud et lourd. Mais quand le temps est frais et qu'il pleut, ils se plaignent aussi. Quand il fait sec, ils se plaignent que leur peau et leurs sinus en sont affectés. Quand il fait froid, ils se plaignent, car ils ont peur de glisser sur la glace. Et quand le temps est parfait, ils se plaignent de ne pas avoir le temps d'en profiter !

Quand nous regardons autour de nous, il est clair que tout ce qui existe est une cause d'insatisfaction. Pourquoi en est-il ainsi ? En fait, dans le monde, tout ce qui existe résulte d'une cause. Les changements de la pression atmosphérique, les vents et la température sont des causes de la pluie. Un arbre a pour cause la graine à partir de laquelle il grandit et la lumière du soleil, la terre et l'eau qui le nourrissent. Notre vie, elle aussi, est le produit de causes et de conditions – la cause physique directe : la procréation effectuée par nos parents et les empreintes énergétiques accumulées au cours de nos vies précédentes.

Le Bouddha a appelé tout cela et toutes les autres choses qui apparaissent à partir de causes des « productions conditionnées ». Il a expliqué que toutes les choses conditionnées ont trois caractéristiques. Premièrement, elles sont impermanentes. Avec le temps, tout – montagnes et moucherons, maisons et ordinateurs... se dégrade, change ou meurt. Deuxièmement, en raison de ces changements, tout ce qui est conditionné est insatisfaisant. Comme nous l'avons vu, toute chose changeante peut faire surgir la souffrance. Troisièmement, toutes les choses conditionnées sont sans soi ou sans âme. Cette dernière caractéristique est la plus difficile à comprendre, mettons-la donc de côté pour le moment.

L'impermanence est assez facile à comprendre. Le fait que les choses soient temporaires n'est pas le problème. C'est plutôt notre attachement aux personnes et aux choses – comme à mon cercle dans le sable – qui nous rend malheureux. Disons que nous avons un nouveau manteau que nous aimons énormément. Après l'avoir porté seulement quelques fois, il est maculé par de la peinture fraîche, ou bien il s'accroche à une aspérité et est déchiré, ou encore nous l'oublions dans l'autobus. Nous sommes ennuyés.

Un manteau abîmé ou perdu n'est pas une grande tragédie, naturellement, et nous pouvons le remplacer aisément. Mais qu'en est-il si le manteau est un cadeau de quelqu'un que nous aimons ? Si nous l'avons acheté pour nous souvenir d'un anniversaire particulier, d'une fête ou d'un voyage ? Alors, nous y sommes vraiment attachés et, quand il est perdu ou abîmé, nous sommes profondément ennuyés.

Il arrive que des personnes se fâchent quand elles entendent de tels propos. « Et le bonheur, alors ! Pourquoi n'en parlons-nous pas ? Pourquoi ne parlons-nous pas de la joie, des délices, du plaisir, au lieu de revenir tout le temps sur l'insatisfaction ? »

La réponse, mes amis, est le changement. En raison de l'impermanence, rien de plaisant, de joyeux, de délicieux, ne le demeure. En tant qu'adultes intelligents, nous devons parler de ce qui se passe réellement sans en être fâchés. Nous devons regarder droit dans les yeux cette insatisfaction créée par le changement et la reconnaître. Pourquoi la cacher et prétendre que tout est rose ?

Lorsque nous regardons le changement en face, nous pouvons commencer à voir qu'il a aussi un côté positif. Nous pouvons compter sur le fait que les conditions dans lesquelles nous nous trouvons dans notre vie, quelles qu'elles soient, changeront aussi. Les choses peuvent aller plus mal. Mais elles peuvent aussi aller mieux. À cause de l'impermanence, nous avons la possibilité d'apprendre, de nous développer, de grandir, d'enseigner, de nous souvenir et d'effectuer d'autres changements positifs, y compris pratiquer la voie du Bouddha. Si tout ce qui nous concerne était figé dans du béton, aucun de ces changements ne serait possible. Les incultes resteraient incultes. Les pauvres et les affamés resteraient pauvres et affamés. Nous n'aurions aucune possibilité d'en finir avec notre haine, notre avidité ou notre ignorance, et leurs conséquences négatives.

« D'accord ! Nous comprenons l'impermanence et le mécontentement qu'elle cause. Mais que signifie cette absence de soi ou d'âme ? Qu'a-t-elle à voir avec le changement ? » Le Bouddha a enseigné que les êtres et les objets de ce monde sont sans soi ou sans âme, précisément parce qu'ils sont toujours changeants. Nous ne sommes pas, nous-mêmes ni tout ce qui nous entoure, des entités statiques, permanentes. Nous ne pouvons pas coller une étiquette « moi » ou « mien » sur quoi que ce soit dans l'univers. Tout change trop rapidement.

Avec notre corps et nos sensations qui changent, nos perceptions, nos pensées, notre conscience, nos habitudes et nos intentions qui changent également, comment pourrions-nous désigner quelque chose et dire « C'est à moi » ou « C'est moi » ? Même l'idée ou la croyance « Ceci est moi » change immédiatement. Par commodité, nous pouvons dire « Je suis ici » ou « Ceci m'appartient », mais nous devrions employer ces mots avec sagesse et ne pas nous leurrer en pensant qu'ils impliquent l'existence d'une entité non changeante, le « je » ou « moi ». Les objets physiques changent aussi continuellement. Nous pouvons utiliser des appellations conventionnelles, et dire « Ceci est une chaise » ou « Voici un chimpanzé », mais elles conviennent à peine à la réalité changeante dont nous avons l'expérience.

Plus exactement, nous-mêmes et toutes choses sommes en transformation, un flux continuel de croissance et de dégénérescence, de construction et de destruction. Rien de notre monde ou de nous-mêmes n'est séparé et stable. Observez votre esprit pendant une minute et vous verrez ce que je veux dire. Les souvenirs, les émotions, les idées, les sensations dansent sur l'écran de la conscience si rapidement que nous pouvons à peine les attraper. Par conséquent, il est insensé que l'esprit saisisse et s'attache à n'importe laquelle de ces ombres passagères ou les repousse avec haine. Lorsque notre Vision intérieure est rapide et pénétrante, comme c'est le cas en état de concentration profonde, nous pouvons alors voir les changements clairement – si clairement qu'il ne reste plus de place pour croire à un soi.

Certaines personnes sont déprimées et désappointées, lorsqu'elles entendent parler de la doctrine du non-soi. Certaines se mettent même en colère. Elles concluent à tort que la vie n'a pas de sens. Elles ne comprennent pas qu'une vie vécue sans sentiment de soi est agréable au plus haut degré et pleine de signification.

J'ai donné, une fois, à un ami, le manuscrit d'un article pour qu'il le mette au point. C'était un rédacteur professionnel et je m'imaginais que cela lui prendrait environ une heure. Pourtant, il ne m'a donné aucune nouvelle pendant six mois. Finalement, il me rendit visite et nous sommes allés faire une promenade ensemble. Comme il ne disait rien de mon article, j'ai compris que ce serait un sujet délicat. Très gentiment et prudemment, j'ai abordé le sujet en lui demandant : « Avez-vous eu le temps de jeter un coup d'œil à mon article ? » Il resta silencieux un long moment et répondit ensuite : « Vénérable, je l'ai regardé. Quand je suis arrivé à l'enseignement sur le non-soi, j'ai été pris d'une telle colère que j'ai jeté le manuscrit ! » J'étais stupéfait, mais ne me suis pas fâché. J'ai préféré lâcher mon attachement à l'article que j'avais écrit. Il avait jeté mon manuscrit à cause du non-soi, aussi ai-je jeté le soi associé au manuscrit. J'ai pu rester détendu, amical et paisible.

Pourtant, cet homme devint rigide, tendu et malheureux, en raison de son attachement au soi.

Vous voyez combien il peut être difficile d'accepter cette notion d'absence de soi. Et pourtant, tant que vous conserverez l'idée du soi, vous vous sentirez inconfortable, rigide et avide, et les gens trouveront désagréable votre moi égotiste. Vous serez contrarié ou en colère quand quelqu'un ne sera pas d'accord avec vous ou vous fera des reproches sur un sujet, quand les choses vous décevront ou n'iront pas comme vous le voulez, et même quand on vous adressera une critique constructive. En comprenant correctement cette idée de non-soi, vous vous sentirez détendu et à l'aise. Vous vous mêlerez facilement à des personnes de n'importe quelle nationalité, vous ne vous sentirez ni plus ni moins important que les autres, vous vous adapterez facilement à toutes les situations, et tout le monde sera à l'aise avec vous.

En comprenant vraiment l'absence de soi, vous pourrez vous sentir heureux et détendu où que vous alliez, que vous soyez bien ou mal traité. Ne permettez pas à cet enseignement de vous déprimer, ni de vous mettre en colère.

Pour le moment, nous devons nous contenter d'essayer d'accepter cette idée intellectuellement. À mesure que se poursuit notre pratique de la Vision intérieure, nous pouvons cependant attendre ardemment le jour où nous percevrons directement l'absence de soi et l'absence d'âme en tous les phénomènes. Quand cela arrive, le mécontentement qui résulte du changement disparaît pour nous, à jamais.

Le Bouddha et les autres grands êtres qui ont atteint la pleine Illumination en sont des preuves. Le Bouddha était complètement libéré du concept du « je ». Naturellement, il continua de vivre en société après avoir atteint l'Illumination. De manière conventionnelle et pour faciliter la communication, il continua d'utiliser les formules habituelles, « je » et « moi ». Il n'y a pas de problème si vous faites de même. Le nom figurant sur votre permis de conduire peut ne pas être une « étiquette » parfaitement correcte, une garantie quant à votre identité permanente, mais c'est un moyen commode pour les besoins de la vie quotidienne.

Lorsque la Vision intérieure vous fait prendre conscience que le soi que vous avez si vigoureusement protégé est, en fait, une illusion – un courant de sensations, d'émotions et d'états physiques, constamment changeants, sans permanence ni identité fixe –, il n'y aura plus de « vous » pour s'attacher aux objets impermanents de ce monde. Et, par suite, pas de raison pour vous d'être insatisfait ou malheureux.

L'ABSENCE DE CONTRÔLE

Si nous contrôlions réellement notre vie, nous n'aurions aucune raison d'être mécontents. Mais nous ne la contrôlons pas. Maintes et maintes fois, nous n'obtenons pas ce que nous voulons, et avons ce que nous ne voulons pas.

Nous voulons un travail parfait, un bureau parfait, un parfait patron, une rémunération parfaite et qu'ils durent pour toujours. Mais ils changent, et nous n'avons pas notre mot à dire quant au pourquoi et au quand. Nous voulons garder ceux que nous aimons, mais quelle que soit la force de notre attachement, un jour nous serons séparés. Pour rester en bonne santé, nous prenons des vitamines et buvons des infusions de plantes, faisons de l'exercice et mangeons sainement, mais nous tombons tout de même malades. Nous voulons rester jeunes et forts et espérons que la vieillesse n'arrivera qu'aux autres, mais les années passent et nous découvrons que notre corps se comporte autrement. Quelle que soit la situation idéale dans laquelle nous nous trouvons, nous voulons naturellement la conserver. Mais nous n'avons pas de contrôle sur la loi de l'impermanence. Tout existe par son consentement, et nous n'avons aucune protection contre elle.

Il est également pénible que nous arrivent des choses que nous n'avons jamais souhaitées. Vous êtes piqué par une guêpe. Votre programme de télévision favori est supprimé. On force la porte de votre voiture. Vous perdez votre travail. Quelqu'un que vous aimez a un cancer. Vos précieuses photos de mariage ou vos trophées sportifs disparaissent dans un incendie. Votre enfant a un accident ou se met à la drogue. Scandale, blâme, réprobation, opprobre, échec, famine, perte de vos biens, perte d'affection, dégradation physique – tant de maux, tant de choses que nous ne voulons pas nous arrivent et arrivent à ceux que nous souhaitons protéger. Et nous n'avons aucun contrôle sur elles.

« D'accord ! êtes-vous peut-être en train de dire. N'en rajoutez plus ! » Mais il y a un autre volet à ce tableau. Si nous regardons de près, nous pouvons voir que même la réalisation de ce que nous souhaitons est également insatisfaisante.

Disons que vous avez envie d'une belle maison. Vous l'achetez et voyez tous les tracas qui s'ensuivent : vous devez payer l'hypothèque, les impôts, protéger la maison, installer des systèmes de sécurité, l'assurer, la décorer, la réparer et l'entretenir. Et puis, vous n'êtes pas souvent là. Le matin, vous partez au travail de bonne heure. Le soir, peut-être allez-vous à une soirée ou au cinéma. Vous rentrez seulement pour dormir cinq ou six heures et vous partez de nouveau. Aucun doute, la maison est très belle et très grande. Et vous continuez de payer les factures, de couper l'herbe, de réparer le toit et de nettoyer le garage. Vous avez ce que vous vouliez, mais êtes-vous heureux ?

Prenez un autre exemple. Une fille plaît à un garçon, et il lui plaît aussi. Chacun se donne beaucoup de mal pour attirer l'autre. Mais, dès que commence leur relation, ils ont peur. Il craint qu'elle ne tombe amoureuse d'un garçon plus séduisant, elle craint qu'une femme plus attirante le séduise. Jalousie, suspicion, soucis… est-ce le bonheur ?

Vous pouvez penser à d'autres exemples. Lisez simplement les journaux. Regardez l'histoire de l'heureux gagnant du Loto qui vécut ensuite malheureux ! C'est pourquoi on dit qu'il y a deux tragédies dans la vie : ne pas obtenir ce que l'on veut et l'obtenir.

LA PERCEPTION RÉALISTE

Le Bouddha a cherché à faire clairement comprendre que toute chose dans la vie, sans exception, était source de souffrance pour ceux qui ne sont pas éveillés. Il a recensé « cinq agrégats » qui incluent tous les aspects possibles de la réalité : forme, sensations, perceptions, formations volitives (intentions) et conscience. « Forme » fait référence à toute l'existence matérielle – y compris le corps, et les objets avec lesquels le contact est établi à travers les sens. Les quatre autres agrégats recouvrent toute l'expérience mentale. À la fin d'une liste de tout ce qui cause la souffrance, le Bouddha dit : « En bref, les cinq agrégats d'attachement sont souffrance » (D22).

Que se passe-t-il ? Pourquoi le mécontentement touche-t-il absolument tous les aspects de notre vie ? Comme le Bouddha l'a expliqué, notre insatisfaction provient de notre manière de percevoir et de penser à ce dont nous faisons l'expérience. La façon dont cela fonctionne est très subtile.

Nous savons que nous percevons le monde à travers nos sens. Généralement, nous parlons de cinq sens, par lesquels nous pouvons voir, entendre, sentir, goûter et toucher. Le Bouddha a parlé aussi d'un sixième sens, l'esprit, car notre esprit peut également percevoir les idées, les pensées, les images mentales et les émotions. Jusqu'ici, tout va bien.

En réalité, ce sont les données brutes de l'expérience que nos sens perçoivent ou, dans le cas de l'esprit, des images mentales de l'expérience – couleur, forme, taille, intensité, ton, dureté, grossièreté ou subtilité. Bien sûr, nous savons que la perception peut différer d'une personne à une autre, en fonction de l'état de l'esprit et des sens de celui qui perçoit. Quelqu'un qui a un gros rhume a des difficultés pour sentir ou goûter. Une personne dont l'ouïe est déficiente peut ne pas entendre un ton trop bas. Ainsi, la perception est subjective et dépend des facultés de la personne qui perçoit.

Nous sommes conscients de ces différences, mais notre esprit nous trompe. Il nous convainc que notre perception est juste et fiable. Il nous encourage à tenir pour certain que les caractéristiques que nous percevons font véritablement partie de ce que nous regardons, alors qu'elles résultent de conditions constamment changeantes, y compris celles, également changeantes, de nos propres sens.

Ce n'est pas tout. Immédiatement après la perception, notre esprit place dans une catégorie ou juge tout ce qu'il perçoit, et le classe dans une boîte. La première boîte porte l'étiquette « perceptions agréables » – l'odeur du pain fraîchement sorti du four, un concerto de violon, un superbe coucher de soleil… La seconde est étiquetée « perceptions désagréables » – la mémoire de la mort de notre père, une migraine, le hurlement d'une sirène de police… Dans la troisième boîte entrent les « perceptions neutres » – toutes ces choses et expériences envers lesquelles notre réaction est neutre.

Ensuite, évidemment, notre esprit n'étant pas totalement libre d'attachement, nous adhérons à ce qui est plaisant. Par aversion, nous repoussons ce qui est déplaisant. En raison de l'ignorance, nous ne portons pas attention à ce qui est neutre, et considérons tous les objets – plaisants, déplaisants ou neutres – comme étant permanents, possédant un soi ou une âme, et étant capables de nous apporter bonheur ou souffrance de manière permanente.

Le Bouddha a expliqué l'effet de cette perception erronée ou nocive de cette manière :

> En raison de l'œil et des formes, la conscience visuelle apparaît. La rencontre des trois est le contact. Avec le contact comme condition, il y a la sensation. Ce que l'on sent, on perçoit. À ce qu'on perçoit, on réfléchit. Ce à quoi on réfléchit, on le développe mentalement. Sur la base de ce que l'on a mentalement développé, perceptions et notions, colorées par la prolifération mentale, obsèdent un homme quant aux formes passées, futures et présentes que l'œil peut connaître (même développement pour l'oreille, le nez, la langue, le corps et l'esprit) (M18).

La perception réaliste ou saine, quant à elle, ne s'attache pas, ni ne rejette. Elle perçoit l'impermanence telle qu'elle est, l'insatisfaction telle qu'elle est, et l'absence de soi telle qu'elle est. Quand nous percevons le monde de manière saine, nous cultivons des pensées saines. La perception réaliste est puissamment thérapeutique. Si nous pouvions voir les objets et les gens tels qu'ils sont véritablement – impermanents, insatisfaisants et sans soi ou sans âme –, rien de ce que nous percevons ne pourrait nous rendre malheureux.

La perception réaliste est le but de la méditation de la Vision intérieure. Être réaliste veut dire ne pas fuir les aspects désagréables qui nous concernent et qui concernent notre monde.

Avec la Conscience attentive, nous apprenons à regarder l'existence, qui n'est pas toujours belle, agréable et heureuse, de manière réaliste. Nous voyons que la vie est un mélange de douleur et de plaisir. Nous sommes conscients de la douleur, physique et mentale, à sa naissance même, et observons combien de temps elle dure et comment elle disparaît. La méditation de la Vision intérieure agit comme un amortisseur. Si vous vous êtes habitué à faire face aux insatisfactions de la vie quotidienne et savez qu'il s'agit de phénomènes naturels, quand vous rencontrez une situation difficile ou douloureuse, vous y faites face bravement et calmement.

Quand nous pourrons regarder la souffrance en face sans sourciller, nous serons aussi capables de reconnaître le vrai bonheur.

Comprendre la seconde vérité : la cause de l'insatisfaction

La seconde vérité énoncée par le Bouddha nous dit que la cause de notre insatisfaction est le désir, que nous pourrions également appeler attachement, avidité, convoitise. Il ne semble pas que l'objet sur lequel il porte ait une importance – un bon repas, un ami cher, un but spirituel élevé... Si nous sommes attachés, nous serons insatisfaits et nous souffrirons.

« D'où provient le désir ? » pourriez-vous demander. Le plus évident est qu'il provient des pulsions corporelles – désir de rester vivant, de se vêtir, d'avoir un abri, désir de chaleur, de variété, de plaisir. Le désir est ancré dans les êtres humains. Il l'est également dans les animaux. Les plantes, elles-mêmes, semblent avoir une certaine forme de désir, car elles se tournent vers le soleil en quête de lumière et de chaleur. Une autre source de désir réside dans le conditionnement social – toutes ces opinions et valeurs que nous apprenons de nos parents, de notre famille, à l'école, par la publicité, les livres, et qui nous conditionnent à croire que certaines choses sont bonnes et d'autres mauvaises.

Le désir le plus puissant est fondé sur les sensations agréables. La vie nous prodigue un plaisir irrésistible à travers chacun de nos sens. Prenez la vue, par exemple. La conscience visuelle est agréable et procure du plaisir, tout comme les objets visuels, leur contact, les sensations qui en résultent, la reconnaissance visuelle, le désir de voir des objets, y penser, les considérer, en imaginer... Des sensations également agréables, apportant du plaisir, apparaissent par l'oreille, le nez, la langue et le corps. Tous les jours, sans exception, vous avez la possibilité de vous absorber, au moyen de vos sens, dans des objets agréables et plaisants. Pourtant, vous n'êtes pas heureux.

Dans sa deuxième vérité, le Bouddha nous a demandé de nous rendre compte que notre attachement au plaisir des sens est dangereux pour notre bonheur. Il comparait le plaisir des sens à un os dépourvu de viande, jeté à un chien affamé. Bien que le chien le ronge pendant longtemps, l'os n'apaise pas sa faim. À la réflexion, peut-être trouverez-vous que vous êtes dans le même cas. Quel que soit le nombre des plaisirs dont vous profitez, votre faim pour d'autres plaisirs est toujours là.

Quelle quantité de pommes de terre frites suffit ? Combien de morceaux de chocolat ? À combien de jeux vidéo vous faut-il jouer ou combien de romans devez-vous lire pour satisfaire votre envie de telles expériences ? Combien d'aventures sexuelles faudrait-il pour que votre libido soit satisfaite pour toujours ? Quelles quantités d'alcool, de drogue ? Parfois, certains restent éveillés toute la nuit et font la fête jusqu'à ce qu'ils s'écroulent. En avaient-ils assez ? Il est toujours possible de penser à quelque chose d'agréable que vous n'avez pas encore essayé.

Le Bouddha comparait le plaisir des sens à une épée aiguisée comme le fil du rasoir, dont la lame serait enduite de miel. Pour goûter le miel, les gens sont prêts à prendre le risque d'une grande douleur. Tous, nous pouvons penser à des exemples de personnes qui se sont blessées ou même tuées en recherchant le plaisir. Il y a quelques années, dans le journal, on relatait l'histoire d'un ouvrier qui réparait un toit. En regardant par une lucarne, il aperçut la maîtresse de maison en train de marcher nue. Se penchant en avant pour mieux voir, il prit tellement appui sur la lucarne qu'elle céda. Il fut grièvement blessé, en tombant dans la maison.

Alcool, drogues, voyages à risque, sports dangereux – sans parler des comportements sexuels inconsidérés – causent beaucoup de souffrances à un grand nombre de personnes.

Par ailleurs, les plaisirs des sens ne durent pas. Comme un rêve, ils sont éphémères. Ils vous échappent avec rapidité, sans rien vous laisser d'autre que vos sentiments et vos souvenirs. Comme des affaires empruntées, vous ne pouvez pas les conserver. Et plus vous êtes attaché à un plaisir, plus la douleur est grande lorsque, inévitablement, le temps, le changement ou les circonstances vous l'arrachent.

Le désir apparaît à partir des sensations de plaisir et de douleur. Lorsque le plaisir apparaît, il y a un désir de s'y accrocher et de le perpétuer. Lorsque la douleur apparaît, il y a un désir de la rejeter ou de la fuir. En raison de votre attachement aux sensations agréables et de votre aversion envers celles qui sont désagréables, vous recherchez constamment des expériences perpétuant l'agréable ou rejetant le désagréable. Une fois que vous avez trouvé un moyen d'atteindre ce but, vous devenez partial et vous développez un préjugé. Cet état d'esprit crée l'attachement. Pour protéger ou conserver ce qu'ils possèdent, les gens sont prêts à mentir, à blesser ou à insulter les autres, et même à prendre les armes pour défendre ce qu'ils croient leur appartenir.

Le désir conduit aussi à la souffrance mentale. En raison des sensations qui apparaissent au contact de ce qui procure du plaisir – paysages, odeurs, sons, goûts, touchers et idées – les gens pensent et rationalisent, théorisent, philosophent, spéculent et conceptualisent. Ils en viennent à soutenir des opinions et des croyances fausses. Se souvenant des plaisantes sensations passées, ils créent encore plus de pensées, de croyances et de théories.

Certains deviennent tellement obsédés par leurs désirs, qu'ils espèrent renaître pour jouir encore de tout ce qui est agréable. D'autres, en raison de leurs expériences désagréables, désirent ne plus renaître. « Cela va bien, disent-ils. Une vie suffit. Je n'ai plus besoin de tout cela. »

En profondeur, le désir naît de l'ignorance – ignorance de ce que rien ne dure et ignorance que le désir crée un malaise. Lorsque les sens entrent en contact avec ce qui procure du plaisir, l'esprit ignorant développe l'intention de s'en saisir et de le conserver. L'inverse se produit également. Lorsque les sens entrent en contact avec ce qui est déplaisant, l'esprit ignorant développe l'intention de s'échapper et de l'éviter. En raison de ces intentions, les gens effectuent des actions erronées avec le corps, la parole et l'esprit. À cause du désir, ils déforment la réalité et évitent d'assumer la responsabilité personnelle de leurs actions.

Accepter d'être responsable de ses actions

L'enseignement du Bouddha sur les causes et leurs effets montre clairement qu'accepter d'être responsable de ses actions est le fondement du bien-être et de l'épanouissement. Nier vos imperfections et rejeter sur le monde la responsabilité de votre mécontentement vous embourbe dans l'insatisfaction. Des malheurs arrivent à tout le monde. Aussi longtemps que vous rendez vos parents ou la société responsables de vos problèmes, vous vous donnez des excuses pour ne pas changer. Du moment où vous acceptez d'être le responsable de votre situation, même si d'autres peuvent y avoir contribué, vous commencez à avancer dans une direction positive.

Il me semble que nous déformons la réalité et nous dispensons d'assumer notre responsabilité personnelle, au moins de trois façons. D'abord, nous pensons que le monde extérieur est la cause de nos malheurs. Résultat : nous dirigeons toute notre énergie et nos capacités mentales vers l'extérieur. Nous nous consacrons à réformer ceux qui nous entourent, et parfois même en sommes obsédés, car leur perfection nous apporterait un soulagement. Ou bien nous essayons de réformer la société, en nous imaginant que corriger ses maux résoudrait nos propres problèmes : « Lorsque la famine, la guerre et la pollution seront éliminées, alors je serai heureux. »

Naturellement, le désir d'améliorer la société est louable. Voyant combien il y a de malheureux, nous éprouvons de la compassion et agissons pour alléger leur souffrance. Mais, souvent, nous ne nous rendons pas compte qu'en essayant de corriger les problèmes des autres, nous oublions ou refoulons les nôtres. Notre excuse : tellement de choses qui vont mal dans la société ont besoin d'être remises en ordre que nous n'avons pas le temps de nous améliorer nous-mêmes.

En réalité, nous manquons peut-être de l'honnêteté et du courage nécessaires pour examiner nos vraies intentions. Bien que ceux qui s'investissent dans l'action sociale puissent être très compatissants et posséder un grand esprit de service, certains n'admettent pas leurs réelles motivations. Nous savons tous qu'aider les malheureux peut procurer un sentiment de puissance que nous n'aurions pas en travaillant avec des gens qui ne dépendraient pas de nous. Le désir du pouvoir est un instinct de base. Voir jusqu'à quel point ce que nous faisons pour les autres en provient demande beaucoup d'honnêteté. Reconnaître les intentions derrière nos actions peut nous aider à nous concentrer sur la tâche de première importance : mettre notre propre maison en ordre avant d'essayer de sauver les autres.

La deuxième excuse que nous invoquons pour nous dispenser d'accepter la responsabilité de nos actions consiste à soutenir que nous n'avons pas de problèmes. Nous nous focalisons sur nos propres objectifs et nos propres plaisirs, et ne portons que peu d'intérêt à la manière dont les autres peuvent être affectés par ce que nous faisons. Profondément en nous, il se peut que nous pensions que le monde extérieur n'a pas d'importance, et qu'il est même imaginaire, d'une certaine façon. Si nous pouvions écouter nos propres pensées, nous nous entendrions dire : « Moi seul existe, et ce qui m'importe est la seule chose importante – rien d'autre n'a d'importance. »

Tous, nous pouvons penser à nos personnages publics qui proclament certaines valeurs et agissent différemment en privé. Ces personnes sont centrées sur leur propre intérêt. Certaines d'entre elles, qui ont un peu d'honnêteté, admettent qu'elles sont animées par le désir de faire fortune, par l'attrait du pouvoir ou de la popularité. Et pourtant, elles ont trouvé un moyen d'éviter de reconnaître leur responsabilité dans les résultats de leurs actions. Elles se dupent elles-mêmes en pensant que le but personnel qu'elles poursuivent est plus important que tout le reste. Elles se leurrent en croyant qu'atteindre leur but les rendra heureuses, sans qu'importent ceux qui sont blessés en cours de route.

La troisième manière d'éviter nos problèmes personnels est simplement de les fuir. C'est ce que nous faisons tous. Regarder la télévision ou vider le réfrigérateur de la glace au chocolat sont des façons typiques d'éviter une honnête réflexion sur soi-même. Vous endormez votre esprit et votre corps par le confort et la détente, et vous allez au lit. Le temps passe. À part vieillir et grossir, rien ne change. Le défi consiste à avoir le courage de se demander pourquoi.

À un moment ou à un autre, nous nous sommes tous laissés aller à ce genre de dérobades devant la responsabilité et y avons trouvé un soulagement temporaire, un très bref réconfort. Mais aucune d'elles n'offre une solution véritable et durable à nos problèmes. Que vous essayiez de changer le monde, de l'ignorer, ou de vous en détourner, vous ne pouvez pas éviter la responsabilité finale de vos actions. La vie a ses hauts et ses bas, et nous les créons. Notre véhicule – notre agrégat corps-esprit – est rempli de moments difficiles. La seule chose qui puisse nous aider, selon l'enseignement du Bouddha, est de trouver un moyen d'améliorer le seul instrument ayant le pouvoir de nous rendre et de rendre le monde heureux. Cet instrument est notre esprit.

Comprendre la troisième vérité : la fin de l'insatisfaction

La troisième vérité du Bouddha est sa promesse qu'il y a une fin à l'insatisfaction. Cette fin provient de l'éradication complète de tout attachement, de tout désir. Maintenant que nous commençons à comprendre les causes et les conséquences de notre propre comportement, et à accepter d'être responsables de nos pensées, de nos paroles et de nos actes, nous pouvons voir que nous avons un rôle important à jouer pour mettre fin à notre propre mécontentement. Pourtant, à ce stade, il nous est difficile d'imaginer ce que l'on pourrait ressentir dans un total bonheur. À quoi cela ressemblerait-il de ne jamais éprouver ni désir ni haine ?

Cette question même fut soulevée par les disciples du Bouddha. Un jour, le vénérable Sariputta, l'un des deux principaux disciples du Bouddha, lui-même un enseignant éclairé, était en discussion avec un groupe de moines. Ils lui demandèrent : « Vénérable, on dit que cet état de bonheur permanent que le Bouddha appelle nibbana (ou nirvana) n'est pas un bonheur dont on peut faire l'expérience. Comment peut-on appeler bonheur quelque chose dont on ne peut pas faire l'expérience ? » Sariputta répondit : « C'est pourquoi on l'appelle bonheur. » (AIV(Nines). IV.3)

En d'autres mots, le bonheur consiste en ce qui n'est pas éprouvé. La troisième vérité nous enseigne que le bonheur balaye tous les états d'esprit négatifs – tout désir, toute haine, toute ignorance. Quand nous parvenons enfin à éteindre tous les feux intérieurs qui brûlent nos yeux, nos oreilles, notre nez, notre langue, notre corps et notre esprit, nous faisons alors l'expérience du bonheur total, de la paix totale. Sans doute est-il difficile d'imaginer ce qu'on ressent dans un tel état. La seule façon de le savoir est de suivre le chemin qui mène à ce but.

Comme beaucoup d'entre nous, les moines qui s'adressaient à Sariputta voulaient savoir, dès le départ du chemin, à quoi ressemblait son point d'arrivée. C'est comme si on demandait à une petite fille : « Que ressent-on quand on met un enfant au monde ? » La petite fille n'a jamais mis un enfant au monde. Elle doit grandir et devenir adulte pour en faire l'expérience. Il se peut qu'elle soit capable de dire quelque chose sur le sujet, à partir de ce qu'elle a lu ou entendu, mais elle ne peut pas parler de l'expérience complète. Sa mère, même, n'est peut-être pas capable de partager ce à quoi ressemble l'expérience de donner naissance à un enfant. Elle peut décrire sa propre expérience, mais ceux qui l'écoutent et qui n'ont jamais mis un enfant au monde ne seront pas capables de comprendre ce qu'une mère ressent.

Le bonheur permanent de l'Illumination est de cette nature. Il ne peut être compris que par ceux qui ont achevé le travail préliminaire et qui sont eux-mêmes passés par l'expérience.

Supposez que la petite fille vienne trouver son père et lui demande : « Papa, quelle est ta relation avec Maman ? » Il y a des chances pour qu'il lui réponde : « Ma chérie, va jouer dans le jardin. Je te le dirai plus tard. » Quand l'enfant aura grandi et sera prête à se marier, il se peut que son père lui dise : « Il y a bien longtemps, tu m'as demandé quelle était ma relation avec ta mère. Veux-tu que je réponde à cette question maintenant ? » Sans doute la jeune fille répondrait-elle : « Non, papa, je connais la réponse. »

La petite fille a grandi, sa compréhension s'est développée. Elle connaît la réponse par elle-même. Si un comportement naturel comme la relation entre un homme et une femme est si difficile à expliquer, imaginez combien il peut être difficile de comprendre le bonheur permanent d'être libéré de l'insatisfaction !

Pour le moment, notre esprit est plein d'idées, d'opinions, de suppositions, dont un grand nombre sont motivées par le désir, la haine ou l'ignorance. Chercher à comprendre la félicité du bonheur permanent, avant d'avoir éliminé nos états d'esprit négatifs, est impossible. Tout ce que nous pouvons faire est de citer les comparaisons, les analogies, les paraboles données par ceux qui ont atteint l'Illumination, et essayer d'en déduire une certaine compréhension. Par exemple :

> Il était une fois une tortue qui vivait parmi les poissons et les autres créatures aquatiques. Soudainement, elle disparut. Quand elle revint, les poissons lui demandèrent où elle était allée.
>
> « Je suis allée à terre », leur répondit la tortue.
>
> Ils lui demandèrent : « Comment l'eau est-elle là-bas ? »
>
> Elle répondit : « À terre, il n'y a pas d'eau.
>
> – Comment avez-vous nagé ?
>
> – Je n'ai pas nagé. J'ai marché.
>
> – Marché ? Que voulez-vous dire par "marché" ? Et y avait-il beaucoup de poissons, là-bas ? »
>
> Quand la tortue essaya de leur expliquer, les poissons, incrédules, dirent : « Pas d'eau, pas de poissons ; vous ne pouvez pas nager ; et vous avez dit "marché". Comment est-ce possible ? »
>
> La tortue répondit : « Vos spéculations semblent vous satisfaire. Quant à moi, je retourne à terre. » Sur ces mots, elle disparut.

De même que les poissons ne pouvaient pas concevoir l'idée de terre, quelqu'un qui souffre du désir, de la haine et de l'aveuglement, ne peut concevoir le nibbana. Pour comprendre, vous devez transcender tous les états négatifs de l'esprit et faire vous-même l'expérience de l'Illumination.

Jusqu'à ce que cela vous arrive, le plus proche de l'expérience du bonheur de l'Illumination qu'il vous soit possible d'atteindre est la félicité à laquelle vous parvenez parfois, quand vous avez momentanément déposé votre fardeau, quand l'esprit est juste « esprit », sans rien contenir d'autre. La compréhension que vous déduisez de ces moments peut être comparée au fait d'être dans le désert, épuisé et assoiffé, et de parvenir à un puits profond contenant un peu d'eau, tout au fond. Mais il n'y a ni seau ni corde. De toute façon, vous êtes trop faible pour hisser un seau d'eau. De sorte que, bien que vous voyiez l'eau, vous ne pouvez ni la goûter ni encore moins la boire. De même, quand votre esprit est temporairement libre du désir, de la haine et de l'aveuglement, vous pouvez percevoir la paix du nibbana, mais vous n'avez pas les outils pour l'atteindre. Se débarrasser de l'avidité est semblable à découvrir la corde de la générosité. Libérer l'esprit de la haine est semblable à attacher la corde au seau de l'amitié-bienveillance. La force dans vos mains est semblable à la sagesse, libre de l'ignorance. Lorsque vous réunissez ces trois qualités, vous avez les moyens de goûter, enfin, le bonheur du nibbana.

La félicité de cet état est indescriptible. Son unique caractéristique est la paix. Il n'est pas né. Il n'est pas créé. Il n'est pas conditionné. Le mieux que nous puissions faire est de dire ce que cet état n'a pas. Il n'a ni désir, ni attachement, ni saisie des objets, des gens, des expériences. Il n'a ni haine, ni aversion, ni colère, ni avidité. Il n'a pas le défaut de voir les choses comme étant permanentes, satisfaisantes, ou possédant un soi inhérent ou une âme.

Les personnes qui sont encore dans l'illusion de profiter de la vie telle qu'elle est ici, dans ce monde insatisfaisant, pourraient dire en entendant cette énumération : « L'Illumination n'a pas l'air bien amusante. Je ne suis pas sûr de vouloir parvenir à cet état. Y a-t-il des maisons là-bas ? Des familles, des écoles, l'assurance maladie, des hôpitaux, des autoroutes... ? » Cette question m'a été posée.

Nous devons répondre non. Celui qui demeure attaché à la vie, cette existence sans fin, manque de la clarté d'esprit pour vouloir atteindre l'état de bonheur permanent. Cette personne n'a pas compris la première vérité du Bouddha – que l'insatisfaction est inévitable – ou sa seconde vérité – que, selon le degré de notre désir, nous souffrons au même degré. Sans la juste Compréhension de ces points essentiels, il est impossible de comprendre la troisième vérité du Bouddha – que l'insatisfaction cesse quand nous mettons fin à tout attachement, à tout désir.

Vous pourriez vous demander s'il est juste d'avoir le désir d'atteindre l'Illumination et d'échapper au cycle sans fin de la renaissance. La réponse est oui. C'est un très bon désir – qu'on appelle le « désir d'être sans désir ».

Comprendre la quatrième vérité : le chemin

La quatrième vérité du Bouddha est le chemin qui mène à la fin de l'insatisfaction. Ses huit marches apportent paix et bonheur à ceux qui les effectuent. Nous les examinerons plus loin en détail, mais regardons-les rapidement :

- Première marche : la Compréhension Juste du message du Bouddha demande que nous comprenions le juste comportement en termes de cause et d'effet ; les Quatre Nobles Vérités, et comment elles s'insèrent dans le dessein d'ensemble de l'enseignement du Bouddha.
- Deuxième marche : la Pensée Juste nous ouvre à trois pensées

positives – la générosité ou lâcher-prise, l'amitié-bienveillance et la compassion.

- Troisième marche : la Parole Juste explique comment le fait de dire la vérité, d'éviter paroles malveillantes, langage brutal et bavardages, peut nous aider à avancer sur le chemin.
- Quatrième marche : l'Action Juste expose les principes de conduite éthique dans la vie, en particulier s'abstenir de tuer, de voler, d'inconduite sexuelle et d'alcoolisme.
- Cinquième marche : les Moyens d'Existence Justes expliquent pourquoi choisir un travail ou une profession « juste » est important pour notre pratique, et comment nous devrions approcher les questions d'éthique professionnelle.
- Sixième marche : l'Effort Juste explique les quatre démarches que nous pouvons effectuer pour dynamiser notre pratique – en prévenant les états d'esprit négatifs, en surmontant ces mêmes états, en cultivant les états d'esprit positifs, et en maintenant ces derniers.
- Septième marche : l'Attention Juste concerne la pratique de la méditation de la Vision intérieure – spécifiquement, cultiver l'Attention au corps, aux sensations et émotions, à l'esprit et aux pensées.
- Huitième marche : la Concentration Juste concerne les quatre stades d'absorption profonde que nous pouvons atteindre en méditation.

Ces huit marches ne sont pas simplement une énumération intéressante d'idées enseignées par le Bouddha. Elles constituent votre meilleur espoir pour parvenir à l'Illumination. Si vous les avez simplement effleurées rapidement et mises ensuite de côté, vous êtes passé à côté de leur potentiel. Il n'existe pas d'autre enseignement qui soit plus profond et plus central dans le message du Bouddha. En fait, ces huit marches sont le message du Bouddha.

Souvent, ces huit marches sont représentées par une roue – la roue de la clarté, par opposition à la roue de la naissance, de la mort et de la renaissance sans fin. La clarté met fin au cycle des naissances et des morts successives. Les rayons de la roue de la clarté sont les huit marches du chemin du Bouddha. Son moyeu est la combinaison de la compassion et de la sagesse. Par opposition, les rayons de la roue des naissances, morts et renaissances sans fin sont les nombreuses vies que nous avons vécues et vivrons dans les royaumes de la souffrance. Le moyeu de cette seconde roue est la combinaison du désir, de la haine et de l'ignorance.

Les deux roues sont constamment en mouvement. Tout autour de nous, nous voyons le cycle sans fin de la naissance et de la mort. Plantes, animaux et êtres humains sont toujours en train de naître et de mourir. Le mouvement de la roue de la clarté est plus difficile à voir, et pourtant il est là. Tout autour de nous, des gens pratiquent la voie du Bouddha vers le bonheur. Cette roue tourne, parce que la pratique spirituelle est dynamique, toujours active et en mouvement. La forme circulaire des deux roues symbolise la perfection. La roue de la vie et de la mort est un système fermé parfait – le parfait système pour rester malheureux –, alors que la forme circulaire de la roue de la clarté symbolise le fait que le Chemin Octuple est complet et parfait.

Pour vous libérer de l'insatisfaction, vous devrez mettre en pratique tous les aspects de la roue de la clarté. La simple lecture de ses huit marches ne vous aidera pas à rendre votre vie heureuse. Si vous essayiez de faire tenir droite une roue de bicyclette, elle tomberait par terre, mais si vous faites tourner la roue en enfourchant la bicyclette et en pédalant, la roue restera verticale, aussi longtemps que le mouvement durera. Pour vous être bénéfique, la roue de la clarté doit aussi être mise en mouvement par la pratique quotidienne.

METTRE EN ŒUVRE LA COMPRÉHENSION JUSTE

À titre d'exemple de la manière dont vous pourriez pratiquer la première marche – la Compréhension juste des Quatre Nobles Vérités –, imaginez qu'un matin, assis sur votre coussin de méditation, une douleur surgisse dans votre jambe. Au lieu de simplement remarquer l'apparition et la disparition de la sensation, cette fois la douleur vous rend malheureux, et votre malaise l'aggrave encore. Si votre Attention avait été juste, ce problème ne serait pas arrivé, mais maintenant vous êtes bloqué. Que devriez-vous faire ?

Vous pouvez surmonter la souffrance causée par cette douleur en utilisant les huit marches du Bouddha. C'est une occasion de voir les Quatre Nobles Vérités en action.

Bien que nous ayons fait la description des huit marches dans un certain ordre, vous n'avez pas besoin de respecter cet ordre. Ce n'est pas aussi rigide que cela. Si vous êtes en train de préparer le déjeuner dans une cuisine où toutes les casseroles sont suspendues par ordre de taille et tous les ustensiles bien rangés selon une certaine logique, vous n'utilisez pas tous ces instruments dans l'ordre où ils sont rangés ; vous saisissez, au contraire, n'importe quelle cuillère ou casserole, selon votre besoin du moment. De même, faire entrer les huit marches dans votre vie quotidienne demande que vous choisissiez et utilisiez celle dont vous avez besoin, quelle qu'elle soit, au bon moment.

D'abord, vous êtes simplement conscient de la douleur et de votre résistance. Vous faites ainsi usage de l'Attention juste, septième marche du chemin. Avec l'Attention, vous devenez conscient que « ceci est souffrance ». Lorsque ainsi vous voyez la réalité de votre souffrance, vous êtes en train de voir la première noble vérité. Elle devient vraie pour vous, et vous commencez à travailler avec la Compréhension juste, première marche du chemin.

Avec l'Attention, vous remarquerez probablement que plus vous résistez à la douleur, plus elle grandit. Alors, vous faites un effort pour surmonter votre aversion. C'est l'Effort juste, la sixième marche, que vous mettez en jeu. Vous laissez l'aversion partir en vous détendant et en cultivant une attitude généreuse. Par exemple, il est possible que vous preniez conscience que la douleur dans votre jambe mérite autant de bienveillance que n'importe quelle autre sensation corporelle. C'est un aspect de la Pensée juste, la deuxième marche, que vous développez ainsi.

Ensuite, vous remarquerez peut-être que votre souffrance n'apparaît pas seulement en raison de votre aversion, mais aussi parce que vous voulez vous sentir mieux. Par exemple, vous pourriez vous dire : « Si seulement je pouvais avoir une méditation paisible, au lieu de cette douleur ! » Voir ainsi la relation entre votre désir et votre souffrance provoque une intuition directe dans la deuxième noble vérité – la vérité que le désir cause la souffrance. Maintenant, vous avez développé plus avant la Compréhension juste.

Assis sur votre coussin, dans la conscience de la deuxième noble vérité, devenant de plus en plus présent à la relation entre votre désir et votre souffrance, l'Attention juste grandit aussi. Et, comme vous voyez si clairement comment le désir mène à la souffrance, la détermination de faire quelque chose à son sujet apparaît. Réveillant l'énergie, vous faites usage de nouveau de l'Effort juste, cette fois pour laisser partir votre soif de sensations agréables et votre attachement à celles-ci. La pensée de laisser partir, encore appelée « renonciation », est un autre aspect de la Pensée juste.

Peut-être, initialement, avez-vous réagi à la douleur par un sentiment de désappointement et de frustration. Si des pensées d'autocondamnation, ou d'autres pensées manquant de compassion à votre égard sont apparues, vous effectuez maintenant un Effort juste pour les lâcher. Ce faisant, vous exercez de nouveau votre Pensée juste. Remarquez, je vous prie, que si vous faites un effort excessif, il créera plus de douleur et de tension. Avec l'Attention, toutefois, vous prenez conscience de ce problème. Alors, de nouveau, la marche de la Pensée juste devient utile, pour tempérer votre esprit par des pensées de bienveillance envers vous-même.

De tels succès dans le développement de la Compréhension habile[1], de la Pensée, de l'Effort et de l'Attention habiles, permettent à votre esprit de se calmer. Il devient plus concentré, ce qui est une manifestation de la huitième marche du chemin, la Concentration juste. Lorsque la concentration est bonne, la douleur physique et mentale disparaît. La douleur disparaissant, vous vous sentez joyeux, tranquille, paisible et heureux. Ces qualités, à leur tour, conduisent à une concentration encore plus profonde.

Cette concentration plus profonde entraîne le renforcement de l'Attention, et vous continuez d'examiner vos expériences. Vous voyez que votre douleur a disparu, parce que vous avez lâché prise de votre désir de sensations agréables. Alors, votre Compréhension juste grandit, à mesure que deviennent clairs la logique et le pouvoir de la troisième noble vérité : avec la fin du désir vient la fin de la souffrance.

Vous remarquez probablement que, dans cet exemple, nous n'avons pas mentionné les aspects du chemin relatifs à la moralité : Parole juste, Action juste et Moyens d'existence justes (troisième, quatrième et cinquième marches). Mais eux aussi jouent un rôle,

1. Le qualificatif « juste » pour chacune des huit marches du chemin est le plus utilisé dans les textes en français. L'auteur utilise *skillful*, c'est-à-dire « habile ». La description qui vient d'être effectuée met cet aspect particulièrement en valeur. (*N. d. T.*)

car ces aspects sont essentiels pour une bonne vie. L'immoralité perturbe l'esprit et rend la méditation difficile, même dans des circonstances confortables. Vous avez besoin d'une base morale solide, avant de pouvoir rester concentré et maintenir une forte détermination en face de la douleur physique et mentale.

Ainsi, quand vous mettez correctement en œuvre les marches du chemin du Bouddha, vous trouvez la manière de quitter la souffrance. Ainsi faisant, vous êtes témoin de la dernière des Quatre Nobles Vérités, la vérité selon laquelle suivre le Chemin Octuple est le moyen de mettre fin à la souffrance.

En voyant par vous-même comment fonctionnent les Quatre Nobles Vérités dans ce type de situation, vous entrevoyez comment elles fonctionnent en général dans votre vie. Ainsi, la roue de la clarté continue de tourner.

POINTS CLÉS POUR SE SOUVENIR DE LA COMPRÉHENSION JUSTE

Les points suivants vous aideront à atteindre le bonheur au moyen de la Compréhension juste :

- La Compréhension juste nous mène à agir avec l'intelligence de la cause et de l'effet et des Quatre Nobles Vérités.
- Conformément à la loi du kamma (ou karma), agir de manière juste produit des résultats heureux et agir de manière injuste produit des résultats malheureux.

- Toute action qui naît d'un esprit sous l'influence du désir, de la haine ou de l'illusion mensongère mène à la souffrance et est ainsi malhabile ou erronée.
- Toute action qui naît d'un esprit qui n'est pas sous l'influence du désir, de la haine ou de l'illusion mensongère apporte de la joie et est ainsi habile ou juste.
- Les Quatre Nobles Vérités éclairent l'insatisfaction, son origine, sa cessation, et le Chemin Octuple qui mène à la cessation de l'insatisfaction.
- Faire face à la vérité de l'insatisfaction nous aide à reconnaître le vrai bonheur.
- Naissance, vieillesse, maladie et mort ; séparation de ce que nous aimons et fréquentation de ce que nous haïssons ; ne pas obtenir ce que nous voulons et recevoir ce que nous ne voulons pas – tout cela est souffrance.
- La souffrance apparaît lorsque nous refusons d'accepter la nature impermanente, intrinsèquement insatisfaisante et dénuée de soi de tous les phénomènes.
- Le désir est la cause sous-jacente du mécontentement. Notre souffrance est proportionnelle à la force de notre désir.
- Nous devons accepter d'être responsables de notre désir et des actions intentionnelles qu'il motive.
- Lorsque nous acceptons d'être responsables des résultats de nos actions intentionnelles, nous changeons notre comportement.
- L'insatisfaction a une fin.
- Les huit marches du chemin du Bouddha vers le bonheur nous montrent la manière de mettre fin à l'insatisfaction et de réaliser le bonheur total.
- La Vision intérieure peut nous aider à comprendre les Quatre Nobles Vérités et les huit marches du chemin du bonheur.

DEUXIÈME MARCHE

La Pensée Juste

CE N'EST PAS un mystère, la pensée peut nous rendre heureux ou malheureux. Disons que vous êtes assis sous un arbre par un beau jour de printemps. Rien de particulier ne vous perturbe, sauf peut-être la brise qui ébouriffe votre chevelure, et pourtant, dans votre esprit, vous êtes loin d'ici. Peut-être vous souvenez-vous d'une autre journée de printemps, il y a plusieurs années, quand vous vous sentiez si mal. Vous veniez juste de perdre votre travail, ou d'échouer à un examen, ou encore votre chat s'était sauvé. Ce souvenir se transforme en inquiétude : « Et si je perdais de nouveau mon travail ? Comment ai-je jamais pu dire de telles horreurs à untel ? Il n'y a pas de doute, c'est ceci ou cela qui va arriver, et je serai dehors sans un sou. Maintenant, je suis vraiment coincé ! Comment est-ce que je vais payer mes factures ? » Une inquiétude en entraîne une autre qui, à son tour, en entraîne une autre. Bientôt, vous avez le sentiment que votre vie est un champ de ruines, et tout cela pendant que vous êtes assis sous l'arbre !

Fantasmes, peurs et autres formes de pensée obsessionnelle sont un grand problème. Tous, nous avons tendance à nous enfermer dans des schémas de pensée malsains – des sillons que nous avons creusés dans notre conscience qui nous font tourner sur une piste familière et nous rendent malheureux.

La seconde marche du chemin du Bouddha nous offre une porte de sortie de ce type de rumination, une façon de redonner à nos pensées une direction positive et salutaire. Lorsque nous commençons à comprendre les événements de façon juste – en étant attentif aux points clés du premier pas du chemin –, notre esprit se coule naturellement dans la Pensée juste. Pensée, ici, ne fait pas seulement référence aux pensées, mais à tout état d'esprit intentionnel. Quand nous comprenons que le désir est la cause de l'insatisfaction, nous voyons que les pensées liées à l'attachement et à l'aversion rendent toujours malheureux. La Pensée juste consiste à abandonner les pensées négatives, telles que la convoitise, la haine et la cruauté, et à les remplacer par des pensées saines, telles que le lâcher-prise, l'amitié-bienveillance et la compassion. Ces pensées habiles agissent comme des antidotes de l'obsession et de l'inquiétude et nous font progresser sur le chemin du bonheur permanent.

LÂCHER-PRISE

Le lâcher-prise est l'opposé du désir et de l'attachement. Considérez-le comme de la générosité, au sens le plus élevé. Sur le chemin du Bouddha, nous aurons l'occasion de donner ou d'abandonner tout ce qui nous empêche de parvenir à notre but du bonheur suprême – possessions, relations, croyances, opinions, et même attachement à notre propre esprit et à notre propre corps.

Lorsque les gens entendent ces propos, ils commencent parfois à s'inquiéter. Ils pensent que, pour suivre le chemin du Bouddha, ils doivent tout donner et entrer au monastère. Bien que devenir moine ou nonne soit en effet une façon de pratiquer la générosité, la plupart des gens peuvent lâcher prise au sein de vies actives, centrées sur la famille. Ce ne sont pas les choses que nous avons qui sont à rejeter, ni nos familles et amis, mais plutôt notre sentiment erroné d'en être le possesseur. Nous devons abandonner notre habitude de nous attacher dans notre vie aux gens et aux objets matériels, à nos idées, croyances et opinions.

La générosité matérielle

Lâcher prise est un processus progressif. Avant de donner réellement quelque chose, nous devons cultiver la pensée de la générosité. C'est en considérant avec soin ce que signifie la générosité, les pièges et les avantages de sa pratique, que nous la mettons en œuvre. Donner des choses matérielles, forme la plus facile de la générosité, est une bonne façon de commencer.

Remarquez, pour débuter, les ruses qu'emploie notre esprit pour éviter la pensée de la générosité. Nous nous disons que, pour être généreux, il nous faut d'abord avoir beaucoup à donner. « Attendez seulement que je sois riche et vous verrez ! disons-nous. Je bâtirai des refuges pour ceux qui n'ont pas de domicile, des hôpitaux et de beaux centres de méditation. Pensez à tous les gens que je pourrai aider ! » Alors, nous collectionnons, nous accumulons et investissons un peu par-ci, par-là. À mesure que nos investissements grandissent, nous sommes de plus en plus occupés à en prendre soin, et de plus en plus attachés à ce que nous possédons. D'une façon ou d'une autre, nous ne semblons pas avoir le temps de pratiquer la générosité.

Une autre ruse du mental est d'attacher une arrière-pensée à notre générosité. Nous découvrons qu'en faisant un don à quelqu'un, nous nous sentons bien. Parfois même, nous prenons plus de plaisir à faire un cadeau que n'en éprouve celui qui le reçoit. En donnant, nous nous sentons fiers. Notre ego prend plaisir dans la beauté et la valeur du cadeau, dans le message qu'il transmet quant à notre bon goût, ou notre sens de l'élégance. Par ailleurs, il se peut que nous ayons secrètement le sentiment que la personne qui reçoit le cadeau a maintenant une obligation à notre égard. Il se peut même que nous utilisions une générosité excessive pour abaisser celui à qui elle s'adresse. Lorsque nous donnons, un certain degré de recherche de plaisir est généralement présent. Donner pour nous sentir bien, pour qu'on pense du bien de nous, ou qu'une faveur nous soit due, corrompt notre générosité.

Une autre forme de don, loin d'être habile, a pour but d'éviter des émotions douloureuses. Par exemple, il se peut qu'une famille fasse un don afin qu'un parc ou un bâtiment public porte le nom d'un être cher aujourd'hui décédé. Dans ce cas, le don peut être une façon de transférer l'attachement, de l'être aimé à l'idée d'un monument, d'un lieu permanent. La véritable générosité lâche prise non seulement de la richesse ou des possessions, mais aussi de l'attachement à une personne disparue ou à des sentiments de chagrin ou de colère. Un couple riche que je connaissais a fait un jour don de tout ce qu'il possédait, après la mort de son unique enfant. Bien que les époux aient fait étalage du don de leur argent à des œuvres caritatives, leur action était en réalité motivée par la colère. Ils voulaient émousser la douleur causée par la perte de leur enfant en se punissant eux-mêmes. Les institutions charitables ou religieuses peuvent profiter largement de tels dons, mais le donateur n'en bénéficie pas pleinement. D'un autre côté, certaines personnes peuvent effectuer de tels dons pour transformer leur chagrin en des pensées généreuses, amicales et bienveillantes. Dans ce cas, cette générosité est habile et apporte l'apaisement.

La meilleure manière de donner est de ne rien attendre en retour, pas même un merci. Nous donnons alors que nous savons que nous avons déjà dans notre cœur tout ce dont nous avons besoin pour être heureux. Un tel don est motivé par un sentiment de plénitude, non de perte. Donner de manière anonyme, sans connaître le bénéficiaire, est une merveilleuse façon d'être généreux. Donner tranquillement, sans fanfare, affaiblit notre désir et réduit notre attachement à nos possessions.

La forme de don matériel la plus élevée consiste à répondre aux besoins des autres au risque de notre propre vie. Un jour, aux informations télévisées, j'ai vu un homme agir ainsi, après un terrible accident. Par une froide journée d'hiver de 1983, un avion partant de Washington, D.C., pour la Floride ne parvint pas à prendre de l'altitude en raison de la glace qui couvrait ses ailes. Il s'écrasa sur le pont de la 14e Rue. La plupart des passagers furent tués. Beaucoup tombèrent dans l'eau glacée de la rivière Potomac, en fracassant la glace dont elle était couverte. À l'endroit où des gens sortaient de l'eau en se hissant sur la glace brisée, un hélicoptère de secours s'approcha et descendit un câble à portée d'un naufragé. Celui-ci, au lieu de le saisir et de sauver sa vie, aida une femme à l'empoigner. Elle fut hissée en sécurité. L'hélicoptère revint et, bien que l'homme fût gelé, il passa de nouveau le câble à une femme, qui fut sauvée elle aussi. Lorsque l'hélicoptère revint pour la troisième fois, l'homme était mort de froid.

Mais nous n'avons besoin ni d'une occasion d'agir héroïquement ni d'une grande fortune pour pratiquer la générosité. Tout ce qu'il nous faut, c'est la volonté de donner ne serait-ce qu'un peu de soi-même. Dans cet esprit, nous pouvons par exemple passer un moment avec des personnes qui souffrent de la solitude. Mieux encore, nous pouvons les aider à surmonter leur insatisfaction en partageant avec eux ce que nous avons appris sur le chemin du Bouddha et ce que nous connaissons de la pratique de l'Attention et de la méditation. Un tel partage surpasse tous les autres dons.

L'attachement aux personnes, aux expériences et aux croyances

Comme nous allons le découvrir, la douleur naît du fait de s'attacher à quoi que ce soit – formes, sensations, perceptions, formations volitives (intentions) et conscience. Abandonner notre tendance à nous attacher aux personnes, aux expériences et aux croyances est plus difficile que de donner des choses matérielles, mais c'est encore plus important pour notre bonheur ultime.

L'attachement à la forme corporelle a deux aspects. Bien évidemment, au cours de notre vie nous nous attachons à d'autres personnes. S'attacher n'est pas la même chose qu'aimer. Ce n'est pas la même chose que prendre soin du bien-être d'une personne et vouloir qu'elle soit heureuse. Il s'agit plutôt d'une possessivité jalouse et obsessionnelle, qui cherche à s'approprier une autre personne. Nous pouvons tous penser à des maris et femmes qui essayent de se posséder l'un l'autre, ou à des amis si autoritaires et dominateurs qu'ils étouffent l'amitié. Dans les relations humaines, la pratique de la générosité consiste à faire confiance à l'autre, à lui permettre de jouir d'espace, de liberté et de dignité.

Cependant, même les relations saines peuvent comporter un certain élément d'attachement. Tous les couples heureux espèrent que leur mariage durera. Une certaine composante de peur est toujours présente : « Il partira », « Elle mourra ». Même s'il est pénible d'y penser, nous devons nous souvenir que tous les mariages heureux se terminent par la séparation. Et même si un couple vit ensemble pendant cinquante ans et meurt ensemble en pleine félicité, au moment de la mort, les époux doivent se séparer et suivre leur propre voie en fonction de leurs actions passées.

Un type plus subtil d'attachement au corps est celui que nous portons à notre forme physique et à la croyance que nous la contrôlons. Quelles que soient la santé et la force de notre corps aujourd'hui, nous savons qu'il se dégradera avec l'âge, s'affaiblira et tombera malade. De plus, nous ne pouvons pas contrôler ce qui lui arrive. Nous ne pouvons pas contrôler le caractère agréable ou désagréable de notre prochaine sensation. Nous ne pouvons pas non plus contrôler le courant de pensée qui entre dans notre esprit. Par exemple, essayez de ne pas penser à l'image d'un chien. Y arrivez-vous ? C'est si peu, et nous n'y arrivons même pas !

Nous essayons de nous défendre contre les assauts du changement constant, en construisant des concepts et des images et en nous cramponnant fermement à « ma » maison, « ma » voiture, « mon » travail, « mon » conjoint, « mon » corps –, comme si ces choses avaient leur propre existence, sur laquelle nous pourrions nous reposer. Au fond de notre dépendance à leur égard, il y a la terreur. Avec le temps, quelle que soit la force de notre emprise, tout se modifie et change. Les images auxquelles nous nous accrochons si fermement voleront en éclats, comme du verre. Alors, comme nous souffrirons !

Posséder, s'attacher, s'accrocher à quoi que ce soit rend la vie plus douloureuse. Utiliser un bien matériel sans s'attacher nous évite d'avoir le cœur brisé lorsqu'il est perdu, cassé ou volé. De même, nous cramponner à nos familles et amis ou à notre sens d'une identité personnelle – mon titre, ma profession, l'histoire de ma famille, ma position dans le monde – conduit à la souffrance quand, inévitablement, ces concepts se dissolvent. Lorsque nous ne nous attachons pas, notre esprit est toujours en paix. Cette attitude détendue nous console, nous réconforte, et réduit notre tension, notre anxiété, nos soucis et notre peur.

Développer une attitude de non-attachement demande, au début, de passer un certain temps seul. Beaucoup d'entre nous s'attachent à l'expérience d'être en compagnie par peur de la solitude. Mais être seul n'est pas se sentir seul. Au contraire, l'isolement crée l'espace qui permet de penser, de réfléchir, de méditer, et qui libère l'esprit du bruit et de l'attachement. À mesure que notre avidité, notre haine et notre aveuglement diminuent, grâce à la pratique solitaire de la Vision intérieure, nous renforçons notre capacité à être en compagnie des autres, sans nous attacher. Quand l'esprit est en paix, nous pouvons être avec de nombreuses personnes sans attachement et sans la souffrance qu'il apporte.

Chaque jour, le Bouddha parcourait de nombreux kilomètres à pied, accompagné par des milliers de moines, de nonnes et de laïcs. Certains étaient venus pour vivre avec lui, d'autres pour lui parler. Certains venaient pour discuter de leurs problèmes, d'autres pour lui poser des questions, d'autres encore pour se confronter à lui, et certains venaient simplement pour écouter ses enseignements. Le Bouddha portait sa solitude en lui, même au milieu de la foule. Son non-attachement était total. Certains moines, nonnes, ou laïcs qui le suivaient passaient occasionnellement du temps dans la solitude, en forêt, pour parfaire leur pratique du non-attachement. Mais ils ne vivaient pas ainsi constamment. À mesure qu'ils se défaisaient de l'attachement, ils apprenaient à vivre avec les autres, tout en maintenant un état d'esprit stable, solidement fondé.

Le nom de cet état d'esprit est « renoncement ». Le renoncement n'est pas seulement fait pour les moines et les nonnes, mais pour tous ceux qui aiment la solitude et aspirent ardemment à vivre sans liens. Tous les renonçants, même les moines et les nonnes, vivent en partie en compagnie d'autres personnes. La mise en œuvre de la Pensée juste nous aide à créer un état psychologique stable, afin que nous ne soyons pas dérangés par les conditions changeantes de notre environnement physique ou par les autres gens. Comme le Bouddha, nous apprenons à porter notre renoncement en nous-mêmes.

Le lâcher-prise demande également que nous renoncions à l'attachement à nos croyances, opinions et idées. C'est difficile. Nous avons tendance à puiser notre sentiment d'identité personnelle – à nous définir – à travers ce que nous pensons sur diverses questions. Souvent, nous sommes tellement possédés par cette identification que nous nous sentons personnellement attaqués, lorsque quelqu'un, en politique, critique le candidat que nous soutenons ou bien notre opinion sur des sujets d'ordre public. Pourtant, nos idéaux, opinions ou façons de voir sont également soumis à la loi de l'impermanence. Repensez à ce que vous croyiez quand vous aviez seize ou trente ans, et vous verrez à quel point vos croyances personnelles sont changeantes.

À une plus large échelle, au cours de l'histoire, les peuples du monde entier sont entrés en guerre au nom de leurs opinions et croyances. Les meurtres que nous, êtres humains, commettons pour protéger nos possessions matérielles sont insignifiants, comparés aux tueries auxquelles nous nous livrons pour défendre nos croyances malsaines, comme le fanatisme racial et l'extrémisme religieux. Souvenez-vous des chères croyances qui ont conduit à la guerre et demandez-vous si les défendre méritait le coût et les épreuves terribles qu'elles ont engendrés.

Abandonner les pensées, les mots et les actions de caractère malsain crée l'espace permettant de cultiver les pensées salutaires, comme l'amitié-bienveillance, la joie altruiste, la non-violence et l'équanimité. Mais nous ne devrions pas même être attachés à ces saines pensées. Lâcher prise demande d'aller au-delà du bien et du mal. Le Bouddha nous a dit que, pour finir, même ses enseignements devraient être abandonnés. « Ces enseignements sont comme un radeau que l'on abandonne une fois le fleuve traversé. Étant donné que vous aurez même à abandonner les états d'esprit bénéfiques créés par ces enseignements, combien plus encore devriez-vous abandonner les mauvais états d'esprit ! » (M22).

Je ne suis pas en train de suggérer que vous serez capables d'abandonner tous vos attachements d'un seul coup et que vous serez libérés du jour au lendemain. Rechercher l'« Illumination instantanée » peut être un grand piège de l'ego. Au cours de mes voyages et des retraites que je conduis, il arrive que des gens viennent à moi et m'informent qu'ils sont rapidement parvenus à l'Illumination. Je réponds en citant la description faite par le Bouddha des attributs de celui qui a atteint des niveaux d'Illumination. Mes interlocuteurs, n'ayant pas ces attributs, sont parfois très désappointés et même en colère, car ma réponse ne satisfait pas leur ego.

L'attachement est construit dans nos psychés et renforcé pendant de nombreuses vies. Il est impossible de le lâcher rapidement et facilement. Mais nous n'avons pas à attendre plusieurs vies pour nous mettre en route. Avec une compréhension correcte, de la patience, des efforts et la Vision intérieure, nous pouvons commencer à nous libérer de notre esclavage et même atteindre la pleine Illumination en cette vie-ci. Pour parvenir au bonheur, nous devons commencer aujourd'hui à développer la pensée habile qui consiste à abandonner l'attachement et le remplacer par une générosité d'esprit ouverte, l'adaptabilité et le détachement.

Traiter la peur

Quand nous commençons à pratiquer l'Attention au lâcher-prise, nous nous heurtons souvent à la peur. Elle apparaît à cause d'un attachement mal assuré, émotionnel ou avide aux idées, concepts, sensations ou objets physiques, y compris à notre propre corps. Elle peut aussi naître de ce que nous ne comprenons pas, ou quand l'issue d'une situation est incertaine.

Imaginons, par exemple, que l'on vous ait récemment annoncé que vous avez un cancer. Votre opération est programmée et vos médecins décideront ensuite si un traitement supplémentaire est nécessaire. Et puis, vous essayez de méditer. De très nombreuses pensées traversent votre esprit. Pensées et émotions s'alimentent mutuellement. Votre agitation et votre malaise s'accroissent. Vous avez très peur. Que devriez-vous faire ?

Une fois assis, observez chaque état mental pendant qu'il apparaît. Si de nombreuses pensées et émotions surviennent en même temps, essayez de distinguer les unes des autres : « Que va-t-il m'arriver ? » Peur. « Comment l'infirmière ose-t-elle me dire cela ! » Colère. « Ils ont besoin de moi ! Je ne peux pas être malade ! Je ne peux pas mourir ! » Attachement. « C'est le même diagnostic que celui de mon ami. Sa femme pleure encore quand on parle de lui. » Tristesse. « Je déteste les aiguilles ! » Aversion. « Qui devrait venir avec moi au prochain rendez-vous ? » Impatience et inquiétude. « Combien de gens survivent à ce truc ? » Peur.

Dès que vous commencez à en faire le tri, vos pensées et vos émotions deviennent plus faciles à gérer. Vous cessez d'être complètement possédé par les histoires effrayantes que l'esprit fait surgir, et vous pouvez commencer à vous raisonner. Vous pouvez faire venir à l'esprit des pensées réconfortantes : la compétence et la compassion de vos médecins et infirmières, de récents progrès dans le traitement, les gens que vous connaissez qui vivent pleinement leur vie malgré un diagnostic semblable au vôtre, etc.

En contrant ainsi les idées qui ont alimenté votre peur, vous pratiquez l'Attention en action. Vous pouvez voir comment l'esprit se joue des tours à lui-même, en utilisant des pensées pour créer la peur, et la peur pour créer encore d'autres pensées. Peut-être est-ce aussi le moment favorable pour pratiquer l'introspection ? Vous pourriez examiner votre comportement passé, dans les cas où la peur vous a fait agir maladroitement. Vous pouvez prendre la résolution de rester attentif et de ne pas permettre à la peur de vous faire agir de manière semblable à l'avenir.

Maintenant que votre esprit est calme et clair, vous pouvez revenir à la méditation sur la respiration ou sur un autre objet. Acceptez le fait que des pensées de peur apparaîtront dans votre esprit de temps à autre. Avec l'expérience acquise, vous pourrez ignorer leur contenu spécifique et être simplement témoin de ce qui arrive à toutes les pensées et émotions. Vous verrez que chaque objet mental apparaît et atteint un point culminant. Aussi forte que soit son intensité, si vous restez avec lui – comme un ami qui voudrait vous tenir la main pendant la traversée d'une épreuve difficile –, vous verrez également chaque objet mental disparaître. Ayant ainsi observé le processus même de la pensée, vous deviendrez confiant qu'un train de pensées, aussi effrayant soit-il sur le moment, finit par prendre fin.

Une fois que vous aurez réussi à rester assis jusqu'au bout d'une forte frayeur, vous ne verrez plus la peur de la même façon. Vous saurez qu'elle n'est qu'un état mental naturel qui vient et part. Cet état n'a pas de substance et il ne peut pas vous faire du mal. Votre attitude à son égard commence alors à se détendre. Vous savez que vous pouvez observer et laisser partir quoi que ce soit qui apparaît. En perdant la peur de la peur, vous gagnez un sentiment de liberté.

La même stratégie fonctionne avec les autres états mentaux désagréables, y compris les souvenirs, les imaginations, les rêveries, ou les soucis liés aux problèmes que vous affrontez. Il est possible que, parfois, vous ayez peur de souvenirs désagréables, car vous pensez ne pas être capable de les supporter. Mais, maintenant, vous savez que vous pouvez faire face à n'importe quel état mental que vous auriez ordinairement préféré réprimer.

Votre pratique de la Vision intérieure vous a enseigné que ce ne sont pas les états mentaux eux-mêmes qui vous mettent mal à l'aise, mais votre attitude à leur égard. Peut-être pensez-vous que ces états font partie de votre propre personnalité, de votre propre existence. Alors, vous essayez de rejeter ceux qui sont désagréables, comme s'il s'agissait de corps étrangers. Mais, en réalité, vous ne pouvez pas en rejeter un seul, parce qu'ils ne sont pas vôtres pour commencer. Votre meilleure stratégie consiste à soutenir l'observation ininterrompue de votre esprit, sans réaction d'attirance ni d'aversion envers tout ce qui apparaît, mais en travaillant habilement à libérer l'esprit de tous les états malsains.

L'AMITIÉ-BIENVEILLANCE

En laissant partir les états mentaux négatifs, vous créez dans votre esprit l'espace nécessaire pour cultiver des pensées positives. Penser de manière juste ou habile signifie que nous remplaçons les pensées de colère ou d'hostilité par des pensées d'amitié-bienveillance. L'amitié-bienveillance, ou metta, est une capacité naturelle. C'est une tonalité chaleureuse de sympathie, un sentiment d'interconnexion avec tous les êtres. Étant donné que nous aspirons à la paix, au bonheur et à la joie pour nous-mêmes, nous savons que tous les êtres doivent aspirer aux mêmes états. L'amitié-bienveillance fait rayonner dans le monde entier le souhait que tous les êtres jouissent d'une vie confortable, harmonieuse, dans l'estime mutuelle et une aisance appropriée.

Bien que la graine de l'amitié-bienveillance soit en nous tous, nous devons faire l'effort de la cultiver. Quand nous sommes rigides, étriqués, tendus, anxieux, pleins de soucis et de craintes, notre capacité naturelle d'amitié-bienveillance ne peut pas fleurir. Pour cultiver la graine, nous devons apprendre à nous détendre. Dans un état d'esprit paisible, comme celui qui est obtenu par la méditation de la

Vision intérieure, nous pouvons oublier nos différends passés avec les autres, pardonner leurs fautes, leurs faiblesses et leurs offenses. Alors, l'amitié-bienveillance grandit naturellement en nous.

Comme dans le cas de la générosité, l'amitié-bienveillance commence par une pensée. Habituellement, notre esprit est plein de conceptions, d'opinions, de croyances, d'idées. Nous avons été conditionnés par notre culture, nos traditions, notre éducation, nos fréquentations et nos expériences. À partir de ces conditions mentales, nous avons développé préjugés et jugements. Ces idées rigides étouffent notre bienveillance naturelle. Pourtant, dans cet enchevêtrement de pensées confuses, l'idée de notre amicale interconnexion avec les autres apparaît tout de même occasionnellement. Nous l'entrapercevons, comme nous pourrions entrevoir un arbre durant un éclair, une nuit d'orage. À mesure que nous apprenons à nous détendre et à laisser partir la négativité, nous commençons à reconnaître nos partis pris et à ne pas les laisser nous dominer. Alors, la pensée de l'amitié-bienveillance commence à briller et à manifester sa véritable force et sa vraie beauté.

L'amitié-bienveillance que nous souhaitons cultiver n'est pas l'amour tel que nous l'entendons habituellement. Quand vous dites que vous aimez quelqu'un, ce que vous concevez dans votre esprit est généralement une émotion, conditionnée par le comportement ou les qualités de cette personne. Peut-être admirez-vous son apparence, ses manières, ses idées, sa voix, son attitude. Si ces conditions changeaient, ou bien vos goûts, vos envies ou vos tocades, ce que vous appelez « amour » pourrait bien changer aussi. Dans les cas extrêmes, cet amour pourrait même se transformer en haine. Cette dualité amour/haine pénètre tous nos sentiments d'affection ordinaires. Vous aimez une personne et haïssez une autre. Ou bien vous aimez maintenant et haïssez plus tard. Ou vous aimez quand vous en avez envie, et haïssez de même. Ou encore vous aimez quand tout est calme et rose, et haïssez quand quelque chose va mal.

Si votre amour change de cette manière, d'un moment à un autre, d'un lieu à un autre, d'une situation à une autre, alors ce que vous appelez « amour » n'a rien de commun avec l'amitié-bienveillance. Il est possible que ce soit du désir érotique, une demande de sécurité matérielle, ou de vous sentir aimé, ou quelque autre forme d'avidité déguisée. L'amitié-bienveillance véritable n'a aucune arrière-pensée. Elle ne se transforme jamais en haine lorsque les circonstances changent. Elle ne vous fait jamais vous mettre en colère si vous n'obtenez pas de faveurs en retour. Elle vous incite à vous conduire avec bonté envers tous les êtres, à tout moment, et à parler avec gentillesse en leur présence comme en leur absence.

Lorsqu'il est pleinement développé, le filet de votre amitié-bienveillance inclut toutes choses dans l'univers, sans exception. Il est sans limites, sans frontières. Votre pensée bienveillante inclut non seulement tous les êtres tels qu'ils sont actuellement, mais elle comporte également votre souhait que, tous, sans aucune discrimination ni aucun favoritisme, soient heureux dans le futur illimité.

Permettez-moi de vous raconter une histoire sur les effets puissants et de grande portée qu'une action bienveillante peut avoir :

En Inde, dans une petite maison, vivait une dame âgée avec sa fille. Près de là, dans une hutte, vivait un moine pratiquant la méditation. Par respect, la vieille dame l'appelait son fils et elle demandait à sa fille de le traiter comme s'il était son frère. Chaque matin, le moine partait au village pour mendier son déjeuner. Jamais il n'oubliait de s'arrêter à la petite maison pour recevoir un peu de nourriture que la vieille dame et sa fille lui offraient avec grande affection et dévotion. Chaque après-midi, il retournait au village pour rencontrer les personnes qui l'aidaient, pour les encourager à pratiquer la méditation et à mener une vie paisible.

Un après-midi, en chemin pour aller au village, le moine surprit par hasard une conversation entre la vieille dame et sa fille. Elle lui disait : « Chérie, demain ton frère viendra à la maison quêter sa nourriture. Voici du beurre clarifié ; voici du miel ; voici du riz ; voici des épices ; voici des légumes. Prends bien soin de lui préparer un repas délicieux. »

La jeune fille demanda à sa mère : « Où vas-tu demain ?

– J'ai l'intention de passer la journée en forêt pour méditer dans la solitude.

– Mais que vas-tu manger ?

– Je vais préparer une petite soupe au riz avec le reste de celui d'aujourd'hui. Cela me suffit. Mais je compte sur toi pour préparer un bon repas à ton frère et le lui offrir quand il viendra à la maison. »

En entendant cette conversation, le moine pensa : « Cette vieille dame m'aime et me respecte tellement qu'elle a donné des instructions à sa fille pour me préparer un délicieux déjeuner, alors qu'elle-même va manger une simple soupe avec du riz de la veille. Je ne mérite pas ce déjeuner délicieux avant d'avoir atteint l'Illumination complète. Je dois être digne de son don plein d'amour. C'est le moment pour moi de faire des efforts sans relâche pour me libérer de tous les états d'esprit négatifs. »

Le moine décida de ne pas retourner au village pour mendier sa nourriture jusqu'à ce qu'il ait atteint la pleine libération de l'esprit. Il suspendit sa robe de dessus, s'assit sur son siège de méditation et prit la résolution suivante : « Que mon sang se tarisse. Que ma chair se flétrisse. Que ce corps soit réduit à un squelette. Je ne me lèverai pas de ce siège avant d'avoir atteint le stade final de la libération. »

Ayant fait ce vœu, le moine médita tout l'après-midi, toute la nuit, et une partie du lendemain matin. Juste avant l'heure de partir mendier son déjeuner, il atteignit son but.

Alors, le moine revêtit ses robes et alla au village avec son bol à aumônes. Quand il rendit visite à la petite maison, la fille de la vieille dame lui offrit le délicieux repas.

La jeune fille attendit anxieusement que sa mère revienne à la maison après sa journée de méditation. Ce soir-là, aussitôt que la mère arriva, la jeune fille courut vers elle et dit : « Mère, je n'ai jamais vu notre moine aussi serein, aussi posé, aussi radieux, calme, aussi beau.

– Ma chérie, il doit avoir atteint la véritable liberté, la libération des états d'esprit négatifs. Nous avons beaucoup de chance d'avoir un tel moine près de notre maison. Mais, si nous l'honorons réellement, nous devons suivre ses pas. À partir de maintenant, nous allons méditer avec plus de vigueur pour chercher à atteindre le même état. »

Alors, mère et fille méditèrent jusqu'à ce qu'elles aussi parviennent à des états élevés de réalisation. De nombreux villageois suivirent leur exemple et atteignirent des niveaux d'Illumination. Tel fut l'effet de grande portée de l'amitié-bienveillance d'une vieille dame (MA i 225).

Aimer vos ennemis

Certaines personnes se demandent comment elles peuvent étendre le sentiment d'amitié-bienveillance à leurs ennemis. Elles se demandent comment il leur serait possible de dire sincèrement : « Puissent mes ennemis être bien portants, heureux et en paix. Puissent-ils ne rencontrer ni difficultés ni problèmes. »

Cette question provient d'une erreur de compréhension. Une personne dont l'esprit est plein de problèmes peut nous offenser ou nous blesser. Nous appelons cette personne un « ennemi ». Mais en réalité, il n'existe personne qui soit un ennemi. C'est l'état d'esprit négatif de la personne qui nous cause des problèmes. Or, la Vision intérieure nous montre que les états d'esprit sont impermanents. Ils sont temporaires, amendables et adaptables.

Sur le plan pratique, la meilleure chose que je puisse faire pour assurer ma propre tranquillité et mon bonheur est d'aider mes ennemis à surmonter leurs problèmes. Si tous mes ennemis étaient sans douleur, sans insatisfaction, sans affliction, névrose, paranoïa, tension ou anxiété, ils n'auraient plus de raison d'être mes ennemis. Une fois libéré de la négativité, un ennemi est exactement comme n'importe qui d'autre – un merveilleux être humain.

Nous pouvons pratiquer l'amitié-bienveillance envers tout le monde – parents, enseignants, amis, personnes hostiles ou indifférentes, personnes qui nous causent des problèmes. Nous n'avons pas besoin de connaître les gens ou d'en être proches pour ce faire. En fait, il est parfois plus facile de ne pas les connaître. Pourquoi ? Parce que si nous ne les connaissons pas, nous pouvons les traiter tous de la même façon. Nous pouvons regarder la multitude des êtres dans l'univers, comme s'ils étaient des grains de lumière dans l'espace et leur souhaiter à tous d'être heureux et en paix. Bien que de simples souhaits ne les rendent peut-être pas ainsi, cultiver l'espoir que les autres puissent jouir de l'amitié-bienveillance est une pensée juste qui emplit notre propre esprit de contentement et de joie.

Si chacun entretient le souhait que toutes les autres personnes jouissent de l'amitié-bienveillance, nous aurons la paix sur la terre. Disons que chacun des six milliards d'êtres humains dans le monde cultive ce souhait. Qui resterait-il pour cultiver la haine ? Il n'y aurait plus de conflits, plus de batailles. Toutes les actions proviennent de la pensée. Si la pensée est impure, les actions qui s'ensuivent sont impures et malfaisantes. L'inverse est également vrai. Comme le Bouddha nous l'a dit, la pensée pure de l'amitié-bienveillance est plus puissante que la haine, plus puissante que les armes. Les armes détruisent. L'amitié-bienveillance aide les êtres à vivre en paix et en harmonie. Quel est, à votre avis, le plus durable et le plus puissant de ces deux sentiments ?

Traiter la colère

Le principal obstacle à l'amitié-bienveillance est la colère. Lorsque colère et haine nous consument, il n'y a pas de place dans notre esprit pour des sentiments d'amitié envers nous-mêmes ou envers les autres, pas de place pour la détente ou la paix.

Chacun de nous réagit à la colère à sa manière. Certaines personnes essayent de justifier leurs sentiments de colère. Elles se disent et se redisent : « J'ai tout à fait le droit d'être en colère. » D'autres s'attachent à leur colère pendant longtemps, des mois ou même des années. Ils ont l'impression que leur colère les rend extraordinaires, très vertueux. D'autres encore attaquent physiquement ceux qui les mettent en colère. Quel que soit votre cas, vous pouvez être sûr d'une chose : votre colère, en fin de compte, vous fait plus de mal qu'elle n'en fait à la personne qui en est l'objet.

Avez-vous remarqué comment vous vous sentez quand vous êtes en colère ? Sentez-vous la tension, la douleur dans votre poitrine, les brûlures d'estomac ? Avez-vous la vue trouble ? Votre raisonnement perd-il de sa clarté, ou encore vos paroles deviennent-elles dures et désagréables ? Les médecins nous disent que ces manifestations habituelles de la colère ont de sérieuses conséquences sur notre santé – tension artérielle élevée, cauchemars, insomnies, ulcères, et même maladies cardiaques. Le coût émotionnel de la colère est également lourd. Disons-le carrément : la colère nous rend misérables.

La colère perturbe également nos relations. N'essayez-vous pas, en général, d'éviter les gens en colère ? De même, lorsque vous êtes en colère, les gens vous évitent. Personne ne veut être en rapport avec quelqu'un en proie à la colère. Une personne coléreuse peut être irrationnelle, voire dangereuse.

De plus, fréquemment, la colère ne cause aucun préjudice à la personne envers laquelle elle s'exprime. Dans la plupart des cas, votre colère contre la personne qui vous a insulté ne lui fait aucun mal. C'est plutôt vous qui avez le visage rouge, vous qui criez et faites une scène, vous qui avez l'air ridicule et qui vous sentez malheureux. Il est même possible que votre adversaire trouve votre colère divertissante. Un sentiment habituel de malveillance et de ressentiment peut avoir des effets néfastes sur votre santé, vos relations, vos moyens d'existence et votre avenir. Il peut ainsi arriver que vous fassiez vous-même l'expérience des terribles maux que vous souhaitez à votre ennemi.

Puisqu'il est clair que la colère peut nous faire du mal, que pouvons-nous faire à son sujet ? Comment pouvons-nous y renoncer et la remplacer par l'amitié-bienveillance ?

Dans le travail sur la colère, il nous faut d'abord prendre la décision de nous retenir d'agir sous l'influence de pulsions coléreuses. Chaque fois que je pense à la retenue, je me souviens de l'éléphant de mon oncle. Quand j'étais un jeune enfant, mon oncle avait un grand et bel éléphant. Mes amis et moi aimions l'exciter en lui lançant des pierres jusqu'à ce qu'il soit en colère contre nous. Il était si grand qu'il aurait pu nous écraser s'il l'avait voulu. Ce qu'il faisait, au lieu de cela, était remarquable.

Une fois, alors que nous lui jetions des pierres, l'éléphant se servit de sa trompe pour attraper une badine du diamètre d'un crayon et pour nous en donner des coups sur le postérieur. Il fit ainsi preuve d'une grande retenue, en ne faisant que ce qui était nécessaire pour que nous le respections. Après quoi, pendant quelques jours, il continua de nous en vouloir et ne nous laissa pas le monter. Mon oncle nous dit de l'emmener à la grande crique, et là nous lui avons frotté la peau avec des écorces de noix de coco, pendant qu'il se détendait et savourait le plaisir d'être dans l'eau fraîche. Après cela, il renonça à toute rancune contre nous. Maintenant, je dis à mes étudiants : « Quand vous vous sentez en droit de réagir violemment sous l'effet de la colère, souvenez-vous de la modération du grand et gentil éléphant de mon oncle ! »

Une autre façon de traiter la colère est de réfléchir à ses conséquences. Nous savons très bien que, lorsque nous sommes en colère, nous ne voyons pas clairement la vérité. Il en résulte que nous pouvons commettre bien des actions néfastes. Comme nous l'avons appris, nos actions intentionnelles passées sont la seule chose que nous possédions réellement. Notre vie future est déterminée par nos actions intentionnelles d'aujourd'hui, tout comme notre vie actuelle est l'héritière de notre comportement intentionnel passé. Les actions intentionnelles commises sous l'influence de la colère ne peuvent pas mener à un avenir heureux.

Le meilleur antidote aux émotions coléreuses est la patience. Être patient ne signifie pas laisser les autres vous marcher dessus. Cela veut dire vous donner du temps, grâce à l'Attention, pour vous permettre d'agir de manière juste. Lorsque nous réagissons à la provocation par la patience, nous disons la vérité au bon moment et avec le juste ton. Nous utilisons des mots aimables, appropriés, doux, comme si nous parlions à un enfant ou à un ami cher, pour lui éviter de faire quelque chose de nuisible pour lui-même ou pour les autres. Bien que vous puissiez élever la voix, cela ne signifie pas que vous soyez en colère. Vous êtes plutôt en train de protéger habilement quelqu'un auquel vous tenez.

Une histoire célèbre illustre la patience du Bouddha et son habileté quand il faisait face à une personne en colère :

> Il y avait une fois un brahmane de haut rang et de grande autorité. Cet homme avait l'habitude de se mettre en colère, même sans raison. Il se querellait avec tout le monde. Si quelqu'un à qui l'on faisait du tort ne se mettait pas en colère, il était en colère contre lui, parce que cette personne ne l'était pas.
>
> Le brahmane avait entendu dire que le Bouddha ne se mettait jamais en colère. Un jour, il vint voir le Bouddha et l'injuria en proférant des insultes à son égard. Le Bouddha l'écouta avec compassion et patience. Puis il lui demanda : « Avez-vous de la famille, des amis ou des parents ?
>
> – Oui, j'ai beaucoup de parents et d'amis, répondit le brahmane.
>
> – Leur rendez-vous visite périodiquement ? demanda le Bouddha.
>
> – Naturellement. Je vais souvent les voir.
>
> – Leur apportez-vous des cadeaux, lorsque vous leur rendez visite ?
>
> – Bien sûr. Je ne vais jamais les voir sans un cadeau », dit le brahmane.
>
> Le Bouddha demanda : « Lorsque vous leur faites des cadeaux, supposez qu'ils ne les acceptent pas. Qu'en feriez-vous, dans ce cas ?
>
> – Je les emporterais à la maison et en profiterais avec ma famille. »
>
> Le Bouddha dit alors : « De même, ami, vous m'avez fait un cadeau. Je ne l'accepte pas. Il est entièrement vôtre. Emportez-le à la maison et profitez-en avec votre famille. »
>
> L'homme était profondément embarrassé. Il comprit et admira l'avis compatissant du Bouddha (S I.7.1 (2)).

Finalement, pour surmonter la colère, vous pouvez considérer les bienfaits de l'amitié-bienveillance. Selon le Bouddha, quand vous pratiquez l'amitié-bienveillance, « vous dormez confortablement, vous vous réveillez confortablement, et vous avez des rêves agréables. Vous êtes aimé par les êtres humains et par les êtres non humains. Les dieux vous protègent. (Si vous êtes plein d'amitié-bienveillance, à ce moment) ni le feu, le poison ni les armes ne peuvent vous atteindre. Vous vous concentrez facilement. Votre visage est serein. Vous mourez sans confusion et… renaissez dans la plus haute sphère d'existence » (AV(Elevens) II.5). Ces perspectives ne sont-elles pas plus agréables que la souffrance, la mauvaise santé et la malveillance qui sont nôtres à cause de la colère ?

À mesure que votre conscience de vos états mentaux s'accroît, vous vous rendez de plus en plus rapidement compte que vous êtes en train de vous mettre en colère. Alors, aussitôt que des pensées coléreuses apparaissent, vous pouvez commencer à utiliser les antidotes de la patience et de l'Attention. Vous devriez également saisir toutes les occasions de réparer les actions effectuées sous l'emprise de la colère. Si, étant en colère, vous avez fait ou dit quelque chose à quelqu'un, aussitôt ce moment passé, vous devriez penser à aller vous excuser auprès de cette personne, même si, à votre avis, elle avait tort ou avait agi plus mal que vous. Passer quelques minutes à vous excuser auprès d'une personne que vous avez offensée produit un soulagement merveilleux et immédiat à chacun.

Dans le même esprit, si vous voyez que quelqu'un est en colère contre vous, vous pouvez aller trouver cette personne et, en parlant de manière détendue, essayer d'en trouver la cause. Vous pourriez dire : « Je suis désolé que vous soyez en colère contre moi. Je n'ai aucune animosité envers vous. Peut-être pourrions-nous régler cela amicalement. » Vous pourriez aussi faire un cadeau à la personne qui vous paraît être en colère contre vous. Un cadeau adoucit les excités et transforme les ennemis en amis. Un cadeau peut transformer des paroles hostiles en amabilités et la brutalité en gentillesse.

Voici quelques suggestions que vous pouvez utiliser pour surmonter la colère.

- Soyez conscient de votre colère le plus tôt possible.
- Soyez attentif à votre colère et ressentez sa force.
- Souvenez-vous qu'un tempérament coléreux est extrêmement dangereux.
- Remémorez-vous les conséquences néfastes de la colère.
- Pratiquez la retenue.
- Rendez-vous compte que la colère et ses causes sont impermanentes.
- Souvenez-vous de l'histoire de la patience du Bouddha avec le brahmane.
- Changez d'attitude en devenant serviable et bienveillant.
- Changez le climat entre vous et la personne contre qui vous êtes en colère, en offrant un cadeau ou une autre faveur.
- Souvenez-vous des bienfaits de la pratique de l'amitié-bienveillance.
- Rappelez-vous que nous mourrons tous un jour, et que nous ne voulons pas mourir en colère.

LA COMPASSION

La compassion est la troisième pensée habile que le Bouddha nous encourage à cultiver. La compassion est un émoi du cœur à la pensée des souffrances d'une autre personne. C'est une saine réaction spontanée, associée au souhait de soulager la douleur de celui qui souffre.

La compassion nécessite un objet. Pour la cultiver, vous devez réfléchir à la souffrance que vous avez personnellement éprouvée, remarquer celle des autres et mettre intuitivement en correspondance vos propres expériences douloureuses et les leurs. Supposez, par exemple, que vous entendiez dire qu'un enfant est battu ou maltraité. Vous ouvrez votre esprit à la souffrance de cet enfant en vous souvenant peut-être de la douleur que vous avez éprouvée dans votre cœur quand vous avez été vous-même maltraité. Vous émettez le souhait : « Puisse une telle douleur n'affecter personne au monde. Je souhaite qu'aucun enfant ne soit maltraité comme je l'ai été. » Ou bien, lorsque quelqu'un est malade, vous souhaitez que personne d'autre n'endure une douleur semblable ni une telle anxiété. Ou encore vous vous souvenez du déchirement que l'on éprouve en étant séparé de quelqu'un que l'on aime. Ce souvenir fait naître la compassion pour tous ceux qui sont séparés d'un être cher, par la mort, la distance, le rejet, ainsi que le souhait que personne ne soit obligé de subir une telle souffrance.

La compassion et l'amitié-bienveillance s'épaulent mutuellement. Lorsque vous êtes plein d'amitié-bienveillance, votre cœur est ouvert et votre esprit suffisamment clair pour percevoir la souffrance des autres. Disons, par exemple, que quelqu'un vous snobe ou vous traite avec dédain. Un sentiment d'amitié-bienveillance vous aide à prendre conscience que ce comportement grossier doit provenir d'un problème ou d'une blessure intérieure que cette personne endure. Comme vous avez aussi souffert de problèmes dans votre vie, votre compassion apparaît et vous pensez : « Cette personne doit souffrir. Comment puis-je l'aider ? Si je me mettais en colère ou étais vexé, je ne pourrais lui apporter aucune aide. Il se pourrait même que j'aggrave son problème. » Vous croyez sincèrement que, si vous continuez d'agir de façon bienveillante et amicale, cela fera du bien à cette personne, soit immédiatement, soit ultérieurement. Peut-être admirera-t-elle plus tard que vous soyez resté bienveillant malgré la provocation et commencera-t-elle à imiter cette façon amicale de traiter les autres.

La compassion de ceux qui suivent la voie du Bouddha est extraordinaire, comme le montre cette légende mahayanique :

> Il était une fois un moine qui pratiquait la méditation de la compassion et souhaitait gagner suffisamment de mérites pour voir Metteyya, le Bouddha de l'Amitié-Bienveillance. La pratique avait tellement adouci son cœur qu'il n'aurait fait aucun mal à aucun être vivant.
>
> Un jour, il vit un chien étendu au bord de la route, gémissant de douleur. Le pauvre animal avait une plaie béante, pleine de vers. Ce moine s'agenouilla devant le chien. Sa première pensée fut de retirer les vers de la plaie. Mais ensuite, il pensa : « Si je me sers d'un bâtonnet pour enlever les vers, je risque de les blesser. Si j'utilise mes doigts, je peux les écraser, car ce sont des créatures très fragiles. Et si je les pose sur le sol, quelqu'un peut marcher dessus. »
>
> Alors, il sut ce qu'il devait faire. Il coupa un morceau de chair de sa propre cuisse et le posa sur le sol. S'agenouillant et se penchant en avant, il tira la langue et s'en servit pour retirer les vers de la blessure du chien et les déposer sur le morceau de sa propre chair.
>
> Pendant qu'il agissait ainsi, le chien disparut. À sa place se trouvait Metteyya, le Bouddha de l'Amitié-Bienveillance.

Nous pouvons nous considérer comme des gens compatissants, mais le niveau de notre compassion ne peut se comparer à celui-là ! La souffrance nous entoure. Chaque jour nous avons de nombreuses occasions de pratiquer la compassion, et pourtant, souvent, nous trouvons cela difficile. Pourquoi ? La réponse est que la douleur – même celle des autres – est dure à supporter. Pour l'éviter, nous nous éloignons, nous nous fermons, nous devenons insensibles et rigides. La pratique de l'Attention nous aide à nous détendre et à nous ouvrir à tout ce que la vie offre. Lorsque nous permettons à notre esprit de s'adoucir et à notre cœur de s'ouvrir, la source profonde de la compassion peut s'écouler librement.

Pratiquer la compassion envers les personnes qui font partie de notre vie est certainement un défi, mais c'est essentiel pour notre bonheur, maintenant et à l'avenir. Nos parents, nos conjoints et nos enfants ont besoin de notre compassion. Nous avons également besoin de compassion pour nous-mêmes.

La compassion envers soi-même

Certains parmi vous pourraient se demander pourquoi pratiquer la compassion envers soi-même : « Prendre soin de moi est égoïste, pourriez-vous dire. Mes besoins ne sont pas importants. La véritable pratique spirituelle consiste à pratiquer la compassion envers les autres. » C'est beau à dire, mais n'êtes-vous pas en train de vous abuser vous-même ? Quand vous examinerez attentivement votre esprit, vous découvrirez qu'il n'y a personne dans l'univers entier à qui vous teniez plus qu'à vous-même.

Il n'y a rien de mal à cela. En fait, la compassion envers soi-même est la base de notre pratique envers les autres. Comme l'a dit le Bouddha : « Ayant examiné le monde entier avec mon esprit, jamais je n'ai trouvé quelqu'un qui me soit plus cher que moi-même. Étant donné que nous nous aimons plus que les autres, celui qui s'aime lui-même ne devrait jamais faire de mal aux autres » (Ud V.1).

C'est une erreur de croire qu'il est plus raffiné ou « spirituel » d'être dur avec soi-même ou de se considérer comme sans valeur. À travers sa propre expérience, le Bouddha a découvert que se mortifier soi-même ne mène pas à l'Illumination. Naturellement, nous avons absolument besoin de cultiver la modération, mais c'est notre détermination à agir dans notre propre intérêt supérieur qui nous y conduit. Vu de manière juste, se discipliner soi-même avec bienveillance et mesure est en réalité un aspect de la pratique de la compassion envers soi-même.

De plus, il est impossible de pratiquer une véritable compassion envers les autres qui ne serait pas fondée sur la compassion envers soi-même. Si nous essayons d'agir avec compassion à partir d'un sentiment de médiocrité personnelle ou en croyant que les autres sont plus importants que nous, la source véritable de nos actions est notre aversion envers nous-mêmes, et non la compassion envers les autres. De même, si nous proposons de l'aide à partir d'un froid sentiment de supériorité envers ceux que nous secourons, nos actions risquent en réalité d'être motivées par l'orgueil. La compassion véritable naît, comme nous l'avons vu, de la tendresse que notre cœur ressent pour nos propres souffrances, dont nous voyons alors le reflet dans les souffrances des autres. La compassion envers soi, fondée sur un sain amour de soi, nous pousse à sortir de nous-mêmes avec sincérité, pour apporter notre aide.

Les pompiers sont un bon exemple de cette motivation. Ils sont connus pour le grand courage dont ils font preuve, en risquant volontairement leur vie pour sauver les personnes prises dans le piège d'un immeuble en feu. Néanmoins, ils ne se sacrifient pas délibérément. Ils ne se précipitent pas dans les flammes sans précautions, sans être équipés pour faire face aux dangers de la situation. Ils prennent, au contraire, toutes les précautions, en portant des casques et de lourds équipements, en faisant des plans précis, et en se fiant à leur jugement et à leur habileté pour établir la meilleure manière de sauver les autres sans se mettre eux-mêmes en danger. De même, nous nous revêtons de compassion et d'amitié-bienveillance envers nous-mêmes en purifiant nos motivations au mieux de nos capacités, et en permettant à notre esprit de devenir clair et lumineux. À partir de cet espace de clarté, nous pouvons aider les autres efficacement et, aussi, favoriser nos propres progrès spirituels.

À vrai dire, la division entre soi et les autres est plus floue dans notre esprit que nous en sommes habituellement conscients. Quelles que soient les attitudes mentales dont nous nous servons habituellement envers nous-mêmes, nous les utilisons envers les autres, et celles que nous utilisons envers les autres, nous les employons envers nous-mêmes. Cette situation peut être comparée au fait de nous servir de la nourriture et d'en servir aux autres à partir du même plat : tout le monde finit par manger la même chose. Aussi devons-nous examiner soigneusement ce que nous servons.

Pendant que nous sommes assis en méditation, nous devrions examiner comment nous agissons envers nous-mêmes et envers les autres, lorsque les choses ne vont pas comme nous le souhaitions ou que des erreurs se produisent. Réagissons-nous avec des reproches ou en pardonnant ? Avec anxiété ou équanimité ? Dureté ou bonté ? Patience ou fureur ?

Bien qu'il soit important pour nous de remarquer nos erreurs, de ressentir leurs effets, de prendre la résolution de nous amender, l'autocondamnation et les autres types d'autoflagellation ne sont d'aucune utilité pratique. Personne ne se sent en paix après avoir été réprimandé. En général, les gens ont un mouvement de recul et ils se mettent en colère, sur la défensive, ou s'entêtent. Imaginez, par exemple, quelqu'un qui pratique des exercices pour perdre du poids. Si, un jour, il omet de faire sa pratique quotidienne et aggrave ce manquement en se disant « Toi, gros lourdaud, tu ne changeras jamais ! », quelles chances y a-t-il pour qu'il fasse ses exercices le lendemain ? L'esprit non éclairé est non éduqué. Il est ignorant. Il souffre. C'est pourquoi nous faisons des choses regrettables. Se souvenir que nos erreurs sont dues à notre propre souffrance accroît notre compassion envers nous-mêmes, plus que des jugements sévères et des insultes à notre égard.

Il est particulièrement important que nos efforts pour méditer et suivre le chemin du Bouddha soient abordés avec une attitude compatissante. Nous pratiquons les huit marches du Bouddha vers le bonheur pour alléger notre souffrance. Si nous rendons notre fardeau plus pesant en adoptant une façon de voir oppressante et critique envers notre pratique, nous risquons – à juste titre – de constater rapidement que notre souffrance a empiré. Nous pouvons même nous sentir obligés d'arrêter.

Les Occidentaux qui cherchent à suivre le chemin du Bouddha semblent tout particulièrement tomber dans ce piège mental. Selon mon optique « orientale », ils paraissent souvent ambitieux, surmenés, polarisés et anxieux. Quand ils commencent à méditer et découvrent la « nature de singe » de l'esprit, ils essayent immédiatement de le contrôler. Ils cherchent à l'immobiliser, à le discipliner par la force de la volonté. Mais l'esprit n'obéit aux ordres de personne. Souvent, ils développent des frustrations, s'autocritiquent et se durcissent. Cela peut également se produire avec des étudiants plus expérimentés, déçus de ne pas encore avoir atteint leur but spirituel. Il est important que tout étudiant du chemin du Bouddha se souvienne qu'il y a une différence entre observer l'esprit et le contrôler. Observer l'esprit avec une approche de douceur et d'ouverture lui permet de se calmer et de se tranquilliser. Essayer de le contrôler ou de contrôler la manière dont notre pratique spirituelle s'épanouit ne fait que provoquer un surcroît d'agitation et de souffrance.

Nous pouvons ouvrir et détendre notre esprit. Rien de ce qui apparaît durant la méditation n'est un signe d'échec. Il n'y a qu'échec de l'observation. Si des pensées malsaines apparaissent et persistent, nous ne devons pas entrer en lutte avec elles, ni nous fustiger. Nous devrions plutôt, calmement et avec compassion, exercer l'Effort juste, pour les surmonter et élever l'esprit.

Personne n'est seulement mauvais. Dans le monde, nous avons tous les mêmes problèmes. Avidité, colère, jalousie, orgueil, mauvais jours, déceptions, impatience se produisent chez tous les êtres non éclairés. Lorsque nous prenons l'habitude de faire face avec compassion aux nombreux changements de l'esprit, il peut se détendre. Il nous est alors possible de voir avec plus de clarté, et nous continuons de progresser dans notre compréhension.

La compassion envers nos parents

Nombreux sont ceux, parmi nous, dont les sentiments à l'égard de leurs parents se sont durcis et manquent de gentillesse. Certains ont du mal à pardonner les traitements qu'ils ont subis étant enfants. Ajoutés à d'autres actions blessantes, ces mauvais traitements peuvent nous avoir causé douleur et souffrance. De telles actions ne peuvent être pardonnées ni oubliées aisément. Leur effet ne peut jamais être annulé. Mais ce que nous faisons actuellement peut avoir une influence sur notre bonheur actuel et futur.

Penser aux souffrances de vos parents pour vous mettre au monde et vous élever est une manière de développer votre compassion. Le Bouddha a dit que même si vous portiez vos parents, chacun sur une de vos épaules, pendant tout le reste de votre vie, en prenant soin de tous leurs besoins, vous ne les rembourseriez pas de ce qu'ils ont fait pour vous. Les parents sacrifient sommeil, confort, nourriture, temps et énergie, pendant des jours, des mois, des années. Considérez l'incapacité extrême d'un bébé et combien ses besoins sont exigeants. Pensez à la peur que votre mère et votre père peuvent avoir ressentie en essayant de vous protéger, aux soins qu'ils vous ont prodigués pendant vos maladies et à leurs soucis en face de vos problèmes. Plutôt que de les blâmer pour avoir agi inconsidérément, pensez à la douleur et à la souffrance que leur esprit confus a dû leur causer alors qu'ils affrontaient toutes les difficultés liées à l'éducation d'un enfant. Pensez aux luttes qu'ils ont peut-être eu à mener pour se libérer de dépendances et d'autres comportements destructeurs provenant du désir, de la haine et de l'ignorance.

Ensuite, considérez que les parents qui vous ont élevé ne sont pas identiques à ceux que vous connaissez aujourd'hui. Le temps a passé et l'impermanence change tout le monde. En vieillissant, vos parents se sont peut-être adoucis, ou ont développé une plus grande sagesse. Vous aussi, vous avez mûri. Ne restez pas prisonnier de la relation de votre enfance. À mesure que vos parents vieillissent, vous pourrez même avoir besoin d'inverser les rôles et de leur apporter un soutien matériel, émotionnel et spirituel. Prendre soin de vos parents peut ouvrir votre cœur de compassion. Même s'ils ne vous ont jamais rien donné d'autre que votre vie et un chagrin sans fin, vous pouvez au moins les plaindre et leur souhaiter du bonheur : « Je souhaite pouvoir aider mes parents à avoir un meilleur état d'esprit. » La compassion ne connaît aucune limite, aucune frontière.

La compassion envers nos enfants

Maintenir l'équilibre dans votre vie peut être deux fois plus difficile quand vous élevez des enfants. Éduquer des enfants de manière équilibrée peut se comparer à marcher sur une corde raide à cent cinquante mètres au-dessus du sol. D'un côté, les traiter avec dureté et rigidité peut vous valoir durablement leur hostilité. De l'autre, si vous ne leur donnez pas une structure et le sens de la discipline, ils n'apprendront pas qu'il existe des limites, ni qu'ils doivent assumer les conséquences de leurs actes.

Si les enfants sont aimés et instruits, éduqués et soignés avec l'honneur et le respect qu'ils méritent en tant qu'êtres humains, ils deviendront des adultes responsables, aimants et bienveillants. Après votre départ, vos enfants porteront sur leurs épaules les fardeaux du monde. Ils peuvent apporter paix et bonheur à vous-même, aux autres membres de la famille, à la société et au monde entier.

Mais, comme le savent tous les parents, les enfants peuvent mettre à l'épreuve la patience la plus tolérante. Lorsque vous vous retrouvez en train de lutter avec eux, pensez à trouver dans votre cœur un espace de détachement. Abandonnez votre besoin de voir les choses aller comme vous le voulez. Faites plus d'efforts pour comprendre les points de vue de vos enfants, leurs besoins, leurs peurs ou leurs intérêts ; et lorsque vous aurez une meilleure compréhension de ce à quoi ils sont confrontés, votre cœur fondra de compassion. Avec un état d'esprit compatissant, vos actions auront toujours une tonalité de bonté et de douceur – ce qui est très utile pour surmonter les difficultés avec qui que ce soit, enfant ou adulte.

Si vous manquez de compassion envers vos enfants, vous pouvez encore, heureusement, la cultiver ; c'est juste une question de pratique. Les gens ne connaissent pas d'instinct la meilleure façon d'élever un enfant pour qu'il devienne un adulte en bonne santé, responsable et bienveillant. Cette capacité doit être apprise. Si vous êtes parent, il vous incombe d'apprendre, autant que cela vous est possible, à élever vos enfants de manière saine, sans leur enseigner l'avidité, la haine et l'ignorance. Ces influences néfastes sont déjà suffisamment nombreuses dans le monde. Par-dessus tout, vous pouvez faire preuve de compassion envers les enfants, lorsque vous leur apprenez le lâcher-prise, l'amitié-bienveillance et la compassion.

La compassion envers notre conjoint

Pratiquer la compassion envers notre conjoint requiert générosité et patience. Nous avons chacun une manière d'être et un style différent. Certains d'entre nous ont de la facilité pour exprimer leurs émotions : ils rient et pleurent facilement et souvent. D'autres ont des difficultés à dire ce qu'ils ressentent et ne pleurent jamais. Certains trouvent leur bonheur en travaillant et aiment passer de longues heures à la tâche. D'autres effectuent leur travail rapidement et préfèrent passer leur temps à lire, à méditer, ou à rendre visite à des amis. Aucune de ces façons d'être n'est bonne ou mauvaise. Un conjoint qui aime travailler a autant de plaisir à vivre que celui qui préfère voyager. L'un et l'autre cherchent à éviter la souffrance et à être aussi heureux que possible. Tous deux peuvent être des êtres humains bons et aimables. Focalisez-vous sur les qualités positives de votre conjoint.

Parfois, après un conflit, votre cœur peut se durcir à l'égard de votre conjoint. Des pensées pleines de colère peuvent vous traverser l'esprit de manière répétée, en renforçant vos propres arguments et évaluant ses faiblesses. Il est possible que vous ayez un dur travail intérieur à faire, avant que votre compassion puisse apparaître. Quand vous méditez, vous pouvez réfléchir à vos propres actions maladroites, qu'elles soient physiques, verbales ou mentales, en identifiant tous les comportements avides, égoïstes, haineux, jaloux ou orgueilleux que vous avez eus. Ensuite, avec un esprit ouvert, vous pouvez regarder comment ces actions peuvent avoir influencé votre conjoint. Si vous éprouvez de la rancune, c'est un point faible qui vous est propre, quoi que votre conjoint ait fait. Êtes-vous attaché à quelque chose ? Attachement et amour véritable sont très éloignés l'un de l'autre.

Si la situation avec votre conjoint est impossible à supporter et ne peut pas être améliorée, il peut arriver qu'il soit nécessaire d'y mettre fin. Dans ce cas, séparez-vous de manière bienveillante, en reconnaissant vos propres torts et en lui souhaitant du bien. Pourquoi le blesser avec davantage de colère et de reproches ?

Il est très important de ne pas comparer vos actions à celles de votre conjoint ou de juger son comportement mauvais. Concentrez-vous plutôt sur vos propres actions et assumez-en la responsabilité. Rappelez-vous les fois où vous l'avez regardé dans les yeux et y avez vu la douleur dont vous étiez la cause. Souvenez-vous que vous avez fait souffrir cette personne que vous aimez. Si vous pouvez admettre vos propres fautes, si vous pouvez voir combien vos actions étaient blessantes et ressentir une étincelle d'intérêt pour le bien-être de votre conjoint, la compassion et l'amitié-bienveillance s'épancheront.

Disons que ce matin vous avez eu une méchante dispute. Plus tard, votre conjoint rentre à la maison avec un air fermé et courroucé. Prudemment, il vous lance un regard pour voir si vous êtes en colère. Mais, entre-temps, vous avez examiné vos propres fautes et avez ouvert la source d'amour et de compassion de votre cœur, de sorte que vous croisez son regard avec une expression douce et chaleureuse. Grâce à votre compassion, la relation se restaure entre vous.

METTRE EN ŒUVRE LA PENSÉE JUSTE

Pendant que nous sommes assis en méditation, de nombreuses choses traversent notre esprit. Nous pouvons entendre des sons, sentir des démangeaisons, penser à toutes sortes de choses. Nous pouvons même oublier brièvement que nous sommes en train de méditer et que nous essayons de rester centrés sur la respiration. C'est normal – cela arrive à tout le monde. Lorsque quelque chose détourne notre attention de la respiration, nous devrions l'examiner brièvement, juste le temps nécessaire pour remarquer son impermanence – comment la chose apparaît, culmine et disparaît. Puis nous revenons à la respiration.

Cependant, certaines pensées ou certains états mentaux sont épineux et requièrent une attention particulière : ce sont les pensées malsaines qui naissent de l'avidité, de la haine ou de l'aveuglement, chaque fois que nous ne sommes pas attentifs. Aucune sagesse ne se développe pendant que l'esprit se perd dans des pensées malsaines. Non seulement nous perdons notre temps et créons des sensations pénibles, mais nous renforçons aussi les habitudes mentales qui causent toute notre souffrance. Nous devons surmonter immédiatement ces pensées avec l'Attention, en y mettant fin rapidement avant qu'elles nous dépassent, s'implantent et dominent notre séance de méditation.

Parfois, ces pensées disparaissent par le simple fait de porter brièvement attention à leur impermanence. À d'autres moments, nous devons mobiliser un grand effort pour les surmonter. Nous étudierons plusieurs manières d'y parvenir lorsque nous discuterons de l'effort juste. Une fois la pensée malsaine surmontée, nous revenons à la respiration avec un niveau de concentration légèrement plus profond. Si une autre pensée négative apparaît, nous renouvelons nos efforts. Chaque fois qu'une pensée malsaine a été surmontée, nous approfondissons notre concentration.

Finalement, nous constatons que notre concentration est tellement stable que toutes les pensées cessent de se produire. De nombreuses séances de méditation peuvent être nécessaires pour que cet état survienne, mais il arrive qu'il se produise plus rapidement. Une fois qu'une profonde concentration est réalisée, nous pouvons utiliser sa puissance pour revenir à notre pratique de la Vision intérieure, et examiner de nouveau les objets à mesure qu'ils sollicitent notre attention. Les pensées ayant disparu, nous examinons d'autres objets, comme des sensations corporelles ou des qualités mentales positives, telles que la félicité ou l'équanimité. Tout comme précédemment, nous nous focalisons sur l'impermanence et les caractéristiques associées à ces objets, mais avec la force de la concentration, notre Vision intérieure grandit de manière spectaculaire. Aussi longtemps que dure l'état de concentration profonde, aucune pensée malsaine ne vient perturber notre méditation.

Toutefois, jusqu'à ce que nous ayons atteint ce niveau de méditation concentrée, nous devons traiter habilement les pensées malsaines quand elles apparaissent. Nous devons nous y attaquer chaque fois qu'elles se présentent, même en dehors des séances de méditation. La mise en œuvre de la Pensée juste fait référence à tous ces efforts.

Une des méthodes pour surmonter une pensée malsaine est d'en examiner les côtés négatifs. Vous voyez comment elle souille l'esprit. Vous voyez comment votre façon de penser négative habituelle crée des difficultés dans votre vie. Vous pouvez alors cultiver l'opposé, une pensée saine, comme le sentiment de compassion. C'est une excellente occasion pour vous de vous observer et de changer votre vie, en changeant votre mentalité.

Souvent, les gens me demandent : « Comment puis-je intégrer ma pratique de la méditation à ma vie quotidienne ? » Je réponds fréquemment par des questions : « Qu'avez-vous fait sur le coussin ? Avez-vous simplement centré votre esprit sur la respiration ? » Si vous ne faites que cela, vous menez deux vies différentes : celle sur le coussin et la vie quotidienne ordinaire.

Il y a beaucoup de travail à faire pendant la méditation. Les états mentaux difficiles, ceux-là mêmes qui créent des problèmes dans notre vie – avidité, peur, colère, jalousie, dévalorisation de soi –, viennent à nous pendant la méditation. Ils peuvent émerger sous forme de pensées malsaines à tout moment, chaque fois que notre Attention ou notre concentration se relâchent.

D'abord, nous faisons simplement l'effort de lâcher ces pensées. Cet effort a un double objectif: purifier l'esprit en ce moment même et lui apprendre l'habitude de se purifier lui-même. Quand une pensée est si forte qu'elle persiste malgré tous vos efforts, c'est le signe qu'un travail plus intensif est à faire. Maintenant, vous devez examiner ces pensées très intensément et vous en servir pour y voir plus clair dans votre vie.

Imaginons, par exemple, que pendant la méditation je me perde dans des pensées agressives à l'égard d'un inconnu qui m'a insulté. J'ai essayé plusieurs méthodes pour surmonter ces pensées, mais celles-ci ne s'en vont pas. Alors, je les examine. Je regarde d'abord comment cette pensée affecte ma pratique, comment elle crée une tension corporelle et modifie ma tension artérielle, comment elle génère un sentiment persistant de malveillance envers cette personne. Je vois que de telles pensées agressives sont mauvaises, car elles me font du mal et affectent mon esprit de manière tellement négative que je pourrais même blesser d'autres personnes. Ensuite, peut-être vais-je considérer combien je serais embarrassé si l'on savait ce que je suis en train de penser, et développer une saine honte que de telles pensées puissent dominer mon esprit. Ce type d'examen crée souvent une distance suffisante pour libérer l'esprit de l'état négatif.

Lorsque l'esprit est clair, j'ai la possibilité d'examiner mes pensées plus profondément et de réfléchir à ce qui les a causées. Je me demande: « Pourquoi ai-je continué d'être fâché après avoir été insulté? À quoi étais-je attaché pour que l'insulte s'incruste dans mon esprit? » Peut-être vais-je découvrir que la cause se trouve dans mon passé et qu'elle n'a rien à voir avec l'insulte.

Ensuite, je réfléchis encore: « Bon, c'est vrai, cet homme m'a insulté, mais qu'ai-je fait pour qu'il se mette en colère? Étais-je trop pressé ou trop avide ? Trop arrogant ? Sans doute n'avais-je aucune mauvaise intention, mais je sais que j'ai déjà irrité des gens de cette façon. Il faut que je m'y prenne mieux la prochaine fois. » En réfléchissant ainsi sur mes motifs et mes actions maladroites, je prends la résolution de m'améliorer. Et, dès lors que je vois ma propre part de responsabilité dans le conflit, je peux même développer de la compassion pour cet homme que j'ai fait si fortement souffrir qu'il a éprouvé le besoin de m'insulter en retour.

Ce type de réflexion sur soi est une partie cruciale de la pratique méditative. Avant son Illumination, le Bouddha lui-même l'utilisait. Il se servait de ses pensées malsaines comme d'outils pour regarder à l'intérieur et corriger ses défauts. Dans la forêt, pendant qu'il méditait avant son Illumination, il se disait en lui-même : « J'ai cette faiblesse. J'ai fait cela dans le passé. À partir de maintenant, mon comportement doit être différent. »

Vous pouvez en faire autant. Si vous vous souvenez d'avoir une fois parlé durement à un enfant, et vu la douleur et l'incompréhension dans ses yeux, vous pouvez décider de vous en excuser auprès de lui et de parler avec plus de compassion à l'avenir. Ou encore, si vous vous rappelez une conversation au cours de laquelle vous vous êtes obstinément accroché à vos opinions, même quand il a été démontré que vous aviez tort, prenez la résolution de renoncer à votre attachement avec plus d'élégance la prochaine fois.

Si un désir persistant apparaît, par exemple manger une glace ou avoir un nouveau disque, c'est une occasion de cultiver son opposé, la générosité. Vous pouvez penser : « Je n'en ai pas besoin maintenant. Je peux renoncer à ce désir. » Si votre mouvement est généreux et votre cœur ouvert, le désir de ces plaisirs des sens finira par diminuer. Vous pourrez alors vous rendre compte combien votre désir était réellement insignifiant ou égocentrique. Ce faisant, vous parviendrez à une meilleure compréhension de la nature de la

« soif ». Après avoir utilisé cette nouvelle compréhension pour corriger votre état d'esprit, revenez à la respiration.

Une autre bonne stratégie, lorsque votre pensée a échappé à votre contrôle et que votre esprit est plein de douleur, d'agitation et de soucis, consiste à utiliser votre propre souffrance pour cultiver de saines pensées de compassion. Voyant la souffrance dans votre esprit, vous réfléchissez au fait que la souffrance affecte aussi les autres : « Cet état n'arrive pas qu'à moi. Tout le monde en fait l'expérience, et en ce moment même nombreux sont ceux qui souffrent plus que moi. »

Un de mes étudiants m'a dit s'être senti extrêmement déprimé à une certaine époque. Un jour, alors qu'il marchait seul dans un parc, il tomba sur un morceau de journal. Il le ramassa et y lut l'histoire d'un homme qui se promenait, profondément malheureux, parce qu'il n'avait qu'une seule chaussure. Alors qu'il avançait en boitillant, son pied nu et glacé lui faisant mal, l'homme qui n'avait qu'une seule chaussure en croisa un autre qui, lui, n'avait qu'une seule jambe. Son cœur s'emplit de gratitude. « Bon, au moins j'ai encore mes deux jambes ! » se dit-il, et sa tristesse le quitta. En lisant cette histoire, mon étudiant sentit monter en lui une puissante vague de compassion envers ceux dont les problèmes étaient pires que le sien, et sa dépression s'évanouit.

Vous pouvez utiliser une technique similaire chaque fois que des pensées douloureuses, de colère, ou une souffrance mentale vous submergent. Arrêtez-vous simplement et demandez-vous : « Pourquoi me plaindre ? Mon esprit fonctionne. Tous mes sens aussi. J'ai accès à des enseignements spirituels, du temps et un endroit pour méditer. Comparé à tant d'autres gens dans le monde, je vis luxueusement. Des millions d'êtres humains n'ont ni toit, ni nourriture, ni espoir. Plutôt que de me sentir malheureux, je vais cultiver la compassion à l'égard de ces personnes. » La compassion calme et adoucit nos pensées, de sorte que nous pouvons revenir à la respiration avec un esprit plus stable, plus concentré.

Ce type d'entraînement n'est pas limité à la méditation formelle. Ce que nous faisons pendant la pratique assise, nous devons l'appliquer à tous les autres moments de la journée. Nous emportons notre entraînement à la Vision intérieure avec nous, dans notre vie de tous les jours, et en faisons usage en toutes circonstances : dans l'autobus, au travail, quand nous nous sentons malades, quand nous faisons nos courses. Autrement, quelle serait l'utilité de passer autant d'heures sur le coussin ? Faites tous vos efforts pour éviter ou interrompre les états d'esprit nocifs et pour encourager ceux qui sont bienfaisants, tout comme vous le faites sur le coussin. Il est extrêmement stimulant de pratiquer de cette façon, en dehors de la méditation, car chaque jour nous offre une multitude d'occasions de réagir aux impressions sensorielles par des comportements d'avidité, de colère ou erronés.

Supposons que vous visitiez une galerie marchande et que, dans une vitrine, vous voyiez quelques objets attirants. À cause de vos pensées non disciplinées, vous ne pouvez pas détourner les yeux des objets. Vous entrez dans la boutique et les examinez. Vous avez l'impression de ne pas pouvoir vous en aller sans en acheter un ou deux. Peut-être n'avez-vous pas l'argent actuellement, mais vous avez votre carte de crédit. Vous choisissez quelque chose et l'achetez.

Pour pratiquer la Pensée juste, vous devez vous arrêter durant ce processus, tout comme vous le feriez sur le coussin quand vous reconnaissez une pensée malsaine. D'abord, classez et identifiez vos pensées et ce que vous ressentez. Demandez-vous si l'envie, la peur ou l'insécurité vous pousse à faire un achat non nécessaire. Ensuite, raisonnez-vous : « Je veux finir de rembourser ce qui me reste à payer sur cette carte. Est-ce que, réellement, je veux accroître mes dettes ? »

Même si vous avez beaucoup d'argent, il demeure important de purifier la convoitise dans votre mécanisme de penser. Demandez-vous : « Cet objet est-il nécessaire, ou est-ce que je l'achète pour une autre raison ? Est-ce que je veux simplement impressionner les gens ? N'ai-je pas déjà des choses semblables qui s'entassent dans mes armoires ? » Vous pouvez aussi vous demander : « N'y a-t-il pas un meilleur usage à faire de cet argent, une manière de l'utiliser pour aider les autres ? »

Si vous sentez que vous n'êtes pas sûr de vos motivations, peut-être parce que la convoitise et le besoin s'entremêlent, ou que le désir est irrésistible, demandez-vous : « Cet achat peut-il attendre ? Puis-je m'en aller maintenant et revenir la semaine prochaine ? Puis-je demander au vendeur de me le garder pendant que je me calme et y réfléchis ? » Ce type de réflexion fait un usage habile des bonnes habitudes que nous pratiquons pendant la méditation assise.

Cette sorte d'entraînement nous aide de façon certaine lorsque nous rencontrons de plus grands défis. Une fois, j'ai eu à utiliser ma pratique de la Pensée juste pour surmonter la peur, dans une situation de réel danger.

J'avais été informé que ma mère était atteinte d'une maladie mortelle. Parti de Washington, D.C., pour le Sri Lanka, j'ai changé d'avion et pris un jumbo jet à Hawaii. Une ou deux heures après le décollage d'Hawaii, j'ai remarqué en regardant par le hublot des flammes sortant de l'un des moteurs de l'appareil. Puis, la voix du pilote se fit entendre par le haut-parleur. Il annonça que le moteur était en feu et que nous faisions demi-tour. Il demanda au personnel de bord de donner des instructions sur la manière de quitter l'avion, si nous parvenions à rejoindre Hawaii.

Le steward nous dit de rester tranquillement assis avec nos ceintures de sécurité attachées. Lors de l'atterrissage, dit-il, des lumières au sol nous conduiraient aux huit issues de secours. Les portes s'ouvriraient et des toboggans d'urgence sortiraient de l'appareil.

Nous aurions à sauter sur les toboggans sans un instant d'hésitation, à nous laisser glisser au sol, et à nous éloigner de l'avion en courant.

Je doute que quelqu'un ait compris grand-chose à ces instructions. Dès le moment où le pilote eut annoncé que le moteur était en feu, tout le monde dans l'appareil fut saisi par la peur de la mort. Certains commencèrent à se signer, les couples à s'étreindre et à s'embrasser, d'autres passagers pleuraient ou paraissaient tendus et anxieux.

J'ai pensé : « Si c'est mon heure de mourir, eh bien, de toute façon je mourrai, que je sois effrayé ou non. Je vais garder l'esprit clair. » Pour commencer, j'ai fait appel à ma compréhension intellectuelle de ce qu'est la mort. J'ai réfléchi au fait que la mort est inévitable, et que ce serait pour moi un bon moment pour mourir, car j'avais fait de bonnes actions et n'avais rien à regretter. Ensuite, j'ai pensé à l'enchaînement probable des événements. « Si l'avion fait une chute rapide depuis une altitude de onze mille mètres, nous serons inconscients avant qu'il percute l'océan. » Je ne sais pas si cette pensée est vraie d'un point de vue scientifique, mais c'est ce qui m'est venu à l'esprit à ce moment-là. Puis je me suis exhorté : « Je dois garder mon esprit très clair, très pur, avant de perdre conscience. C'est le moment d'utiliser ma pleine Conscience pour bien comprendre le caractère inévitable de la mort. Si je meurs paisiblement, avec un état mental pur et clair, ma vie future sera heureuse. Peut-être parviendrai-je à un stade d'Illumination en voyant la vérité de l'impermanence. Je ne dois pas obstruer mon esprit avec de la peur ou de la confusion. Aussi fort mon attachement à la vie soit-il, peu importe, je dois y renoncer maintenant. » Ainsi ai-je fait l'effort d'empêcher tout état d'esprit malsain d'apparaître en face de la mort et ai-je encouragé les états bénéfiques à se manifester.

Peut-être étais-je trop choqué pour avoir peur, mais je n'ai pas eu peur. En fait, j'ai pris plaisir à observer les flammes qui sortaient du moteur à onze mille mètres d'altitude. Elles étaient bleues, jaunes et rouges. Vous voyez rarement de telles flammes bleues. Parfois, elles s'élançaient vers l'espace. À d'autres moments, elles étaient basses. Elles ressemblaient à un feu d'artifice, ou à une aurore boréale. Pendant que je profitais du spectacle, les quelque trois cents autres passagers souffraient terriblement. Je les regardais de temps à autre, et voyais leur terrible angoisse à la simple pensée de la mort. Ils semblaient presque morts avant de mourir ! Pourtant, j'ai remarqué que les petits enfants ne semblaient pas affectés. Ils continuaient de rire et de jouer comme ils le faisaient avant la crise. J'ai pensé : « Je vais me mettre à leur place, dans un esprit d'enfant. »

Nous parvînmes à regagner Hawaii, et l'avion fit un atterrissage forcé. Nous sortîmes par les issues de secours, comme on nous l'avait expliqué, en glissant sur les toboggans. Glisser ainsi fut pour moi une expérience toute nouvelle. Peut-être tous les autres passagers s'étaient-ils, au moins une fois, laissés glisser sur le toboggan d'une aire de jeu dans leur enfance, mais je n'avais jamais rien fait de ce genre dans le pauvre village où j'ai grandi. Ainsi, jusqu'à la fin, ai-je trouvé beaucoup de satisfaction dans cette expérience.

POINTS CLÉS POUR SE SOUVENIR DE LA PENSÉE JUSTE

Comme nous sommes en train de le découvrir, marcher sur le chemin du bonheur enseigné par le Bouddha requiert de pratiquer chacune des huit marches dans le monde réel. Nous avons besoin que les destinataires de nos dons généreux les acceptent. Nous avons besoin d'amis et d'ennemis pour servir d'inspiration à notre amitié-bienveillance. Nous avons besoin d'êtres qui souffrent pour développer notre compassion. La société humaine procure un parfait terrain d'essai pour ces points clés de la Pensée juste :

- Quand nous développons la Compréhension juste, la Pensée juste s'épanouit naturellement.
- Penser peut nous rendre heureux ou malheureux.
- Le Bouddha nous a enseigné trois pensées justes : lâcher prise, c'est-à-dire la générosité au sens le plus élevé, l'amitié-bienveillance et la compassion.
- Commencez votre pratique de la générosité en donnant des choses matérielles.
- Nous attacher à quoi que ce soit – formes, sensations, perceptions, formations volitives ou conscience – nous rend malheureux.
- Quand la peur apparaît, laissez-la grandir et observez-la pendant qu'elle culmine et disparaît.
- L'amitié-bienveillance – un sentiment d'interconnexion avec tous les êtres et le souhait sincère qu'ils soient heureux – a des effets de grande portée.
- Votre colère vous fera finalement plus de mal qu'à la personne à qui elle s'adresse ; agissez pour surmonter votre colère.
- L'Attention peut vous aider à minimiser et à éliminer finalement votre colère.
- La compassion est un sain émoi spontané du cœur quant à la souffrance des autres, associé au souhait de soulager leur douleur.
- Développer la compassion envers vous-même, vos parents, vos enfants et votre conjoint vous aidera à vous détendre et adoucira votre cœur.
- Lorsque des pensées négatives apparaissent pendant la médi-

tation, il se peut qu'elles disparaissent en prêtant simplement attention à leur nature éphémère.

- Si un courant de pensée négatif persiste malgré tous vos efforts, c'est le signal pour l'examiner en profondeur – afin de développer la Vision intérieure dans vos comportements habituels.
- La réflexion sur les pensées malsaines est un aspect crucial de la pratique méditative.
- Pratiquer la Pensée juste pendant la méditation peut vous aider à surmonter votre peur, votre colère et votre avidité dans la vie quotidienne.

TROISIÈME MARCHE

La Parole Juste

SONGEZ au nombre de fois où vous avez pensé « Si seulement je n'avais pas dit cela », ou encore « Quand j'ai vu son regard, j'ai compris que mes paroles l'avaient blessée ». Les paroles erronées nous créent beaucoup de problèmes. Nous mentons et nous nous retrouvons prisonniers de nos mensonges ; nous disons du mal d'un collègue et lui créons des problèmes ; nous parlons de manière inconsidérée et nous offensons un client ou un ami ; nous passons la journée entière à bavarder à tort et à travers et n'avons rien accompli.

Ces mauvaises habitudes ne sont pas nouvelles. Le Bouddha considérait la pratique de la Parole juste si essentielle pour notre développement personnel et spirituel qu'il lui consacra une marche spécifique sur le chemin du bonheur. La Parole juste, nous dit le Bouddha, a quatre qualités : elle est toujours véridique ; elle est inspirante, ni malveillante ni futile ; elle est douce, ni grossière ni dure ; elle est mesurée, ni vaine ni insignifiante.

Une personne connue pour la douceur et la beauté de ses paroles, expliquait le Bouddha, est rapidement écoutée et respectée. Une telle personne jouit d'un état d'esprit calme et paisible et elle agit avec bienveillance. Avez-vous remarqué, par exemple, que les gens ont tendance à nous parler de la manière dont ils nous ont entendu parler ? Si nous sommes connus pour exagérer ou mentir, les gens sont plus à l'aise pour nous mentir. Si nous avons l'habitude de calomnier les autres, il leur est plus facile de parler de nous avec acrimonie. L'inverse est également vrai. Si l'on sait que nous disons la vérité, nos paroles sont crues plus facilement. Si nous avons la réputation d'être discrets, les gens ont plus de difficultés pour cancaner à notre sujet. Si nos paroles sont toujours affables et douces, ils éprouvent de la gêne à parler grossièrement ou à proférer des jurons en notre présence.

Il est clair que la parole crée un climat qui est soit favorable au bonheur, soit destructeur. Nous savons qu'il en est ainsi, car notre expérience personnelle nous montre que notre manière de penser et d'agir est fortement influencée par le type de langage qui prévaut autour de nous. L'une des premières nonnes à suivre le Bouddha exprima en vers ses observations :

> S'il avait recours à de sages amis,
> Même un imbécile deviendrait sage (Thig 213).

Si nous aspirons à la sagesse, nous ne devons pas seulement rechercher de nobles amis, mais être aussi un noble ami pour les autres. Se comporter ainsi demande que nous fassions un effort vigilant pour pratiquer la Parole juste. Une histoire bouddhique populaire illustre l'influence que la parole peut avoir sur notre comportement :

> Un moine de l'entourage du Bouddha avait l'habitude de manger de somptueux repas avec un groupe de gens dévoyés par Devadatta, le moine malfaisant. Tenté par les mets délicieux offerts par ces personnes, il passait beaucoup de temps en la compagnie malsaine de ce groupe. Le Bouddha réprimanda le moine pour le choix de tels compagnons et l'avertit de ses

conséquences. Pour le convaincre de modifier son comportement, il lui raconta l'histoire d'une péripétie survenue dans une vie antérieure, au cours de laquelle ce moine avait été détourné du droit chemin par les paroles grossières et malsaines de ceux qui l'entouraient.

Dans une naissance antérieure, dit le Bouddha, le moine avait été un grand éléphant appartenant à un roi. Cet éléphant était connu pour son doux caractère. Il advint que des voleurs prirent l'habitude de se réunir chaque nuit près de son box pour discuter de leurs mauvais plans. Ils parlaient grossièrement et s'encourageaient mutuellement à commettre des meurtres et d'autres actes cruels. L'éléphant commença à croire que la brutalité de leur langage avait pour but de lui apprendre qu'il devait se conduire de façon similaire. Le résultat fut que l'éléphant, autrefois noble, devint un meurtrier, tuant tous ceux qui essayaient de travailler avec lui.

Le roi auquel l'éléphant appartenait envoya son ministre – le futur Bouddha – rechercher ce qui corrompait le gentil éléphant. Le ministre surprit les mauvaises paroles des voleurs et vit comment elles affectaient l'éléphant. Il recommanda au roi d'envoyer de sages personnes, connues pour leur langage mesuré, s'entretenir chaque nuit près du box de l'éléphant. L'influence de leurs saines et bonnes paroles fit bientôt revenir l'éléphant à ses manières douces, et il ne fut plus jamais cruel (J 26).

La Parole juste peut améliorer votre vie de nombreuses manières. Imaginez simplement ne jamais avoir à regretter ce que vous dites. Un grand nombre d'entre nous seraient soulagés d'un lourd fardeau.

Regardons de plus près les quatre qualités de la Parole juste et explorons comment elles peuvent nous aider à progresser sur le chemin du bonheur.

DIRE LA VÉRITÉ

La première qualité de la Parole juste est d'être toujours vraie. Ne mentez jamais, nous a dit le Bouddha, que ce soit dans votre propre intérêt, dans celui de quelqu'un d'autre, ou dans quelque intérêt que ce soit. Il a résumé les instructions pour dire la vérité de cette manière :

> Quand (quelqu'un est) interrogé ainsi en qualité de témoin : « Alors, monsieur, dites ce que vous savez. » Sachant, il dit : « Je sais. » Ne sachant pas, il dit : « Je ne sais pas. » Ne voyant pas, il dit : « Je ne vois pas. » Voyant, il dit : « Je vois. » En pleine conscience, il ne dit pas de mensonge pour ses propres fins, ni pour celles d'un autre, ni pour quelque insignifiante fin mondaine (M41).

Une question peut parfois nous être posée, à laquelle répondre par le silence équivaut à répondre de manière particulière. Au cas où notre silence transmettrait un mensonge, alors nous devrions parler. Par exemple, un inspecteur de police sur les lieux d'un crime demande à la foule des spectateurs s'ils ont vu quelque chose. Si chacun reste silencieux, l'inspecteur conclura que personne n'a vu le crime se produire. Mais si certains des spectateurs en ont été témoins, alors ils mentent en restant silencieux. Même s'ils pensent avoir de bonnes raisons pour ne rien dire, comme la peur d'une vengeance, leur silence est néanmoins un mensonge. Nous pouvons aussi mentir avec le langage du corps. Parfois, un haussement d'épaules ou de sourcils peut sous-entendre : « Je ne sais pas. » Mais si, en réalité, vous savez, votre haussement d'épaules est une tromperie.

Toutefois, il y a des situations où la vérité doit être tue, car la révéler pourrait faire du mal à quelqu'un. En de tels cas, nous devons attendre le bon moment pour tenir le bon langage à la bonne personne. Le Bouddha lui-même avait fréquemment recours au silence quand répondre à une question aurait causé du mal à quelqu'un. Une fois, un homme demanda au Bouddha si la vie continuait après la mort. Le Bouddha resta simplement assis, silencieux, jusqu'à ce que l'homme abandonne et s'en aille. Plus tard, son serviteur Ananda lui demanda pourquoi il n'avait pas répondu. Le Bouddha expliqua que toute réponse aurait été cause de souffrance pour cet homme. En effet, s'il avait répondu que la vie continue après la mort, il savait que l'homme se serait saisi de l'idée d'un soi existant éternellement – une compréhension fausse qui mène à la souffrance. S'il avait répondu négativement, l'homme aurait développé une autre compréhension fausse, en pensant « Alors, je serai annihilé ! » et il en aurait beaucoup souffert. Pour ne pas lui créer de souffrance, le Bouddha décida de ne pas répondre du tout.

Le Bouddha a exposé les règles dont il se servait lui-même pour décider de parler ou de rester silencieux. S'il savait que quelque chose était faux, incorrect, ou non bénéfique, il s'abstenait de parler. « De telles paroles (le Bouddha) ne prononce pas », disait-il. S'il savait que quelque chose était vrai, correct et bénéfique, alors « (le Bouddha) sait à quel moment exprimer de telles paroles ». Lorsque ses paroles étaient véridiques, correctes, bénéfiques et opportunes, le Bouddha parlait sans se préoccuper de ce que ses paroles soient « malvenues et désagréables pour les autres » ou « bienvenues et agréables aux autres » (M58). Profondément compatissant et pleinement centré sur le bien-être des gens, le Bouddha ne parlait jamais simplement pour plaire. Nous avons beaucoup à apprendre de son exemple.

Lorsque je suis tenté de prononcer des paroles qui ne satisfont pas aux critères du Bouddha, je me souviens que je ne gagne rien en parlant, ni personne, et que personne ne pâtit de mon silence. Par exemple, imaginons que je sois avec des amis et que l'un d'entre eux monopolise la conversation. J'ai quelque chose à dire et suis impatient de le dire. J'ai réfléchi à ce que je veux exprimer et sais que c'est vrai au regard des événements passés, que c'est correct par rapport aux faits actuels, et que ce serait bénéfique pour les auditeurs. Pourtant, si je laisse échapper mes paroles maintenant, je risque d'offenser la personne qui est en train de parler. Ainsi, le moment n'est pas opportun. Je me rappelle alors que je ne gagne rien à parler à un moment inopportun, que personne n'y gagne non plus et, qui plus est, que personne ne perd par mon patient silence. Je peux dire ce que je veux dire à un autre moment.

LES MOTS NE SONT PAS DES ARMES

Le second aspect de la Parole juste est d'éviter les paroles malveillantes. Comme nous le déclare un vieux dicton : « La langue est une arme sans os, enfermée entre les dents. » Lorsque nos paroles sont malveillantes, notre langue lance des poignards verbaux. De telles paroles dépouillent les gens de leur respectabilité et de leur crédibilité. Même si ce que nous disons de quelqu'un est vrai, si le but est de faire du mal à cette personne, c'est de la malveillance.

Le Bouddha a défini la médisance comme des paroles qui détruisent l'amitié entre deux personnes. Voici un exemple : supposons qu'au cours d'un voyage, je rencontre l'un de vos bons amis, vivant dans un endroit éloigné. Je me souviens qu'il y a plusieurs mois, vous m'aviez raconté une histoire peu flatteuse à son sujet. Je ne me souviens sans doute pas de vos paroles exactes, aussi en répétant ce que vous m'avez dit, je leur ajoute un peu de sel. Je m'arrange même pour avoir l'air de faire une faveur à votre ami, en lui faisant savoir que vous avez parlé de lui derrière son dos. Votre ami réagit un peu chaudement. Rentré à la maison, je vous répète ses paroles, en les épiçant un peu pour en faire une meilleure histoire. Parce qu'elles rompent l'harmonie et détruisent l'amitié, de telles paroles sont malveillantes.

Parfois, nous donnons à des paroles malveillantes l'apparence d'un intérêt bienveillant envers le comportement d'une autre personne. Ou bien nous révélons un secret que quelqu'un nous a confié, en croyant que nous agissons « pour son bien ». Par exemple, dire à une femme que son mari la trompe, parce que « vous ne voulez pas qu'elle soit la dernière à le savoir », peut accroître la souffrance de tous ceux qui sont concernés. Lorsque vous êtes tenté d'agir ainsi, demandez-vous ce que vous espérez y gagner. Si votre but est de manipuler les autres ou de gagner la gratitude et l'appréciation de quelqu'un, vos paroles servent vos propres buts et sont malveillantes plutôt que vertueuses.

Le langage public peut également être malveillant. La presse à scandale, la radio, les forums de discussion sur Internet, et même quelques respectables organes d'information paraissent de nos jours gagner leur vie en utilisant les mots comme des armes. Un nouveau tir sur ce qui, cette semaine, sert de cible aux médias marque des points qui se traduisent en un nombre accru de spectateurs et en recettes publicitaires. Le discours malveillant jette quelqu'un à terre pour en élever un autre. Il cherche à faire paraître son auteur incisif, astucieux ou « branché » aux dépens d'un autre.

Les paroles malveillantes n'ont pas toujours l'air méchantes. Parfois, les gens utilisent des mots qui paraissent aimables, mais dont le sens est désobligeant. De tels poignards verbaux travestis sont encore plus dangereux qu'un langage clairement méchant, car ils pénètrent plus facilement l'esprit et le cœur de celui qui les écoute. En langage moderne, de tels propos sont un « compliment à rebours ». Nous disons à quelqu'un « Comme c'est intelligent d'avoir fait des travaux dans votre vieille maison plutôt que de déménager dans un quartier plus prisé » ou bien « Vos cheveux gris vous vont tellement bien. N'est-ce pas merveilleux qu'il soit acceptable dans notre profession d'avoir l'air plus vieux ? ». Parler juste ne signifie pas simplement faire attention aux mots que nous utilisons et à leur ton, mais requiert également qu'ils traduisent la compassion et l'intérêt pour les autres, qu'ils aident et soulagent, plutôt que blesser et détruire.

PARLER AVEC DOUCEUR

La troisième forme de parole incorrecte est l'utilisation d'un langage dur. Injures, jurons, sarcasmes, hypocrisie, critiques excessivement brutales ou dévalorisantes, sont des exemples de dureté verbale.

La parole est un instrument puissant pouvant être utilisé pour le bien ou pour le mal. Le Bouddha comparait la parole à une hache :

> Chaque personne qui est née,
> Est née avec une hache dans la bouche.
> Un imbécile qui emploie un langage injurieux
> Avec cette hache se pourfend lui-même et les autres (Sn 657).

Pour nous, aujourd'hui, une hache est simplement un outil pour couper du bois. Mais, à l'époque du Bouddha, la hache était un instrument de précision et de pouvoir. Elle était utilisée pour couper de longues planches de bois, pour les raboter jusqu'à ce qu'elles soient parfaitement lisses et pour sculpter et ciseler le bois. Elle pouvait abattre un arbre robuste. C'était également une arme mortelle, un moyen radical pour mutiler ou tuer. De nos jours, l'ordinateur peut être comparé à la hache. Les ordinateurs peuvent être utilisés pour faire toutes sortes de choses merveilleuses – pour entrer en communication par-delà les océans, pour créer de la musique, ou guider un vol vers la planète Mars. Ils peuvent aussi servir pour détruire. Ils aident à faire la guerre en contrôlant les missiles et d'autres armes.

Tout comme nous devons choisir de quelle façon nous utiliserons la puissance d'une hache ou d'un ordinateur, nous devons choisir comment utiliser nos paroles. Allons-nous parler avec des mots qui éveillent, qui consolent et encouragent les autres ? Ou bien allons-nous les diminuer, en nous faisant du mal en même temps ? Les paroles calomnieuses, les commérages blessants, les mensonges, les plaisanteries grossières ou sacrilèges, non seulement insultent les autres, mais nous font ressembler à des idiots, incapables de manier la hache qui est dans notre bouche sans nous blesser nous-mêmes.

Nous sommes également stupides si nous pensons qu'un langage dur peut accomplir quelque chose de positif. Bien que nous puissions nous sentir très contents de nous-mêmes lorsque nous avons « passé un savon » à quelqu'un, lui avons dit ses « quatre vérités », nous n'avons remporté aucune véritable victoire. Comme le Bouddha a dit :

> L'imbécile pense avoir gagné une bataille,
> Quand il les rudoie avec de dures paroles ;
> Mais seul savoir comment se retenir
> Rend quelqu'un victorieux (S I.7.1 (3)).

Il est facile de faire taire quelqu'un en utilisant des paroles brutales, insultantes. Un adversaire intelligent se retirera généralement d'un tel échange et répondra à nos paroles par un silence glacial. Nous pouvons nous féliciter et penser : « Je l'ai réellement convaincu, il s'est tu immédiatement quand il a entendu ce que j'avais à dire. » Mais notre victoire apparente est creuse. Notre opposant peut s'être promis de ne jamais nous adresser la parole, ou avoir fait le vœu de s'opposer secrètement à nos intentions à l'avenir. La mauvaise volonté et les mauvais sentiments dont nous sommes la cause nous reviendront en boomerang et nous frapperont lorsque nous nous y attendrons le moins.

Il est facile de penser à d'autres exemples des effets négatifs d'un langage brutal. Peut-être avez-vous un collègue qui a beaucoup de talent ou de génie technique, mais dont les paroles lui causent toujours des problèmes. Il agresse ceux qu'il côtoie avec des mots durs, caustiques, arrogants et détestables. Malgré la qualité de son travail, les gens ne peuvent le supporter, de sorte que sa carrière ne progresse pas.

Un autre exemple, particulièrement triste, du pouvoir de destruction des paroles dures est leur effet sur les enfants. N'avons-nous pas tous surpris des parents en train de dire à leurs enfants « Tu nous fais honte. Tu ne peux rien faire de bien. Tu n'arriveras jamais à rien » ? Peut-être avons-nous le souvenir d'avoir entendu de telles paroles lorsque nous étions petits. De telles brutalités verbales peuvent laisser des blessures qui ne guérissent jamais complètement dans le cœur d'un enfant. Bien sûr, il se peut que les parents aient parfois à parler sèchement à un enfant pour l'empêcher de faire quelque chose de dangereux – par exemple, jouer avec des allumettes ou aller courir dans la rue. Mais de telles paroles sont motivées par l'amour et la sollicitude, et non par l'envie de brutaliser ou de déprécier.

Les animaux aussi ressentent l'effet des paroles dures. Mon petit-neveu a un grand chien de traîneau nommé Taurus. Taurus est fasciné par les animaux à la télévision. Il essaye même de les mordre. Comme il est très grand, il bouche la vue aux personnes qui sont derrière lui quand il est attiré par ce qui se passe sur l'écran. Un jour, l'un des membres de la famille de mon petit-neveu ordonna à Taurus de dégager la vue. Le ton de sa voix était excessivement dur et sévère. Le chien réagit en allant au sous-sol. Il y resta pendant une semaine, refusant d'en sortir, même pour manger. Il n'en émergeait que de temps en temps pour aller se soulager dehors. Ensuite, il retournait directement en bas. En fin de compte, la famille dut aller le supplier, avec des mots doux, des tons de voix affectueux, avant que Taurus la rejoigne.

Les mots doux de la famille lui regagnèrent la compagnie de leur chien chéri. Les paroles aimables, comme nous le dit un autre ancien proverbe bouddhique, sont toujours appropriées et bienvenues :

> Dites des mots gentils, des mots
> Qui réjouissent et sont bienvenus, des mots
> Sans mauvaise intention envers personne ;
> Toujours, parlez avec bonté aux autres personnes
> (Sn 452, d'après la traduction anglaise du Vén. S. Dhammika).

Dire à quelqu'un « J'apprécie réellement le travail que vous avez fait », « Vous avez traité brillamment cette situation difficile » ou « C'est une vraie joie de vous voir » réchauffe le cœur de celui qui parle et de celui à qui les paroles s'adressent. Les mots aimables sont du miel sur la langue. Exprimer notre admiration et notre appréciation fait grandir la joie de tous ceux qui sont concernés. De telles paroles nous aident à nous faire des amis et à les garder, car tout le monde veut fréquenter les gens dont les paroles douces et aimables aident à se sentir détendu, à l'aise et en sécurité. Elles aident les enfants à s'épanouir, à grandir avec un sentiment de valeur personnelle positif. Elles peuvent aussi aider les gens à apprendre et à apprécier le message du Bouddha. Il n'y a pas de limite à la joie que nous pouvons donner à ceux qui nous entourent, si nous parlons avec bonté et habileté.

Un mot de mise en garde : les paroles aimables doivent aussi être sincères et motivées par un noble but. Parler avec douceur et bonté alors que nous pensons et agissons à l'opposé est de l'hypocrisie et non de la vertu. Nous avons tous entendu des guides religieux qui parlent avec douceur pour répandre la crainte et manipuler les gens, afin qu'ils envoient de l'argent à leur organisation. Je me souviens d'un homme au Sri Lanka qui parcourait le pays en discourant contre les méfaits de l'alcool. Il devint célèbre, puissant et populaire. Il attirait de grandes foules par la force de ses paroles. Il galvanisait la campagne de fermeture des bars et des brasseries, et d'arrêt de la vente d'alcool. Un jour d'été caniculaire, pendant l'un de ses vigoureux discours, il ôta brusquement sa veste sans faire attention. Une petite bouteille d'alcool s'échappa d'une poche intérieure et tomba sur le plancher de l'estrade. Ce fut la fin de la campagne en faveur de la prohibition et de la carrière publique de cet homme. Même si ce qu'il disait du poison de l'alcool était vrai, une fois que les gens eurent vu le poison de son hypocrisie, ils ne purent plus longtemps croire à son message.

ÉVITER LES BAVARDAGES INUTILES

La quatrième forme de parole erronée est le bavardage que le Bouddha caractérisait comme des paroles irréfléchies et futiles. Quand nous disons en anglais le mot *gossip* (bavardage, commérage, cancan), nous pouvons faire référence à tout un éventail de paroles négatives, depuis les invectives malfaisantes, jusqu'au simple bavardage irréfléchi et inutile. Toutes ces paroles sont considérées comme erronées, selon l'enseignement du Bouddha.

Colporter des cancans au sujet des autres est un problème, que ce que nous disons de quelqu'un soit vrai ou non. Après tout, si trois personnes rapportent une histoire à propos d'une quatrième, chaque histoire sera différente. La nature humaine est telle que nous avons tendance à croire tout ce que dit celui qui parle en premier, même s'il ne s'agit que de la version d'une seule personne. Celle-ci peut être fondée sur la vérité, mais le commérage va l'embellir et l'exagérer.

Les cancans conduisent à des querelles et à des malentendus. Ils peuvent détruire les relations. Dans les cas les plus sérieux, ils peuvent entraîner des procès en diffamation. À l'époque du Bouddha leur pouvoir fit tomber une grande confédération :

> Les Licchavi formaient un clan fier et libre, l'un des plus puissants et importants membres d'une solide confédération de huit clans. Leur capitale était la capitale de la confédération. Un souverain ambitieux, le roi Ajatasattu, principal soutien de Devadatta, le moine malfaisant, projeta d'envahir et de vaincre les Licchavi. Il demanda au Bouddha son opinion sur le plan d'invasion. Le Bouddha parla de l'harmonie dans laquelle vivaient les Licchavi et dit au roi : « Vous ne pouvez pas les envahir tant qu'ils demeurent unis et harmonieux. » Le roi retarda son attaque et réfléchit à la déclaration du Bouddha.
>
> Le roi Ajatasattu imagina ensuite un plan simple et tortueux. Il donna pour instruction à son premier ministre de dire quelque chose à voix basse à l'oreille d'un Licchavi. Le premier ministre alla trouver l'un des Licchavi et chuchota d'un ton catégorique : « Il y a du riz dans une semence de paddy[1]. » C'était une affirmation banale et futile. Tout le monde savait qu'on peut trouver du riz dans une semence de paddy.

1. Paddy : riz non décortiqué.

Mais ayant vu que quelque chose était ainsi chuchoté à l'oreille, un autre Licchavi commença à se demander ce que le premier ministre du roi Ajatasattu avait dit à cet homme. Lorsqu'il le lui demanda, celui-ci répéta la déclaration concernant la semence de paddy.

Entendant la phrase, le second Licchavi pensa : « Cet homme-là cache la vérité. Il n'a pas confiance en moi. Il a fabriqué cette stupide affirmation sur la semence de paddy pour me tromper. » Plein de suspicion, il dit à un autre membre du clan que l'homme avait parlé à voix basse avec le premier ministre. Ce dernier le dit à un autre, et ainsi de suite, jusqu'à ce que les gens croient que le premier Licchavi était un espion et qu'une conspiration secrète couvait au sein de leur clan.

La paix était brisée. Des accusations et des disputes naquirent parmi les Licchavi, des combats éclatèrent entre les familles dominantes. La confusion régnant chez son ennemi, le roi Ajatasattu envahit les Licchavi, et ses troupes en firent aisément la conquête. Il conquit ensuite le reste de la confédération.

Je n'ai pas besoin de tels récits pour me convaincre que les commérages sont nuisibles. J'ai expérimenté personnellement à quel point ils peuvent être nocifs. Il semble que, chaque fois que quelqu'un essaye de faire quelque chose pour le bien de la société, certaines personnes sentent le besoin de s'opposer à cet effort. Peut-être sont-elles inquiètes ou jalouses du succès d'un autre. Les rumeurs sont leurs armes. Elles n'ont pas besoin de se mettre en avant ni de fournir des preuves. Elles peuvent chuchoter des insinuations et faire confiance à l'empressement des gens envers les bavardages inconsidérés, pour accomplir leur sale travail.

La première fois que nous avons essayé de trouver de l'argent pour bâtir notre centre, certaines personnes propagèrent des rumeurs sur la Bhavana Society. Certains dirent que j'escroquais les donateurs, car j'avais l'intention d'utiliser les fonds que nous collections pour démarrer une affaire louche afin de gagner de l'argent. Des lettres anonymes furent envoyées à des personnes clés, pour leur dire de ne pas nous faire de dons. La rumeur fut lancée par malveillance, mais elle fut répandue par des gens qui ne connaissaient simplement pas la vérité. La communauté bouddhique de la ville où j'habitais, qui avait initialement soutenu le projet, se divisa. Heureusement, ceux qui s'opposaient à la réalisation de la Bhavana Society ne purent trouver aucune anomalie réelle à amplifier, sans quoi ils auraient complètement ruiné nos efforts.

Tant que les gens seront prêts à croire tout ce qu'ils entendent, et à le répéter inconsidérément, les rumeurs circuleront. Un jour, un membre américain du conseil d'administration de la Bhavana Society se rendit au Sri Lanka. Pendant son séjour, il se joignit à un groupe de méditants venant de divers pays, et ils passèrent une soirée ensemble à parler des centres de méditation de différents endroits. Dans cette assemblée, quelqu'un mentionna la Bhavana Society, et une femme s'exclama : « Oh ! C'est le centre où ils font une cérémonie du thé en fin de journée ! » Lorsque notre administrateur protesta, la dame insista, disant qu'elle savait que son assertion était vraie. En fin de compte, notre membre dit : « Eh bien, je connais Bhante Gunaratana depuis 1971 et j'ai été impliqué dans la Bhavana Society depuis son commencement. Je sais qu'il n'y a pas de cérémonie du thé. » Si quelqu'un connaissant la vérité n'avait pas été présent, personne n'aurait été capable de contredire la dame. Peut-être certains auraient-ils ajouté d'autres commentaires erronés et, qui sait, même préjudiciables. C'est ainsi que les rumeurs commencent et qu'elles nuisent aux gens et aux institutions. Si nous entendons quelqu'un cancaner ou dire des choses dommageables, nous avons deux possibilités : ou bien nous arrêtons la conversation, ou bien nous dissuadons la personne de tenir des propos négatifs, comme le fit notre administrateur dans ce cas.

Mais, dans l'enseignement du Bouddha sur l'abstention des commérages, il y a un message encore plus radical et plus fort : celui que toute parole non nécessaire est dommageable. Nous sommes nombreux à passer beaucoup de temps à parler de la nourriture que nous avons mangée, il y a plusieurs jours ou plusieurs mois, à essayer de nous rappeler les détails d'un film stupide ou d'un spectacle télévisé que nous avons vu. Nous perdons encore plus de temps à dire des choses simplement pour faire rire les autres. Ce genre de propos ne conduit à aucun approfondissement de la sagesse. Quand on considère combien la vie humaine est courte et qu'elle peut être facilement enlevée par un accident ou la maladie, voulons-nous réellement gâcher notre temps précieux à nous distraire par de futiles bavardages ? Quelqu'un dont les cheveux sont en feu doit d'urgence essayer d'éteindre l'incendie ; de même, nous devons réveiller notre sens de l'urgence spirituelle pour nous libérer du feu des états mentaux négatifs, plutôt que de gâcher notre temps à bavarder.

Maintenant, il est vrai que des paroles apparemment vaines et stupides peuvent en réalité servir un but important. Parfois, nous devons dire des paroles douces et insignifiantes, pour consoler quelqu'un ou pour nous relier avec amour à nos enfants. Toute parole consciente motivée par l'amour et la compassion est une partie acceptable de la Parole juste. Le test consiste à nous arrêter et à nous demander avant de parler : « Est-ce vrai ? Est-ce bienveillant ? Est-ce bénéfique ? Est-ce blessant pour quelqu'un ? Est-ce le bon moment pour parler ? »

METTRE EN ŒUVRE LA PAROLE JUSTE

La Parole juste n'est pas quelque chose que vous pratiquez sur le coussin. Elle intervient dans le dialogue, non dans le silence. Toutefois, pendant la méditation formelle, vous pouvez penser à votre façon de parler habituelle et essayer de transformer les pensées qui apparaissent en pensées justes – celles qui ont pour motivation la générosité, l'amitié-bienveillance et la compassion. Vous pouvez analyser vos actions passées et vous demander : « Ai-je parlé correctement hier ? Ai-je uniquement parlé gentiment, avec bonté ? Mes paroles étaient-elles sensées, étaient-elles véridiques ? » Si vous découvrez que vous vous êtes égaré de quelque manière, vous pouvez vous promettre d'améliorer votre Attention à la Parole juste.

La résolution la plus importante que vous puissiez prendre est de vous promettre de penser avant de parler. Les gens disent : « Surveillez votre langue ! » Mais il est plus important de surveiller votre esprit. La langue ne remue pas toute seule. L'esprit la contrôle. Avant d'ouvrir la bouche, regardez votre esprit pour voir si votre motivation est saine. Vous en viendrez à regretter toute parole motivée par l'avidité, la haine et l'illusion mensongère.

Prenez aussi une forte résolution de ne rien dire qui pourrait blesser une autre personne. Cet engagement vous aidera de façon certaine à penser soigneusement avant de parler. Quand vous parlez attentivement, vous parlez automatiquement de manière véridique, avec gentillesse et bonté. L'Attention vous empêchera d'utiliser les poignards verbaux qui peuvent transpercer les gens jusqu'à la moelle. Si l'envie de prononcer des paroles blessantes vous prend, utilisez immédiatement l'Attention et l'Effort juste pour empêcher ces pensées de persister.

L'engagement de ne pas blesser les autres par vos paroles est particulièrement important lorsque vous conversez avec quelqu'un envers qui vous avez du ressentiment, ou lorsque vous discutez d'une situation qui vous tient fortement à cœur. Faites attention ! N'utilisez que des mots aimables, soigneusement choisis. Parler avec douceur peut apporter paix et harmonie à cette situation et permettre que la conversation se poursuive d'une manière fructueuse, profitable et amicale.

Si quelqu'un vient vous trouver et parle de manière irritante – vous harcelant ou disant du mal d'un de vos amis, par exemple – et si vous sentez que vous êtes en train de vous fâcher, arrêtez simplement de parler. Redites-vous silencieusement : « Je ne dois pas réagir. Je ne dois pas tomber dans la même absence d'Attention que cette personne. Cette conversation ne mène nulle part. J'ai choisi de ne tenir que des conversations ayant un sens. » Fréquemment, votre interlocuteur répondra à votre silence en arrêtant ses paroles irritantes. Vous pouvez utiliser la pause qui s'ensuit pour ramener la conversation dans une meilleure direction.

En fait, pour vous qui marchez sur le chemin du Bouddha, dès que vous savez qu'une conversation s'engage dans la mauvaise direction, vous devriez assumer la responsabilité de la remettre sur les rails. Il est si facile de se laisser emporter par des paroles émotionnelles et de se mettre à crier. Un concours d'éclats de voix rend malheureux tous ceux qui y participent. Avec l'Attention, rappelez-vous à quel point vous vous sentez malheureux quand vous avez perdu votre contrôle émotionnel. Rappelez-vous que des heures ou des jours peuvent être nécessaires avant que vous vous calmiez suffisamment pour parler de nouveau à votre interlocuteur. Beaucoup de bons sentiments seront perdus, peut-être pour toujours.

Cependant, malgré tous vos efforts, vous vous mettrez parfois encore en colère. Si quelqu'un vous provoque continuellement, en vous attaquant avec des poignards verbaux, vous pouvez vous retrouver dans une grande confusion et complètement désorienté. La colère peut alors très facilement apparaître. Quand vous voyez votre confusion grandir, dites « Attendez une minute ! » à l'autre personne, dans l'espoir de trouver un moment pour éclaircir votre esprit. Mais si votre interlocuteur répond « Non, attendez vous-même une minute ! » et continue d'attaquer, que faire ?

Dans de telles situations, quand la conversation échappe au contrôle, votre travail consiste à restaurer rapidement votre Attention et à utiliser l'Effort juste pour surmonter la colère. Même si vos émotions coléreuses font battre votre cœur rapidement, si votre corps est en sueur, si vos mains tremblent, le souvenir de votre résolution d'éviter toute parole brutale peut vous aider à garder le contrôle. Refusez simplement de laisser votre colère vous souffler quoi dire. Concentrez-vous sur votre respiration pour rétablir l'Attention, jusqu'à ce que votre colère se soit calmée.

Vous calmer vous donne, ainsi qu'à l'autre personne, une chance d'ouvrir vos cœurs d'une manière plus amicale. À mesure que votre cœur se réchauffe, vous voyez l'autre personne plus clairement et vous comprendrez peut-être pourquoi vous vous êtes énervés l'un et l'autre. Vous pouvez aussi voir à quel point un état d'esprit coléreux vous trouble. Vos sentiments de respect et de responsabilité grandissant, vous pouvez décider d'utiliser ce moment pour commencer une relation nouvelle plus amicale et pour renforcer votre camaraderie. C'est ce que vous devez toujours espérer accomplir.

Quand vous constatez que vous avez discipliné votre esprit et vos paroles et que la situation est devenue plus harmonieuse, soyez-en heureux ! Dites-vous : « C'est ce que je veux. Je veux toujours agir de manière à permettre que ces bonnes choses arrivent. » Faites revenir cette pensée encore et encore.

Permettez-moi de vous raconter une histoire datant d'une époque où je devais moi-même utiliser l'Attention pour pratiquer la Parole juste. Mon expérience vous apportera peut-être quelques idées quant à la façon d'appliquer l'Attention à des situations qui se produisent dans votre vie – à votre travail, à la maison et dans vos relations personnelles.

Il y a de nombreuses années, alors que j'avais la responsabilité d'un temple, un groupe de personnes convoqua une assemblée des bienfaiteurs du temple. Ces personnes s'opposaient à une activité que j'avais instaurée et elles avaient besoin d'une tribune pour exprimer leurs frustrations. Un petit jeu de massacre était peut-être aussi à l'ordre du jour. Parmi ces personnes, certaines avaient des opinions tranchées sur les sujets à discuter. Elles étaient nées dans des familles bouddhistes, mais elles n'étaient pas intéressées par la méditation. En fait, elles considéraient la méditation comme une folie. Par suite, elles ne comprenaient pas mon travail. Je m'attendais à être sur la sellette pendant cette réunion, mais ce qui arriva fut pire que ce qu'on aurait pu prévoir.

Environ quarante personnes étaient présentes à la réunion, y compris de nombreux membres de ma famille, des amis proches, et d'autres personnes qui espéraient montrer leur soutien à mes programmes. Avant que la réunion ait formellement commencé, un homme très ordinaire se leva et commença à parler. C'était un homme sans éducation, inexpérimenté, enclin à un langage grossier. Il avait peu à dire sur les sujets à l'ordre du jour, mais beaucoup à mon sujet. En termes vils et vulgaires, il m'accusa de n'avoir rien fait pour le temple depuis des années, et de mettre ses subsides en danger, etc. Il utilisa un langage socialement inacceptable, désobligeant et blessant, tout au long de sa tirade qui dura environ vingt minutes.

Pendant cette choquante agression verbale, je réfléchissais. Pour empêcher la colère d'apparaître, je me raisonnais. Je pouvais me rendre compte que l'homme était perturbé et je pensais en moi-même : « Je sais que cet homme est d'une nature paisible. Nous avons eu une bonne relation. Pour dire des choses pareilles, il a dû être influencé par quelqu'un qui a de très fortes opinions sur ces sujets. » Pendant que l'homme continuait à parler, je me faisais la réflexion que j'avais eu de nombreuses opportunités de développement spirituel et culturel qui lui avaient manqué. Je me souvins qu'il avait seulement une éducation scolaire élémentaire, peu de capacités, et peu d'intérêt pour la pratique spirituelle. J'essayais ainsi de cultiver de la compassion pour lui et également de la gratitude que mon éducation rendît peu probable que je parle ou agisse jamais comme il le faisait.

J'ai aussi réfléchi sur le contexte de ce qui se passait. J'ai considéré que si je disais quoi que ce soit pour m'opposer à lui, ceux qui me soutenaient prendraient mon parti, et que la réunion pourrait dégénérer en une vilaine bataille. J'observais les gens qui ouvraient des yeux de plus en plus grands ; je les voyais regarder l'homme de travers et s'agiter sur leurs chaises. Je sentais que les membres de ma famille, en particulier, étaient profondément affectés. Je suis un aîné dans ma famille – un frère, un oncle, un grand-oncle et un arrière-grand-oncle – et je suis connu comme étant un moine affable. Naturellement, ma famille me respecte et a un sentiment protecteur à mon égard. Je savais que si je donnais l'impression d'être blessé ou contrarié par ce que disait cet homme, les membres de ma famille éprouveraient de la colère et d'autres états d'esprit malsains. Peut-être même pourraient-ils attaquer l'homme physiquement. Aussi me suis-je dit : « Là, je dois exercer l'Attention, la patience et la compréhension pour apporter la paix à cette réunion. »

J'ai établi l'Attention en me concentrant sur ma respiration. Quand on est confronté à un défi de ce type, il est très important de faire une pause et d'effectuer quelques respirations profondes avant de répondre – peut-être respirer profondément pendant deux minutes, ou trente inspirations et trente expirations. Cette pause vous donne le temps de vous détendre et de vous éclaircir l'esprit, de sorte que vous pouvez parler de manière sensée au lieu d'exploser.

Finalement, l'homme parut à bout de souffle et il arrêta de parler. Tout le monde était tendu. Tous me regardaient. D'une voix tranquille, je dis : « Ce monsieur a été un de mes amis. Il a été un bienfaiteur de ce temple et a fait de nombreuses choses bonnes et utiles. Il sait également ce que j'ai fait pour le temple pendant toutes ces années. Mais aujourd'hui, pour une raison ou pour une autre, il semble fâché, désappointé, et peut-être ne se sent-il pas tout à fait lui-même. Par conséquent, j'éprouve l'envie de lui donner mes bénédictions ainsi qu'à tout le monde. »

J'ai demandé à toutes les personnes présentes de joindre les mains en position de prière et de rendre hommage au Bouddha, en disant trois fois : « Hommage à Lui, l'Arahant, le Bienheureux, parfaitement et pleinement éveillé. » C'est ainsi que nous commençons habituellement les cérémonies solennelles. Dès ce moment, par le simple poids de la tradition, il n'y avait aucune possibilité pour qui que ce soit de susciter une quelconque querelle ou d'exprimer une opinion négative. Cela aurait paru manquer de respect au Bouddha. Ensuite, j'ai guidé le groupe dans la prise des cinq préceptes, ce qui a élevé les esprits et assuré que chacun se souvienne des règles de comportement juste et sain, énoncées par le Bouddha. Enfin, j'ai récité une longue formule de bénédiction et, pour finir, j'ai dit : « Maintenant, vous pouvez tous rentrer à la maison. La réunion est terminée. » Et ce fut la fin. Pendant quelques années, l'homme resta froid à mon égard, mais plus tard, j'ai eu l'occasion de lui rendre service quand il traversa de sérieuses difficultés. Depuis lors et jusqu'à ce jour, il est resté amical envers moi et il n'exprime que sa gratitude et son respect.

L'Attention est la clé qui m'a aidé à résoudre cette situation difficile. La même technique peut fonctionner pour vous. Parfois, j'entends les gens dire que les choses arrivent si vite que « même avec l'Attention », ils ne peuvent pas contrôler leurs actions ou leurs paroles. Dire « même avec l'Attention » n'a pas de sens. Peut-être leur Attention était-elle faible, ou minée par l'avidité, la haine ou l'illusion mensongère. Mais, par définition, l'Attention nous maintient dans le contrôle de ce que nous pensons, de notre façon d'agir et de ce que nous disons. Il est impossible de crier après quelqu'un attentivement, d'abuser de l'alcool attentivement ou de commettre un adultère attentivement. Si vous êtes véritablement attentif, vous ne pouvez simplement pas faire ces choses-là !

Nos habitudes sont si fortes que chaque fois que nous ouvrons la bouche, les mots semblent se précipiter au-dehors. Il est possible que nous ne nous rendions pas compte de la quantité d'énergie qui se disperse avec nos paroles. Avec la conscience attentive, nous arrêtons cet épanchement, et l'énergie s'accumule. Nous pouvons utiliser cette réserve d'énergie pour développer la Vision intérieure dans la nature de nos habitudes. Utilisant cette énergie comme carburant, nous pouvons nous parler à nous-mêmes mentalement pendant la méditation, jauger nos actions, et poursuivre l'entraînement de notre esprit.

Cependant, quand nous laissons cette énergie contenue sortir sans que l'Attention soit présente, elle explose souvent comme le bouchon d'une bouteille de champagne ! Je le constate en particulier à la fin des retraites. Quelques instants auparavant, un groupe de personnes parfaitement silencieuses étaient assises immobiles ou se déplaçant lentement. Puis le noble silence de la retraite se termine, et un bruyant brouhaha de conversations éclate. Ce torrent de paroles s'écoule pendant une heure ou deux, jusqu'à ce que toute l'énergie emmagasinée soit dissipée. Plus la retraite est longue, plus les gens sont bruyants et exaltés, à moins qu'ils ne fassent l'effort de rester très attentifs à leur parole.

Le seul antidote à la parole erronée est une forte dose d'Attention – non simplement pendant les retraites ou lorsque vous êtes devant une épreuve ou une situation difficile, mais pendant toute votre vie. L'Attention à la Parole juste apportera sa contribution à votre bonheur. Je le garantis.

POINTS CLÉS POUR SE SOUVENIR DE LA PAROLE JUSTE

Voici les points clés pour éviter d'être malheureux grâce à la Parole juste :

- La Parole juste requiert que vous vous absteniez des mensonges, des paroles malveillantes, méchantes, et des bavardages inutiles.
- Mentir par omission est toujours mentir.
- Les paroles malveillantes sont celles qui détruisent l'amitié entre les personnes ou qui nuisent à leur réputation.
- Insultes verbales, jurons, railleries, hypocrisie, critiques excessivement brutales ou dévalorisantes sont des exemples de brutalité verbale.
- La brutalité verbale blesse les autres et vous avilit.
- Commérages et paroles futiles mènent aux querelles et aux malentendus, vous font perdre votre temps et créent la confusion mentale.
- Toute parole futile, non motivée par la générosité, l'amitié-bienveillance ou la compassion, est nuisible.
- Le test de la Parole juste consiste à vous arrêter et à vous demander avant de parler : « Est-ce vrai ? Est-ce aimable ? Est-

ce bienfaisant ? Est-ce blessant pour qui que ce soit ? Est-ce le bon moment pour parler ? »

- Utiliser l'Attention, pour renforcer votre résolution de ne rien dire de blessant et de n'employer que des paroles aimables et bien choisies, peut apporter de l'harmonie dans toutes les situations difficiles.

QUATRIÈME MARCHE

L'Action Juste

CERTAINES PERSONNES souhaitent suivre simplement une liste de règles pour être sûres d'agir de manière moralement correcte. D'autres ont besoin de règles pour se sentir sûres d'atteindre leur but spirituel, qu'il s'agisse du ciel ou de l'Éveil. Le Bouddha a suggéré un code de conduite qui nous évite d'accroître notre souffrance, mais un comportement véritablement éthique va bien au-delà de toute liste de règles. Il s'agit, plutôt, d'un ensemble de principes imbriqués, concernant la façon dont nos actions sont cause de souffrance pour soi-même et pour les autres et comment les choix moraux de chaque personne affectent le tout.

LES CINQ PRÉCEPTES

La morale bouddhique commence par cinq préceptes de moralité que tout le monde est fortement invité à respecter si l'on veut progresser spirituellement. Il s'agit de :

- s'abstenir de tuer,
- s'abstenir de voler,

- s'abstenir de parler de manière mensongère,
- s'abstenir de conduites sexuelles incorrectes,
- s'abstenir d'un usage abusif de l'alcool ou d'autres substances qui troublent la conscience.

On attend des disciples du Bouddha qu'ils fassent le vœu de respecter ces règles, appelées les cinq préceptes. Pourtant, ces principes de moralité n'ont pas été créés par le Bouddha ; ils sont éternels, fondamentaux et universels.

Dans le Chemin Octuple, quatre des cinq préceptes sont traités directement. La Parole juste inclut l'abstention des paroles mensongères. La définition de l'Action juste est de s'abstenir de tuer, de voler et de conduites sexuelles incorrectes. Le dernier des cinq préceptes, s'abstenir des substances enivrantes, est sous-entendu dans l'Action juste, car une personne ivre ne peut se préserver de paroles et actions erronées.

Au stade initial du développement spirituel, nous avons besoin de ces cinq préceptes, tout comme un enfant a besoin de parents pour imposer des règles telles que « Ne touche pas un poêle brûlant ». Lorsque les enfants grandissent, ils se rendent compte que les règles de leurs parents avaient pour but d'éviter qu'ils se fassent du mal. De même, lorsque nous avons parfait notre compréhension de la conduite morale, l'Action juste devient automatique. Vouloir transgresser les cinq préceptes devient impossible, et nous n'avons plus besoin de nous y référer pour nous maintenir sur le chemin.

L'ÉTHIQUE DANS L'ACTION

Traditionnellement, nous disons que la marche de l'Action juste consiste à s'abstenir de tuer, de voler et de l'inconduite sexuelle. Bien que les mêmes mots soient utilisés dans les cinq préceptes et dans la définition de l'Action juste, le sens est un peu différent. Dans l'optique des préceptes, il est très simple et direct : simplement, ne faites pas ces trois choses. Tuer, voler et l'inconduite sexuelle sont trois des pires actions que vous puissiez effectuer, et si vous les commettez, vous ne trouverez pas la paix. Par conséquent, nous prenons une forte, une puissante résolution et nous y tenons strictement.

Cependant, lorsque le Bouddha a défini l'Action juste comme s'abstenir de tuer, de voler et de l'inconduite sexuelle, il ne faisait que donner des exemples des outrages les plus flagrants que l'on puisse infliger aux autres. Par suite, ces abstentions devraient être comprises non de manière limitée, au sens du respect des règles, mais aussi comme de grandes lignes pour une conduite éthique supérieure.

Ainsi, dans l'un de ses enseignements où il pressait chacun d'agir avec compassion envers tous les êtres vivants, fait-il le commentaire suivant,

> Tous les êtres vivants ont peur du bâton (de la violence)
> Tous les êtres vivants ont peur de la mort.
> Vous comparant vous-même aux autres,
> Ne faites aucun mal ni n'entraînez un autre (à en faire) (Dh 129).

Il a expliqué que toute action physique faisant du tort à une autre personne – endommager des biens, les incendier, menacer d'une arme – est mauvaise, même si personne n'est tué. Une fois, j'ai entendu parler d'un jeune homme qui détestait ses compagnons de chambre à l'université. Pour se venger, il les harcelait en abîmant secrètement leurs affaires personnelles. Par exemple, il trempait leurs serviettes dans les toilettes, il endommageait leurs ordinateurs ! Les tracasseries mesquines, les farces qui blessent sont également de mauvaises actions.

Il existe aussi un niveau plus élevé de l'action éthique. Par exemple, s'abstenir de tuer atteint son sens le plus élevé lorsque nous développons une attitude complètement non violente et souhaitons continuellement le bien de tous les autres êtres vivants.

Nous pratiquons l'Action juste non parce que nous voulons éviter d'enfreindre les règles du Bouddha ou par peur d'être punis ; nous évitons les comportements cruels et blessants parce que nous nous rendons compte de leurs conséquences – qu'ils nous conduisent nous-mêmes et tous ceux qui nous entourent à une profonde souffrance, maintenant et à l'avenir. Nous pratiquons l'Action juste parce que nous voulons que notre vie soit utile et harmonieuse, ni destructrice ni conflictuelle, et car nous voulons avoir un esprit calme et heureux, non troublé par le regret ou les remords.

Quand il s'agit d'observer des principes de morale, notre esprit nous joue de nombreux tours. Certaines personnes se disent que les règles morales ne concernent pas les jeunes. « Je peux prendre du bon temps maintenant, disent-elles, et faire tout ce que je veux. Quand je serai plus vieux, je ferai le ménage dans mes actions. » Malheureusement, observer des principes moraux en fin de vie est comparable à gagner à la loterie sur son lit de mort. Si vous attendez trop longtemps, vous ne pourrez pas profiter des bienfaits apportés par une vie morale – libération des dépendances, relations saines, conscience claire et un esprit sans trouble. Il est préférable de profiter des effets salutaires de la moralité pendant que vous êtes jeune, en bonne santé et fort. Quand vous serez vieux, vous n'aurez pas besoin de principes moraux pour empêcher de mauvaises conduites !

Une autre ruse consiste à nous dire : « En quoi des principes moraux sont-ils bons pour moi ? Ma vie est bonne telle qu'elle est. » Si telle est votre réaction, vous feriez bien de regarder votre raisonnement de plus près. Si votre vie est si belle, pourquoi mentez-vous, volez-vous, buvez-vous ou tuez-vous ? Enfreindre les règles morales devient vite une habitude dont il est difficile de se défaire. De plus, ces comportements ont inévitablement des conséquences négatives. Il n'y a pas moyen d'échapper à la loi de cause à effet. Dérogez aux principes moraux et vous risquez de perdre votre santé, vos biens, l'affection de ceux que vous aimez, et bien d'autres choses qui ont de la valeur pour vous. En plus, vous aurez à faire face aux soucis, à la culpabilité et même à davantage d'insatisfaction. Souvenez-vous, nous observons des principes de moralité pour nous rendre heureux, non pour être malheureux.

Même de petites actions immorales, apparemment insignifiantes, ont un certain effet. J'ai entendu parler d'un homme qui avait manqué une participation dans une affaire de plusieurs millions de dollars – simplement en tuant un insecte. C'était un homme d'affaires plein de bon sens, de talent, qui avait organisé une réunion avec un partenaire potentiel pour discuter d'une association. Alors qu'ils discutaient, un insecte vint se poser sur le bord du verre de bière de ce businessman. Avec un petit bâtonnet, il le fit tomber dans la bière. Quand l'insecte s'évertua à remonter le long du verre pour en sortir, l'homme le fit tomber de nouveau. Tout en discutant une affaire valant des millions de dollars, il s'amusait avec l'insecte, le repoussant dans la bière jusqu'à ce qu'il se noie.

L'associé potentiel m'a dit ultérieurement qu'après avoir vu ce jeu, il avait pensé : « Cet homme est des plus cruels. Peut-être ferait-il quelques vilenies simplement pour gagner de l'argent. Je ne veux pas faire des affaires avec lui. » Et il renonça à l'association.

Il se peut que vous vous demandiez pourquoi les principes de l'Action juste sont exprimés en termes négatifs – ne pas tuer, ne pas voler, etc. La raison en est très simple. Nous ne pouvons pas trouver la joie qui naît de la bonne conduite tant que nous n'avons pas abandonné la mauvaise. Nous avons tendance à agir avec un esprit plein d'attachement, qui nous mène à toutes sortes de perversion. D'abord, nous devons nous opposer à cette tendance naturelle. Ensuite, nous pourrons nous rendre compte à quel point nous nous sentons à l'aise, détendus, libres et paisibles quand nous agissons selon l'éthique. Il est impossible de cuisiner un délicieux repas dans un poêlon sale, ou de faire pousser un magnifique jardin dans une terre étouffée par les mauvaises herbes. En nous abstenant du négatif, nous créons les conditions nécessaires pour que le positif s'épanouisse. Par exemple, en nous abstenant de tuer et de faire d'autres actes d'hostilité, nous créons l'atmosphère favorable à l'apparition de l'amitié-bienveillance et de la compassion dans nos rapports avec les autres. De même, nous abstenir de voler – prendre ce qui n'est pas donné, qu'il s'agisse des biens de quelqu'un ou du crédit lié au travail ou aux idées d'autrui – donne naissance à son opposé, la générosité.

L'action morale fait passer notre focalisation sur l'intérêt personnel à l'intérêt envers ce qui est profitable à la fois pour nous et pour les autres. Lorsque nous sommes obsédés par nos propres désirs, nous sommes essentiellement motivés par la haine, l'avidité, la jalousie, les pulsions sexuelles, et autres préoccupations égoïstes. Nous n'avons alors ni maîtrise de nous-mêmes ni sagesse pour agir de manière juste. Mais lorsque nous nous abstenons de ce qui est nocif, notre brouillard mental s'éclaircit un peu, et nous commençons à voir que l'amitié-bienveillance, la compassion et la générosité nous apportent un bonheur vrai. Cette clarté d'esprit nous aide à faire des choix éthiques et à progresser sur le chemin du Bouddha.

S'abstenir de tuer

L'envie de nuire ou de blesser d'autres êtres vivants prend généralement sa source dans la haine ou la peur. Lorsque nous tuons délibérément des êtres vivants, même de petites créatures telles que des insectes, nous diminuons notre respect pour toute vie – et par suite pour nous-mêmes. L'Attention nous aide à reconnaître nos propres aversions et à en assumer la responsabilité. Par l'examen de nos états mentaux, nous nous rendons compte que haine et peur induisent un cycle de cruauté et de violence, des actions qui font du mal aux autres et qui détruisent notre propre paix mentale. S'abstenir de tuer rend l'esprit paisible et le libère de la haine. Cette clarté nous aide à refréner les actions destructrices et à embrasser celles qui ont pour motif la générosité et la compassion.

Une de mes étudiantes m'a confié qu'elle avait été sujette à la peur et qu'elle éprouvait de la répulsion envers de petites créatures, comme les souris, les puces et les tiques. En raison de cette émotion, elle voulait les tuer. Sa pratique de l'Attention l'aidant à s'adoucir, elle prit la résolution de s'en abstenir. Il en résulta une diminution de ses sentiments de peur et de répugnance. Récemment, elle a même réussi à ramasser un grand cafard à mains nues et à le mettre en sécurité, hors de la maison.

Lorsque nous nous abstenons de tuer, notre respect pour la vie grandit, et nous commençons à agir avec compassion envers tous les êtres vivants. Cette même étudiante m'a dit avoir rendu visite à un ami qui vivait dans un centre de méditation. En arrivant, elle remarqua un piège à insectes suspendu au porche d'entrée de la maison où habitait le personnel du centre. Des douzaines de guêpes, attirées par l'odeur sucrée du jus de pomme, étaient prises au piège. Une fois entrées par sa petite ouverture, elles ne pouvaient plus ressortir. Quand elles s'étaient épuisées à voler dans le petit espace, elles tombaient dans le jus de pomme au fond du piège et se noyaient lentement. L'étudiante en visite interrogea son ami à ce sujet. Il reconnut qu'un tel piège dans un centre de méditation était une chose honteuse, mais que la hiérarchie l'avait installé à cet endroit et qu'il ne pouvait rien y faire.

Bien qu'elle essayât d'ignorer le bourdonnement qui en provenait, la visiteuse ne pouvait chasser la souffrance des guêpes de son esprit. Elle eut rapidement le sentiment de devoir faire quelque chose pour donner à quelques-unes une chance de s'échapper. Elle prit un couteau, perça un petit trou au sommet du piège et y inséra le couteau pour que le piège reste ouvert. Quelques guêpes se hissèrent le long de la lame et parvinrent à s'échapper. Ensuite, elle ouvrit le trou un peu plus et quelques autres guêpes s'échappèrent. Finalement, elle se rendit compte qu'elle ne pouvait même pas supporter d'en laisser une seule mourir dans le piège. Bien que son intervention la rendît mal à l'aise, elle transporta le piège dans le champ voisin et le coupa complètement en deux, libérant toutes les guêpes encore en vie. En agissant, elle émit le souhait : « Puissé-je être libérée de mes attitudes et comportements négatifs de même que ces insectes sont libérés de ce piège. »

L'étudiante m'a dit que, depuis ce moment, elle n'avait plus eu peur des guêpes. Au printemps dernier, un nid de guêpes apparut sous le porche principal de la Bhavana Society. Des personnes qui l'empruntaient furent piquées, et l'endroit fut isolé avec des cordes. Pourtant, cette femme continua d'utiliser cette porte, enjambant le nid sans qu'il lui arrive aucun mal, jusqu'à ce qu'il soit enlevé. « Je serais très surprise si jamais une guêpe me piquait de nouveau, dit-elle. Mais si je le suis, c'est pour la pauvre guêpe qui est dérangée et qui peut être blessée en me piquant que je m'inquiéterais le plus. »

Comme vous pouvez le voir à partir de l'expérience de cette

étudiante, s'abstenir de tuer crée l'atmosphère favorable au développement de l'action compatissante dans notre vie. C'est merveilleux, et une grande aide pour progresser sur le chemin du Bouddha. Mais il ne s'agit pas de devenir militant dans notre soutien de la non-violence ! L'Action juste nous demande de prendre nos propres décisions en matière de conduite morale, et non d'exiger que tout le monde suive notre exemple.

Prenez la controverse sur la consommation de viande. Bien que je ne mange pas de viande moi-même, je n'insiste pas pour que tout le monde devienne végétarien. En regardant les choses sous un angle plus large, je me rends compte que même les végétariens ont une part indirecte dans le fait de tuer. Supposez qu'il y ait un village où vivent mille végétariens, et dans le village voisin un fermier qui cultive des légumes, des fruits et des céréales pour nourrir les mille végétariens. Quand il laboure la terre et élimine les insectes qui pourraient abîmer les légumes, le fermier tue de nombreux petits êtres. De nombreux autres sont tués par ses machines agricoles quand il fait ses récoltes. Les végétariens du village d'à côté se sentent très à l'aise. Bien que des créatures aient été tuées, ils ont une conscience claire quand ils mangent, car ils n'ont pas d'intention de tuer. Par cet exemple, vous pouvez voir que manger des légumes et tuer des êtres pendant la culture sont deux choses distinctes. La même logique s'applique à la consommation de viande. Manger de la viande et tuer des animaux pour obtenir la viande sont deux choses distinctes. Parfois, le Bouddha lui-même mangeait la viande qui lui était offerte. Ceux qui mangent simplement la viande n'ont pas non plus l'intention de tuer.

Pour l'observation du précepte de s'abstenir de tuer, le Bouddha a défini le fait de tuer de manière très spécifique, comme étant l'acte de mettre fin à la vie intentionnellement. Dans les règles qu'il a établies pour les moines, il clarifie plus avant les conditions nécessaires pour un tel acte :

Il doit y avoir un être.
Vous devez savoir qu'il y a un être.
Vous devez avoir l'intention de tuer.
Vous devez prévoir d'utiliser une méthode pour le tuer.
Vous devez le tuer en utilisant seulement la méthode prévue.

Ceux qui mangent de la viande ne remplissent aucune de ces conditions. Ils savent qu'ils mangent de la viande et qu'elle provient d'un animal. Mais ils n'ont pas eu l'intention de le tuer, et ils n'ont pas participé à sa mise à mort.

S'il n'y a pas de viande disponible, on ne devrait pas aller chasser ou tuer des animaux pour manger. On devrait manger autre chose. Mais les gens ne devraient pas non plus devenir névrosés en cherchant à éviter tout ce qui contribue indirectement à tuer. Quand nous y réfléchissons, un certain degré de contribution indirecte au fait de tuer peut être trouvé dans la plupart des vies contemporaines. Conduire une voiture ou même marcher sur une pelouse tue des êtres. Divers médicaments que nous utilisons sont testés sur des animaux, les tuant, les estropiant ou les rendant malades. Bénéficier de ces médicaments n'est pas tuer. Le Bouddha a clairement dit que votre intention est ce qui compte réellement.

En ce qui concerne le progrès spirituel, il n'y a pas de différence entre végétariens et non-végétariens. Lorsque les végétariens se mettent en colère, sont avides ou troublés, ils se conduisent de la même façon que ceux qui mangent de la viande. Si vous voulez être végétarien, soyez-le, bien sûr. Les repas végétariens sont très sains. Personnellement, je demeure végétarien par compassion envers les animaux. Néanmoins, ne vous sentez pas obligé de vous abstenir de manger de la viande afin d'atteindre votre but de parvenir à la plus haute félicité.

Beaucoup de laïcs me demandent comment combattre les insectes dans leurs habitations et dans leurs jardins. Ils veulent être de bons bouddhistes et ne pas tuer, mais leurs fleurs vont dépérir et leurs maisons se détériorer s'ils ignorent les insectes. Je réponds que tuer des insectes, même pour une bonne raison, est toujours tuer. Toutefois, tous les meurtres n'ont pas les mêmes conséquences karmiques. Tuer un insecte, en général, n'entrave pas autant notre progrès spirituel que s'il s'agit d'un animal, un chien par exemple. Et tuer un chien a moins d'impact sur l'esprit que tuer un être humain. Aucun acte n'est plus néfaste pour soi-même que tuer ses parents ou un être illuminé. De tels actes empêcheraient le meurtrier d'atteindre l'Illumination en cette vie et conduiraient à la pire des renaissances. Tuer des insectes n'est pas aussi grave que cela. Comprenant qu'il y a des degrés différents de conséquences, nous faisons nos choix et en acceptons les effets.

S'abstenir de voler

Voler est une expression de notre avidité ou de notre jalousie. Prendre ce qui ne nous appartient pas est une mauvaise habitude, difficile à rompre. Certaines personnes sont tellement indisciplinées en ce domaine que, même lorsqu'elles participent à une session de méditation pour essayer de trouver un peu de paix et de bonheur, elles persistent dans leur habitude de voler. À la Bhavana Society, nous connaissons des cas de vol de coussins de méditation. Je doute que quelqu'un soit jamais parvenu à l'Illumination en pratiquant sur un coussin volé ! Notre bibliothèque a un problème similaire. Avec le temps, certains livres ont disparu. N'est-ce pas paradoxal que des gens viennent au centre pour méditer et étudier les enseignements du Bouddha, et qu'ils ne puissent se rendre compte que prendre ce qui ne leur appartient pas ne pourra jamais les aider à trouver la sérénité ?

Pratiquer l'Action juste de s'abstenir de voler signifie faire un effort pour être honnête et respecter ce qui appartient aux autres. Cela veut dire faire remarquer son erreur au vendeur qui aurait oublié de vous compter un article acheté ou vous aurait rendu trop de monnaie. Cela veut dire se donner du mal pour rendre ce qui ne vous appartient pas, sans en attendre une récompense.

Bien sûr, parfois, l'honnêteté entraîne une récompense matérielle. Je me souviens d'un fait divers concernant deux garçons qui avaient trouvé un sac plein d'argent dans les toilettes d'un magasin de la chaîne Sears. Ils emportèrent le sac chez eux et découvrirent qu'il contenait plus de trente-six mille dollars ! Avec l'approbation de leurs parents, les garçons décidèrent de remettre l'argent à la police.

Il advint que l'argent appartenait à un homme qui s'était arrêté dans le magasin pour utiliser les toilettes, alors qu'il se rendait à la banque pour y déposer l'argent. Quand il se montra capable d'identifier le sac et le montant qu'il contenait, son bien lui fut rendu. Imaginez à quel point il avait souffert en découvrant que l'argent était perdu et combien il était reconnaissant quand il lui fut rendu. Sa confiance en la justice et la bonté humaine a dû grandir. Il exprima sa reconnaissance en donnant aux garçons une généreuse récompense, et tout le monde leur rendit hommage pour leur honnêteté.

Il est facile de se rendre compte que prendre le bien de quelqu'un ou son argent est du vol, mais nous sommes souvent confrontés à des occasions de voler plus subtiles. S'attribuer le mérite provenant des idées d'une autre personne est également voler. Emporter à la maison, pour votre usage personnel, de petites fournitures du bureau – crayons, blocs-notes, disquettes d'ordinateur – est encore voler. Souvent, nous justifions de telles actions en nous disant « Je pourrais avoir eu cette idée moi-même » ou « La société me doit bien ça. Il y a des années que je suis sous-payé ». Tricher sur votre déclaration de revenus, faire des chèques sans provision, accepter des pots-de-vin, se lancer dans des pratiques commerciales frauduleuses est également voler. Même chiper des provisions à l'étalage de l'épicerie quand vous avez faim est du vol. Souvenez-vous qu'il n'est jamais bon de nourrir le corps aux frais de l'esprit.

En pratiquant les règles morales de l'Action juste, notre but est de vivre heureux. Si nous les transgressons, il est certain que le malheur s'ensuivra, en cette vie ou dans le futur. Le bonheur requiert la paix de l'esprit et une conscience claire. Ne pensez pas que vous devez vous abstenir de voler pour faire plaisir au monde. Vous le faites pour votre propre bien-être, maintenant et à l'avenir.

À mesure que nous dépassons le niveau primaire de la lutte contre toutes les formes de vol, nous commençons à affiner notre prise en considération des besoins d'autrui, et nous devenons moins égocentriques dans notre manière de considérer les choses matérielles. Prenant pour guide la règle de nous abstenir de voler, nous devenons moins envieux des biens des autres ou de leur bonne fortune. À la place, nous découvrons la joie altruiste et nous nous réjouissons du bonheur d'autrui.

S'abstenir d'inconduite sexuelle

Les paroles du Bouddha généralement traduites par « s'abstenir d'inconduite sexuelle » ne s'appliquent en réalité pas seulement au comportement sexuel. Au sens littéral, les mots qu'il a employés signifient « s'abstenir d'abuser des sens », de tous les sens. L'inconduite sexuelle est une forme particulièrement dommageable d'abus des sens.

Traditionnellement, en vue d'observer les préceptes, il est admis qu'en employant la formule « abuser des sens » le Bouddha visait spécifiquement l'abstention de l'inconduite sexuelle. Celle-ci inclut le viol et manœuvrer pour obtenir des relations avec quelqu'un contre sa volonté. L'interdit comprend également les relations avec les mineurs, les animaux, le conjoint ou le partenaire d'une autre personne, ou quelqu'un se trouvant sous la protection de ses parents ou de tuteurs. Si l'un des partenaires d'un couple stable, même non marié, trompe l'autre, cela peut aussi être considéré comme de l'inconduite. Les relations sexuelles avec un partenaire approprié et consentant ne sont pas considérées comme de l'inconduite.

Ces définitions mises à part, les gens rencontrent beaucoup de problèmes en raison de leurs désirs sexuels. L'ironie est que la libido ne peut jamais être complètement satisfaite. Quels que soient les multiples risques pris ou la quantité de douleurs et de souffrances endurées par les gens pour satisfaire leurs désirs, l'envie de les satisfaire ne disparaît pas. Certaines personnes se tournent vers la méditation en raison de la douleur et de la souffrance qu'ils leur causent. Malheureusement, bien trop souvent, le désir continue de les harceler, même pendant leurs efforts pour parvenir à un peu de concentration et de tranquillité mentale.

La seule solution à ce problème est de commencer par discipliner votre activité sexuelle. Si vous n'êtes pas capable d'un peu d'autodiscipline, le chemin du bonheur restera pour toujours insaisissable. De très sincères méditants ont fait de grands pas pour purifier leurs mauvaises habitudes, boire ou mentir par exemple, et pourtant ils ne voient pas pourquoi ils devraient contrôler leur conduite sexuelle. Ils disent : « Je ne vois pas ce qu'il y a de mal à s'amuser un peu. » La liste traditionnelle des partenaires inappropriés semble leur fournir une échappatoire. Ils remarquent immédiatement que rien n'est dit à l'encontre des relations avec de nombreux partenaires tant qu'ils sont appropriés et non mariés, ni contre la recherche de frissons à bon marché. Mais ces derniers vous déprécient et rabaissent votre valeur personnelle. Les aventures au hasard des rencontres vous font du mal et peuvent en faire aux autres.

À quoi rime ce genre d'amusement ? À vous procurer du plaisir ? À satisfaire vos désirs ? Pourtant, nous n'avons pas cessé de dire que l'avidité, le désir, est la racine même de notre souffrance. La seconde vérité du Bouddha nous dit que toute souffrance provient du désir. La conduite sexuelle désordonnée est l'un des moyens les plus faciles pour prendre l'esprit au piège de l'avidité et de l'aversion. Les plaisirs sexuels sont si attirants, et leurs inconvénients – rejet, gêne, frustration, jalousie, insécurité, remords, solitude et exacerbation du désir – si insupportables, qu'ils enferment les gens dans un cycle d'épreuves sans fin.

Le problème est que la libido ne peut pas être apaisée par sa satisfaction physique. Celle-ci a le même effet que gratter une plaque d'urticaire. Bien qu'une brève sensation de soulagement puisse être éprouvée, vous gratter ne fait que disséminer le poison et aggraver le problème sous-jacent. Guérir votre état exige de la modération, de vous retenir de faire ce qui intensifiera votre désagrément ultérieurement.

Le Bouddha utilisait une métaphore saisissante pour illustrer les erreurs habituellement faites en rapport à la sexualité. À son époque, on pouvait voir des lépreux assemblés autour de feux, y faisant brûler leurs plaies. Leur maladie leur causait les plus insupportables démangeaisons. Mettre leurs blessures au contact du feu leur apportait un peu de soulagement. Mais le feu ne guérissait ni leurs plaies ni leur maladie. Au lieu de cela, ils se brûlaient. Une fois la sensation de soulagement temporaire disparue, les plaies enflaient et suppuraient sous l'effet des brûlures. L'inconfort et les démangeaisons des pauvres malades étaient pires qu'avant. Alors, les lépreux retournaient se brûler.

Lorsque les gens cherchent un soulagement à leur désir sexuel, ils font la même chose, a dit le Bouddha. Quand ils vont au feu de sa satisfaction, ils éprouvent un soulagement temporaire de la souffrance et de l'insatisfaction de leur désir. Mais il n'y a aucun pouvoir de guérison dans sa satisfaction. Ils ne font que se brûler. Alors, jusqu'où la pulsion et l'envie empirent-elles ?

Imaginez maintenant, continuait le Bouddha, qu'un grand médecin se présente et apporte un onguent curatif à un lépreux. Celui-ci étale le médicament et est complètement guéri. Que pense-t-il du feu maintenant ? Aucun pouvoir sur la terre ne peut le contraindre à vouloir se brûler de nouveau. Ses anciens compagnons l'appellent pour qu'il les rejoigne autour du feu et fasse comme eux. Le lépreux guéri se souvient de ce que c'était – la folie du besoin, le soulagement éphémère apporté par le feu. Rien ne peut le faire y retourner. Il éprouve une grande compassion envers ses anciens compagnons et ses souffrances passées (M75).

Le Bouddha faisait souvent référence à lui-même en tant que médecin et à son enseignement, le Dhamma, en tant que remède. On le cite, disant :

> Parmi tous les remèdes du monde,
> Nombreux et variés,
> Il n'en est aucun comme le remède du Dhamma.
> Par conséquent, ô moines, buvez-en.
>
> Ayant bu ce remède du Dhamma,
> Sans âge et au-delà de la mort, vous serez.
> Ayant développé et vu la vérité,
> Désaltérés, libres de la soif, vous serez.

En entendant ces paroles, il est possible que vous vous demandiez : « Dois-je choisir entre mon conjoint et le chemin ? » Cette mauvaise interprétation inquiète beaucoup de gens. Mais un comportement sexuel amoureux entre des partenaires engagés l'un envers l'autre n'est pas un obstacle pour la pratique. En fait, une relation d'entraide peut être un grand atout pour progresser à travers les huit marches du Bouddha vers le bonheur.

S'abstenir d'inconduite sexuelle peut être pratiqué d'une façon de plus en plus affinée, bien au-delà de l'abstention technique mentionnée dans le précepte. À son plus haut degré, vous en venez à considérer toutes les femmes comme vos sœurs, tous les hommes comme vos frères, les personnes âgées comme vos parents et les plus jeunes comme vos enfants. La libido disparaît. Vous ne voyez simplement plus les gens sous cet angle. Tout instinct prédateur a disparu, et même le désir subtil disparaît dans une compassion du cœur ouverte et soucieuse du bien-être d'autrui.

De plus, pour parfaire le stade de l'Action juste, le Bouddha nous a pressés de cesser d'abuser de tous nos sens. Mis à part l'inconduite sexuelle, qu'est-ce que cela veut dire ? Lorsqu'on satisfait ses désirs en stimulant n'importe quel sens jusqu'à la lassitude, il s'agit d'un abus.

Quels domaines de votre comportement n'avez-vous pas examinés – ceux dans lesquels vous forcez votre esprit ou votre corps au-delà du raisonnable, juste pour le plaisir ou pour fuir ? Demandez-vous : « Est-ce que je me laisse aller à regarder la télévision ou à faire du travail non indispensable tard dans la nuit ? Est-ce que je mange plus qu'il n'est nécessaire pour me maintenir en vie ? Vais-je dans des clubs où la musique est si forte que mes oreilles bourdonnent quand je m'en vais ? Est-ce que j'utilise mon corps pour le plaisir d'une façon qui le fatigue, l'épuise, le rend douloureux et inapte au travail le lendemain ? Est-ce que je me sers d'Internet de façon bénéfique pour ma vie et mon entourage, ou est-ce que je me distrais simplement, jusqu'à ce que j'aie la vue floue et l'esprit engourdi ? »

Ces types d'activités ne sont bons ni pour le corps ni pour un chemin spirituel. Et si vous les abandonniez ? Le respect de soi peut se développer à leur place. L'égocentrisme enraciné dans ces activités peut se dissiper, faisant place à un cœur plein d'entrain, généreux, n'étant plus esclave de l'appel du désir.

S'abstenir de boissons alcooliques

Le dernier des cinq préceptes prescrit d'éviter l'alcool, les drogues et autres substances toxiques, et le même principe est sous-entendu dans l'Action juste. En énonçant ce précepte, le Bouddha utilisa une formulation conditionnelle. Il n'a pas dit aux disciples laïques d'éviter toutes les substances toxiques, mais celles qui causent « la négligence, l'engouement et l'inattention ». En d'autres termes, l'usage précautionneux d'analgésiques et d'autres narcotiques, prescrits par un médecin, ne transgresse pas l'interdiction, ni un usage occasionnel et modéré de l'alcool, par exemple un verre de vin. Nous devons avoir du bon sens.

Bien que l'usage modéré d'alcool puisse être autorisé, il est déconseillé. Un verre tend à en amener un autre. Après un simple verre, certaines personnes sensibles à l'alcool peuvent perdre leur contrôle et boire avec excès. Ainsi le moment le plus efficace pour se contrôler est-il avant ce premier verre et non après. D'autres personnes développent une dépendance plus lentement, en buvant chaque fois un petit peu plus, sans se rendre compte que leur usage inconsidéré de l'alcool est en train de devenir un sérieux problème. De plus, la présence d'alcool à la maison peut créer la tentation de s'enivrer impulsivement à un moment de stress ou de chagrin. Nous pouvons vivre très sainement sans alcool et il est préférable de ne pas lui donner une chance de gâcher notre vie.

Au fil des ans, j'ai entendu de nombreuses histoires sur la manière dont l'alcool rend malheureux. Par exemple, une résidente de la Bhavana Society m'a dit que dans sa jeunesse l'alcool la laissait indifférente, et qu'elle buvait seulement un peu lorsqu'on insistait. Dans les soirées où l'on servait de l'alcool, elle ne terminait même pas une bière. Elle promenait seulement la bouteille avec elle pendant toute la soirée pour paraître au diapason de ceux qui buvaient. Après ses études, elle déménagea dans une autre localité. Ses nouveaux amis buvaient fréquemment et elle développa une désinvolte habitude de boire en société, habitude qui grandit lentement. Elle m'a raconté qu'une nuit, alors qu'elle était de très mauvaise humeur, elle avait bu un alcool fort puis un autre. Lorsque ses amis exprimèrent leur surprise de la voir boire plus d'un verre, elle les injuria, leur disant de s'occuper de leurs affaires. Soudain, une sensation étrange traversa son corps. Plus tard, elle se rendit compte qu'il avait dû s'agir d'une modification chimique. À partir de ce moment, l'alcool devint un besoin. Deux ans plus tard, elle buvait chaque jour et s'enivrait plusieurs fois par semaine. Sa personnalité se modifia négativement, et elle traversa une période de souffrance. Finalement, elle chercha de l'aide en suivant un programme de désintoxication, et maintenant elle est sobre depuis plusieurs années.

Les gens boivent pour de nombreuses raisons. Les jeunes veulent paraître plus âgés ; les timides et les nerveux veulent se détendre ou se sentir plus sociables ; ceux qui ont des soucis veulent les oublier. Toutes ces motivations naissent de l'insatisfaction – de la volonté d'échapper à la réalité de ce qui arrive dans l'instant présent.

Pourtant, quand on y réfléchit, fuir n'a jamais résolu ou soulagé quelque problème que ce soit. La dépendance à l'alcool ou à des drogues aggrave simplement votre souffrance. Elle peut vous faire perdre votre sens de la décence, vos principes de moralité, vos retenues. Vous pouvez mentir, commettre des inconduites sexuelles, voler ou pire. Vous pouvez vous ruiner, détruire votre santé, votre mariage, votre famille, votre travail. Vous pouvez perdre le respect des autres et le respect envers vous-même. À la fin, vous vous retrouvez à la dérive, miséreux, vous demandant pourquoi tous ces malheurs vous arrivent. Tout compte fait, la meilleure cure de désintoxication est de ne pas commencer à vous intoxiquer.

Dans l'optique du Chemin Octuple, nous pouvons regarder au-delà des mots du cinquième précepte pour voir quel niveau de signification supérieur nous pouvons trouver dans l'abstention des boissons alcooliques. De quelles autres manières nous droguons-nous et pourquoi ? En utilisant cet aspect de l'Action juste comme guide, questionnez vos motivations, demandez-vous si vous essayez d'éviter d'être attentif. Quelles sont vos échappatoires ? Lire les journaux ? Les bavardages inutiles ? L'Attention peut vous aider à identifier les ruses que vous utilisez pour éviter d'être continuellement conscient de la réalité.

LES PRINCIPES SUPÉRIEURS POUR LES LAÏCS

Tout le monde devrait respecter chaque jour les cinq préceptes. Mais ceux qui veulent progresser plus rapidement sur le chemin bouddhique peuvent s'engager à respecter un ensemble de règles plus complet pendant une certaine durée. Ces règles incluent les cinq préceptes et quelques restrictions plus rigoureuses. Certains méditants les observent en des occasions spéciales, par exemple quand ils participent à une retraite. D'autres le font lorsqu'ils vivent dans un centre de méditation ou un monastère.

Il y a huit préceptes d'entraînement traditionnels :

- ne pas tuer ;
- ne pas voler ;
- ne pas avoir d'activité sexuelle ;
- ne pas mentir ;

- ne pas faire usage de produits qui troublent la conscience ;
- ne pas manger après midi[1] ;
- ne pas danser, chanter, jouer de la musique, aller à des spectacles, utiliser des parfums ou des cosmétiques, porter des bijoux ;
- ne pas faire usage de lits ou de sièges hauts et larges (c'est-à-dire luxueux).

Observer les huit préceptes de temps à autre peut vous aider à améliorer votre pratique méditative. Quand votre conscience est claire et que vous n'avez pas de raison d'avoir des remords, votre concentration se renforce.

Dans l'ancien temps, les habitants des pays bouddhiques observaient ces huit préceptes pendant une journée, quatre fois par mois, à chaque quartier de lune. Ils passaient la journée dans un monastère ou un temple, lisant des livres bouddhiques, écoutant et discutant le message du Bouddha. Parfois, ils faisaient un pèlerinage d'un temple ou d'un site religieux à un autre. Quel que soit le lieu où ils se rassemblaient, ils méditaient ou écoutaient l'enseignement donné par un laïc érudit ou un moine. Le lendemain, ils reprenaient leurs activités habituelles.

De nos jours, très peu de gens mettent en pratique cette observance religieuse. Lorsque nous ne sommes pas en train de travailler pour gagner notre vie ou de nous occuper des enfants, la plupart d'entre nous passent le temps à faire des travaux ménagers, à regarder la télévision, à aller à des réceptions, au cinéma, au restaurant ou au café. Lorsque nous sommes fatigués de toutes ces activités, nous prenons des vacances. Il se peut que nous ayons travaillé très dur pour économiser l'argent des vacances, lesquelles consistent souvent à rechercher une nouvelle série de plaisirs. En rentrant à la

1. C'est-à-dire après le passage du soleil au zénith.

maison, nous avons parfois l'impression d'avoir besoin de vacances pour récupérer de nos vacances ! Alors, c'est le retour au travail, car il n'y a pas de vacances sans argent, et pas d'argent sans un travail très dur. Peut-être reconnaissez-vous ce piège à souffrances.

Les huit préceptes de l'entraînement bouddhique offrent une autre possibilité. Observer les huit préceptes pendant une journée, un week-end, ou plus longtemps, apporte une véritable évasion de votre routine ordinaire et vous laisse détendu, l'esprit clair, sans mal à la tête, fatigue ou mauvaise humeur. Vous n'êtes pas obligé d'aller dans un temple pour adopter les huit préceptes. Vous pouvez le faire en privé, à la maison. Dans une maison avec des enfants, les occasions de temps libre et de tranquillité sont parfois rares. Il est alors d'autant plus important d'utiliser des heures aussi précieuses d'une manière qui favorise votre paix intérieure. Les bénéfices immédiats de l'observation temporaire des préceptes sont un sentiment de paix, de contentement et de détente, ainsi qu'une meilleure santé et la perspective d'une mort paisible. Un peu de discipline calme et réconforte à la fois le corps et l'esprit.

Par exemple, les personnes qui mangent généralement trois ou quatre repas par jour peuvent découvrir que jeûner un jour par semaine est une très bonne pratique. Elles peuvent commencer en ne mangeant que deux repas et en jeûnant le reste de la journée. Ces deux repas devraient consister en un copieux petit déjeuner et un déjeuner léger. Le repas du soir est à sauter. Après un dîner conséquent, l'activité étant faible, la digestion est très lente et la nourriture reste dans l'estomac jusqu'au lendemain matin. Lorsque vous ne mangez rien le soir, vous avez grand-faim le lendemain matin. Vous pouvez alors manger un bon petit déjeuner. La plupart du temps, les besoins de votre famille et vos horaires de travail vous empêchent de manger copieusement le matin et légèrement (ou rien) le soir. Décider de prendre un jour particulier pour observer les huit préceptes vous donne une chance d'essayer cette façon de manger.

Le temps que vous économisez le soir quand vous n'avez pas à préparer un grand repas, ni à le manger, ni à nettoyer, ni à ranger, peut être utilisé pour faire des choses bénéfiques, par exemple méditer ou lire un livre sur le message du Bouddha. Bien que cette pratique ne soit pas très facile au début, c'est une merveilleuse habitude à cultiver. Souvenez-vous, rien n'est très facile au début. Une fois que vous serez habitué à moins manger, vous pourriez aussi essayer de jeûner une journée entière. Ne mangez aucune nourriture solide, mais surtout buvez beaucoup d'eau et de jus de fruits. Passez la journée seul, à lire et à méditer. Ces mini-vacances constituent un merveilleux changement pour le corps et l'esprit.

Observer formellement les huit préceptes vous fait vous souvenir d'être attentif. Quand vous commencez à faire quelque chose qui rompt l'un des préceptes, votre esprit dira : « Un instant, rappelle-toi… ! » Et vous vous souviendrez : « Oh, je ne suis pas censé… » Le précepte agit comme la légère touche du fouet que le cocher utilise pour rappeler au cheval de garder le cap, ou comme le coup de klaxon qui rappelle au conducteur de ne pas changer de file.

Les laïcs peuvent aussi prendre l'engagement d'observer un ensemble de règles appelées les huit préceptes à vie. Cet ensemble est composé des cinq préceptes de base, auxquels s'ajoutent trois règles supplémentaires concernant la Parole juste : ne pas prononcer des paroles malveillantes, ne pas parler avec brutalité et ne pas tenir des propos futiles. En 1998, à l'occasion du dixième anniversaire de l'ouverture de la Bhavana Society, ses membres furent invités à participer à une cérémonie de prise des huit préceptes à vie. Cette idée venait de l'un des membres de notre conseil d'administration qui voulait prendre ces huit préceptes lui-même. Les candidats furent invités à participer à une retraite de deux jours, juste avant la cérémonie, pour qu'ils se focalisent sur la signification des vœux. La réponse à cette invitation fut encourageante. Trente-six personnes participèrent à la retraite, prirent refuge dans le Bouddha et reçurent les huit préceptes à vie. Depuis cette date, nous offrons cette possibilité chaque année.

Se préparer pour la cérémonie des vœux fut très difficile pour quelques candidats. Beaucoup exprimèrent une certaine peur et quelques-uns éprouvèrent beaucoup de résistance. Comme il nous est difficile de prendre un engagement ! En elle-même, la cérémonie des vœux fut très simple. Les candidats récitèrent les versets ensemble, en groupe. Ensuite, chacun reçut un nouveau nom, dans l'ancienne langue palie. Cette cérémonie pleine de simplicité eut un bel effet sur la vie des participants, particulièrement sur leur façon de parler. Après avoir pris les vœux, ils constatèrent que si des mots durs ou frivoles leur échappaient, ils se rendaient immédiatement compte à quel point il est stupide de parler de cette manière. Les préceptes les faisaient s'arrêter, comme si l'esprit éprouvait une secousse. La fois d'après, ils constataient que les mots ne sortaient même pas. Ce simple changement les aida à voir comment agissent les préceptes pour créer le bonheur.

Beaucoup d'entre eux m'ont écrit pour me remercier au sujet des préceptes. Ils disaient que ce fut un tournant dans leurs vies. Mais pourquoi auraient-ils à me remercier ? Je ne leur ai pas demandé d'observer ces préceptes. Ils étaient volontaires. Ils n'ont pas fait ces vœux pour moi, ni pour d'autres gens, ni pour leurs conjoints ou leurs enfants, ni en raison d'une loi, ni pour le monde. Ils ont fait le vœu d'observer ces règles d'apprentissage pour eux-mêmes, pour leur propre vie, et pour leur bonheur présent et futur.

Vous ne devriez pas avoir peur de prendre l'engagement de pratiquer les principes de l'Action juste, ou bien les huit préceptes d'apprentissage, ou encore les huit préceptes à vie. Vous devriez vous réjouir d'avoir décidé de prendre des mesures pour rendre votre vie heureuse. Les personnes dépendantes de l'alcool, des drogues, des jeux de hasard, ou d'une autre activité nocive, ont beaucoup de difficultés à décider de s'arrêter. Elles traînent les pieds et invoquent plein d'excuses. Mais une fois qu'elles se sont engagées à changer et qu'elles ont maintenu la discipline pendant un certain temps, elles découvrent que leur pensée est claire, qu'elles mangent bien, économisent de l'argent et établissent de bonnes relations avec leurs familles et autrui. Alors, elles sont reconnaissantes et se félicitent d'avoir fait ce pas positif.

De même, nous pouvons avoir des difficultés à nous engager à abandonner des comportements malsains. Mais une fois que nous l'avons fait et y avons travaillé sans faillir, nous sommes heureux, très heureux d'avoir pris une décision qui apporte une telle amélioration à notre vie.

METTRE EN ŒUVRE L'ACTION JUSTE

Le Bouddha a dit : « Toute parole, action ou pensée saine a l'Attention pour racine. » En d'autres termes, l'Action juste se développe naturellement sur la base de l'Attention.

Regardons de plus près pourquoi il en est ainsi. Toute action intentionnelle effectuée par le corps, la parole ou l'esprit a un fort impact sur nous. Lorsque nous faisons du mal à quelqu'un ou commettons quelque autre action négative, nous éprouvons souvent une tension physique et développons un état d'esprit perturbé et malheureux. L'Attention nous aide à voir clairement cet impact néfaste. Nous nous rendons compte qu'une action malsaine entraîne des sentiments de remords qui conduisent à l'inquiétude, laquelle empêche l'esprit de trouver le calme. Lorsque l'esprit est agité, nous perdons la capacité de nous concentrer. Plus notre action est négative, plus nous sommes troublés et inquiets. Un cercle vicieux commence, dans lequel les états d'esprit négatifs nous influencent pour nous faire commettre d'autres actions malsaines.

L'inverse est également vrai. Avec l'Attention, nous voyons que si nous agissons avec amitié-bienveillance, notre esprit s'apaise et se détend. Un esprit paisible accroît notre joie et nous aide à nous concentrer plus profondément. Nous rendant compte de cet effet, nous sommes encouragés à continuer d'effectuer des actions saines. Notre santé physique et morale s'améliore. Cette retombée positive continue de nous faire avancer dans une bonne direction.

Je vais même jusqu'à dire que l'Attention à l'observation des préceptes – qu'il s'agisse des cinq, des huit ou des préceptes à vie – vous rend plus beau ! Quand vous parlez ou agissez tout en gardant les préceptes à l'esprit, vous vous sentez paisible et heureux. Un mental non obscurci rend votre visage lumineux et rayonnant. Quand vous pensez à vos bonnes actions, vous êtes ravi. Ce ravissement brille dans vos yeux et s'exprime dans vos expressions. Les gens se sentent attirés par quelqu'un qui a cette apparence.

Lorsque nous sommes attentifs à l'Action juste, notre esprit non obscurci nous aide aussi à nous focaliser sur chaque moment qui passe, mais non d'une manière terne, passive. Nous mobilisons toutes nos capacités et toute notre intelligence pour connaître à la fois ce qui se passe dans notre esprit et jusqu'à quel point notre interaction avec le monde alentour est bonne. De cette façon, nous développons une conscience complète de nos actions.

Une telle Attention est particulièrement cruciale quand les autres mettent notre patience à l'épreuve. Observer les préceptes et agir harmonieusement est relativement facile tant que personne ne vous provoque. Mais si ce que dit quelqu'un vous met en colère ou vous blesse, votre esprit peut se mettre à tourner pendant un moment. Si vous êtes attentif, vous aurez une présence d'esprit suffisante pour penser : « Je dois faire attention maintenant. Je fais une pause jusqu'à ce que j'aie la tête claire. Il vaut mieux ne rien dire ou faire que je regretterais. »

Si vous restez attentivement conscient du contexte complet de chaque interaction, vous vous souviendrez aussi d'être particulièrement précautionneux quand vous êtes vulnérable. Par exemple, si vous êtes affligé par la perte de quelqu'un ou de quelque chose que vous aimez, une petite provocation peut suffire à vous mettre en colère. Vous savez, alors, qu'il vous faut être particulièrement prudent avec les autres, prudent comme le serait un homme marchant lentement, sans chaussures, là où il pourrait y avoir du verre. De même, cette prudence est importante quand vous êtes malade, fatigué, quand vous avez faim, êtes seul, quand vous souffrez ou êtes simplement grognon. Quand vous êtes stressé, l'Attention aux moments mentaux vous aide à vous souvenir de votre vulnérabilité et à éviter des actions regrettables.

Une autre circonstance où vous devez être particulièrement attentif est celle où vos habitudes passées peuvent vous inciter à enfreindre un principe moral. Une personne qui autrefois volait facilement doit devenir immédiatement attentive quand le portefeuille d'autrui est à portée de main. Un ancien buveur doit en faire autant quand on sert à volonté des bières à la ronde. Quand un homme marié, qui a lutté avec sa libido, voit une femme flirtant avec lui tendre sa carte de visite, il doit se dire : « Si je prends ce numéro de téléphone, je vais être tenté. Ma tranquillité mentale va être affectée. J'aime ma femme et je ne veux pas mettre ma famille en danger. J'ai accepté les cartes d'autres personnes aujourd'hui, mais il vaut mieux que je donne celle-ci à quelqu'un d'autre ou que je la jette immédiatement. »

Jusqu'à ce que vous soyez éveillé et que votre esprit soit complètement entraîné, de nombreux autres types d'actions erronées vous viendront à l'idée de temps à autre. Avant de faire quelque chose que vous savez ne pas être juste, vous devriez prendre du recul et réfléchir attentivement au mal que cela pourrait vous faire. Par exemple, si vous êtes tenté de voler de l'argent à votre employeur, vous pouvez en examiner les conséquences : vous vivrez avec la peur d'être pris. Si vous êtes attrapé, vous perdrez certainement votre travail, votre réputation et peut-être aussi votre liberté. Même si la justice ne vous prend pas, votre conscience vous attrapera immédiatement. La seule pensée de commettre un tel acte perturbe l'esprit. Si vous allez jusqu'au bout de l'action, jusqu'à quel point votre esprit sera-t-il troublé ? Quand une intention malsaine reste seulement une pensée fugitive, vous pouvez vivre avec, mais une fois que vous la mettez en œuvre, vous ne vivez jamais en paix.

Vous devriez aussi mettre en balance le bref plaisir qu'une action incorrecte pourrait vous procurer avec la souffrance persistante qu'elle apporte. Disons que vous êtes tenté de frapper quelqu'un. Cette intention peut provenir de la croyance que vous seriez ensuite satisfait : « J'ai fait ce qu'il fallait, pourriez-vous dire, et ce gars ne recommencera pas ! » Mais vous ne pouvez pas prédire les résultats avec autant de précision. L'homme peut devenir furieux et vous frapper plus fort en retour. Il peut vous en vouloir et projeter secrètement de vous attaquer. Une action mauvaise peut entraîner une longue et amère discorde.

Je connaissais un homme au Sri Lanka qui était brouillé avec ses voisins depuis longtemps. Pour se venger, il construisit des toilettes rudimentaires près de la limite de sa propriété, juste à côté de leur puits. Les voisins protestèrent, lui demandant d'enlever l'édicule, mais il refusa. L'un après l'autre, les voisins tombèrent malades. Le conflit entre les deux familles s'aggrava, au point que quelqu'un commit un meurtre. La police s'en mêla, et je pense que cet homme finit en prison. Les deux familles étaient dévastées. Elles se haïront pendant des générations. Les querelles entre voisins se produisent partout. Il y a des milliards de telles disputes. Si nous nous retrouvons dans un conflit de ce type, nous devons nous arrêter immédiatement et tenter de calmer les choses. Les querelles dont on perd le contrôle font du mal à toutes les parties concernées.

L'Action juste ou habile n'est pas une invention du Bouddha. Il est universellement vrai que les mauvaises actions sont source de souffrance et qu'elles perpétuent la haine. Le Bouddha a exprimé cette idée ainsi :

> Jamais la haine n'est surmontée par la haine.
> Uniquement par l'amitié-bienveillance cesse la haine.
> C'est une loi éternelle (Dh 5).

Le Bouddha n'a pas revendiqué le mérite de cette loi. Elle n'appartient pas seulement aux bouddhistes ni à qui que ce soit d'autre. Dans son état éveillé, le Bouddha pouvait clairement voir les conséquences négatives qui naissent inévitablement des mauvaises actions. Si vous « agissez ou parlez avec un état d'esprit impur, a-t-il dit, la souffrance vous suivra aussi sûrement que la roue du char suit le sabot du bœuf ». Si vous agissez ou parlez avec un état d'esprit pur, continuait-il, « le bonheur vous suivra comme votre ombre, sans vous quitter » (Dh 1-2).

Non seulement l'Action juste apaise votre esprit, mais elle a un effet positif sur tous ceux qui vous entourent. J'ai entendu une histoire, à propos d'un moine, qui démontre comment la mise en œuvre de l'Action juste aide les autres. Dans le temple où ce moine vivait se trouvait un jaquier portant des fruits. Les jaques sont très utiles pour un monastère. Chaque fruit est très gros et possède un grand noyau, plein de protéines et une chair épaisse que l'on peut faire cuire de bien des façons. Les familles pauvres qui n'ont pas d'autres aliments peuvent en vivre. Bien que les fruits ne coûtent pas cher au marché, on connaît des cas où le vol de jaques dans une région pauvre a entraîné un meurtre.

Une nuit, le moine aperçut un voleur dans le jaquier du temple. Il était grimpé très haut dans les branches de l'arbre et faisait descendre chaque fruit à terre au moyen d'une corde, de façon qu'en touchant le sol, il ne fasse pas de bruit et n'attire pas l'attention. Le voleur entourait la corde autour du fruit de telle manière qu'elle se dénoue quand il touchait le sol. Ensuite, il remontait la corde pour descendre le prochain fruit. Tranquillement, le moine vint sous l'arbre. Chaque fois qu'un fruit touchait terre, il aida la corde à se dénouer.

Finalement, le voleur descendit à son tour. Il s'évanouit presque en voyant le joyeux moine qui se tenait là. Le moine lui parla avec douceur, non comme le ferait la victime d'un vol, mais plutôt comme un grand-père inquiet, demandant sincèrement : « Avez-vous assez de fruits ? En avez-vous besoin de plus ? » Il ne voulait pas crier à tue-tête et prendre le risque que le voleur soit blessé dans une bagarre avec les fidèles du temple. La réaction paisible et généreuse du moine fit tellement honte au voleur qu'il partit rapidement et ne revint jamais au temple pour voler.

Que devriez-vous faire quand vous avez violé l'une des règles morales de l'Action juste ? La réponse est simple : mettez l'Attention en œuvre. D'abord, rendez-vous compte de ce que vous avez fait. Ensuite, si possible, corrigez l'erreur. Enfin, prenez une forte résolution d'observer les principes de l'Action juste dans le futur. Si vous avez enfreint un précepte, renouvelez vos vœux. Ensuite, laissez partir votre action fautive. Vous sentir coupable ou vous inquiéter de conséquences qui sont au-delà de votre contrôle ne peut vous aider. Considérez vos transgressions passées avec une attitude généreuse et compatissante comme celle que le moine manifesta envers le voleur de jaques. Si vous réagissez de cette façon, vous redoublerez vos efforts pour pratiquer l'Action juste.

POINTS CLÉS POUR SE SOUVENIR DE L'ACTION JUSTE

- Toute personne qui s'intéresse au progrès spirituel devrait observer les cinq préceptes : s'abstenir de tuer, de voler, de paroles mensongères, d'inconduite sexuelle, de drogues et d'alcool.
- Manger de la viande n'est pas tuer.
- « Tuer » requiert l'intention, la connaissance, la préparation et la mise à exécution du plan préparé.
- Lorsque nous nous abstenons de tuer, nous pouvons véritablement devenir non violents et pratiquer l'amitié-bienveillance.
- Voler veut dire prendre quoi que ce soit qui n'est pas offert, y compris les idées d'autrui.
- Quand nous nous abstenons de voler, nous pouvons développer le respect des besoins d'autrui et pratiquer la joie altruiste.
- Le précepte qui proscrit l'inconduite sexuelle concerne le viol, les manœuvres pour obtenir des rapports non souhaités, les rapports avec les mineurs, les animaux, le conjoint d'autrui, ou quelqu'un placé sous la protection de parents ou de tuteurs ; il inclut aussi l'infidélité dans une relation de couple.
- Quand nous évitons l'inconduite sexuelle, les tourments du désir peuvent être apaisés.
- Une relation sexuelle avec votre conjoint ou votre partenaire n'est pas considérée comme de l'inconduite.

- Nous devrions éviter tout abus délibéré de nos sens. C'est une aide pour laisser se dissiper notre avidité et, de cette façon, nous développons un esprit de générosité envers autrui.
- La dépendance à l'alcool ou aux drogues peut survenir rapidement ou être un comportement conditionné progressivement ; elle cause de grands maux, et le mieux est d'éviter de commencer.
- Lorsque nous nous abstenons de l'alcool et des drogues, nous pouvons maintenir un esprit clair et travailler à éliminer nos illusions mensongères. Nous pouvons développer l'Attention et apprendre à vivre conformément à la réalité.
- S'engager à observer des préceptes supplémentaires, soit les huit préceptes d'apprentissage ou les huit préceptes à vie, peut être une grande aide à la concentration et favoriser les progrès sur le chemin du Bouddha.
- L'Attention peut nous aider à surmonter la tentation, à éviter les querelles et à répondre avec compassion aux fautes morales d'autrui ainsi qu'aux nôtres.

CINQUIÈME MARCHE

Les Moyens d'Existence Justes

L'UN DE MES ÉTUDIANTS m'a parlé d'une femme d'affaires perspicace qui pratique les principes bouddhiques. Une fois, alors qu'elle cherchait à effectuer un nouvel investissement, quelques magasins de spiritueux se présentèrent à la vente. Elle savait qu'en les achetant, elle pourrait en obtenir un excellent profit. Pourtant, quelque chose l'en empêcha. En réfléchissant au commerce des spiritueux, elle comprit que certains de ses clients pourraient se faire du mal en consommant de l'alcool. Peut-être commettraient-ils une mauvaise action, deviendraient-ils alcooliques ou aggraveraient-ils leur dépendance. Pour protéger son progrès spirituel, elle se retira de cette affaire.

Cette petite histoire illustre une vérité profonde : nos moyens de subsistance ne devraient pas interférer avec notre développement spirituel. Établir une liste complète des professions qui constituent des Moyens d'existence justes n'est pas possible, mais le Bouddha nous a donné une règle fondamentale : tout travail peut être un Moyen d'existence juste tant qu'il ne cause pas de mal à celui qui l'effectue ou à quelqu'un d'autre. Naturellement, tant que nous ne serons pas éveillés, aucun travail ne sera parfait. Le seul moyen de subsistance véritablement parfait est un travail effectué par quelqu'un d'accompli – quelqu'un qui a complètement éradiqué toute avidité, toute haine et toute illusion mensongère. Néanmoins, ceux d'entre nous qui sont sur le chemin de la perfection peuvent faire beaucoup pour harmoniser leur vie professionnelle et leur vie spirituelle.

Comme avec la plupart des questions d'éthique bouddhique, le raisonnement qui sous-tend les Moyens d'existence justes est double. Effectuer un travail qui fait du mal aux autres est en soi erroné, parce que ce travail enfreint des principes moraux. Mais un tel travail est également erroné, car il nous fait du mal. N'étant pas éveillés, nous ne pouvons pas éviter complètement l'agitation et la souffrance. Au travail, des situations se présentent qui nous mettent aux prises avec l'avidité et l'aversion. Mais nous pouvons éviter ces emplois qui font obstruction à notre progrès spirituel. En effet, si notre activité professionnelle nous causait une agitation excessive, notre esprit ne pourrait se calmer suffisamment pour méditer.

Prenons un exemple évident. Disons que le travail d'une personne l'oblige à tuer des animaux. Il pourrait s'agir d'un chercheur qui teste de nouveaux médicaments sur des souris de laboratoire, ou bien d'un pêcheur, ou d'un charcutier qui doit tuer des porcs. Lorsque cette personne cherche à méditer, son esprit risque d'être perturbé. Chaque jour, elle voit des êtres vivants souffrir à cause de ce qu'elle fait. Elle voit la peur dans leurs yeux et leurs efforts pour s'échapper ; elle entend leurs cris et leurs gémissements de douleur. Ces images demeurent quand elle rentre à la maison. Pour faire son travail, elle doit faire comme si les animaux n'avaient pas de sensibilité, comme s'ils n'étaient pas réellement des êtres vivants au même titre qu'elle. Dans son cœur, elle sait que ces pensées sont fausses, mais elle continue de tuer car c'est son travail. Ce conflit intérieur cause l'apparition de pensées et d'images perturbatrices pendant sa méditation. Il lui est impossible de pratiquer l'amitié-bienveillance ; elle ne peut même pas se détendre. Clairement, le travail de cette personne ne peut être un Moyen d'existence juste.

Il est facile de se rendre compte que certaines activités professionnelles, comme l'abattage d'animaux, sont perturbatrices de manière inhérente. Mais, pour la plupart d'entre nous, évaluer si un travail particulier peut constituer un Moyen d'existence juste est beaucoup plus compliqué. Certains postes peuvent être acceptables dans certaines entreprises et ne pas l'être dans d'autres, selon les circonstances. Par exemple, si le patron exige que ses employés agissent de manière immorale. Un questionnement à trois niveaux va nous aider à déterminer si un emploi constitue ou non un Moyen d'existence juste.

QUESTIONS POUR ÉVALUER LES MOYENS D'EXISTENCE JUSTES

Vous pouvez déterminer si un emploi est acceptable en tant que Moyen d'existence juste, en vous posant trois questions interdépendantes.

• Premièrement, mon travail constitue-t-il une activité intrinsèquement mauvaise ?

C'est-à-dire fait-il du mal, par définition ? Comporte-t-il la fabrication, l'achat, la vente, la promotion ou l'usage d'armes à feu ou d'autres sortes ? Implique-t-il des boissons alcooliques ou des poisons ? Nécessite-t-il de faire du mal ou de tuer des êtres vivants ? Le Bouddha lui-même a dit que les professions impliquant des armes, des poisons, ou nécessitant de tuer, étaient des moyens de gagner sa vie catégoriquement erronés.

De nombreuses activités font clairement partie de cette catégorie. Par exemple, la recherche et le développement d'armes chimiques ou biologiques, la fabrication ou la vente d'insecticides, la conception de systèmes de guidage de missiles, l'exploitation d'une main-d'œuvre à bon marché, sont clairement erronées. J'ajouterais qu'écrire pour des publications qui nuisent à la réputation de personnalités publiques, travailler pour des programmes de radio diffusant des propos haineux devrait être considéré comme faisant partie des « poisons » que le Bouddha désignait comme étant des moyens d'existence erronés.

Nous devons également extrapoler les règles énoncées par le Bouddha au-delà de leurs applications traditionnelles. Gagner sa vie au moyen de sports violents dans lesquels des gens sont blessés – tels que la boxe – est erroné. De même, être propriétaire d'un casino ou d'un autre type d'établissement de jeu, ou y travailler. Tout comme l'alcool, le jeu peut créer une dépendance. Sa motivation est l'avidité et il mène fréquemment au crime ou nuit aux innocents. Il est évident que toute activité criminelle, de quelque sorte que ce soit, est une mauvaise façon de gagner sa vie, y compris le marché noir et autres transactions illégales, escroquerie, extorsion et criminalité en col blanc. Ruiner sa propre santé au travail est également erroné.

La vente de drogues entre dans la catégorie du commerce des « poisons ». Les trafiquants de drogue sont tristement célèbres pour les actions violentes et corrompues qu'ils commettent pour protéger leur territoire, pour user de la force dans leurs opérations et pour éviter les poursuites. De plus, les personnes faibles et vulnérables qui achètent des drogues et les utilisent se font indéniablement du mal. Elles commettent des crimes pour se procurer de l'argent. D'innocents membres de leurs familles souffrent de violences domestiques, de manque d'argent pour se nourrir et de chagrin lorsque la personne droguée est emprisonnée ou blessée.

Cependant, notre système économique est devenu si complexe qu'il n'est parfois pas si facile de déterminer ce qui constitue des moyens d'existence erronés. Par exemple, est-il toujours intrinsèquement erroné de travailler pour l'armée ? Cela dépend. Si la fonction conduit à utiliser des armes, y compris un ordinateur pour lancer des missiles, il s'agit probablement d'un mauvais moyen d'existence. Mais être médecin ou cuisinier pourrait ne pas être intrinsèquement mauvais. Je doute que le cuisinier de la cantine ait jamais pensé : « Je veux nourrir ces soldats pour qu'ils puissent tuer ! »

De nombreuses autres situations professionnelles viennent à l'esprit. Fabriquer des têtes nucléaires pour des missiles entre clairement dans la liste des activités interdites par le Bouddha, mais qu'en est-il de l'extraction du minerai d'uranium utilisé pour les armes nucléaires ? Est-ce intrinsèquement erroné de travailler pour une chaîne de magasins généralistes qui réalise des profits substantiels en vendant des armes ? Et qu'en est-il de travailler pour un salaire de misère à débiter des hamburgers dans un fast-food ? On peut imaginer bien des façons dont un travail pourrait indirectement faire du mal à autrui. Un professeur d'université pourrait se sentir mal à l'aise en effectuant des recherches scientifiques fondamentales dont le résultat pourrait un jour servir à des fins militaires, ou encore un ouvrier en produisant l'acier nécessaire pour fabriquer des fusils de chasse.

Dans de semblables situations, vous devriez vous demander : « Suis-je directement impliqué dans les poisons, les armes ou l'acte de tuer ? Est-ce que je cause intentionnellement du mal à autrui ou à moi-même ? » En règle générale, plus il y a de distance entre votre activité réelle et le mal qui pourrait arriver à autrui par voie de conséquence, moins il y a de chances pour que le poste entre dans la catégorie des emplois intrinsèquement mauvais.

• Deuxièmement, mon travail me conduit-il à enfreindre les cinq préceptes de moralité ?

Si un emploi passe le premier niveau de questionnement, examinez ensuite si l'activité qu'il requiert vous pousse à enfreindre l'un quelconque des cinq préceptes de l'Action juste. Les normes morales d'une entreprise particulière peuvent faire d'un travail acceptable par ailleurs une manière erronée de gagner sa vie. Par exemple, dans un cabinet juridique, les avocats peuvent être vivement incités à respecter la plus stricte déontologie. Dans un autre, des pressions peuvent s'exercer sur eux pour leur faire détruire des preuves, tromper des jurés, ou facturer des heures fictives aux clients. Commettre de telles actions immorales au travail rend l'esprit agité et empêche le progrès spirituel. Je me souviens d'un avoué qui avait l'habitude de venir à la Bhavana Society. Quand il essayait de méditer, il ne cessait de pleurer. Je me suis toujours demandé si la raison de tels tourments était des actions malhonnêtes commises pour gagner ses procès au tribunal.

Il y a aussi le cas où une situation excellente en elle-même peut devenir une façon répréhensible de gagner sa vie pour un individu qui choisit d'agir de manière corrompue. Par exemple, l'examinateur qui fait passer l'épreuve de conduite du permis de conduire peut travailler avec intégrité, en refusant de se faire acheter. Une autre personne, dans le même bureau, avec le même travail, peut être manifestement corrompue. Cette dernière n'a pas des Moyens d'existence justes, mais celle qui est honnête peut les avoir. Toute bonne situation ou profession peut se prêter à la corruption. J'ai connu un médecin en Malaisie qui délivrait des attestations de maladie à des employés pour qu'ils les remettent à leurs employeurs. Il prenait environ cinq dollars par jour de congé maladie. Ce médecin avait tellement l'habitude d'agir ainsi que sa première question, quand un patient entrait dans son cabinet, était : « Combien de jours ? »

Une histoire célèbre à propos du Bouddha et de son cousin malfaisant, le puissant moine Devadatta, parle de deux personnes faisant le même métier, dont l'une seulement met en œuvre les Moyens d'existence justes :

> Selon la légende populaire, le futur Devadatta développa pour la première fois une rancune contre le Bouddha dans une vie

antérieure, lorsque les honnêtes pratiques commerciales du Bodhisatta – le futur Bouddha – firent perdre une affaire à cet homme sans scrupule.

Dans cette existence précédente, le futur Devadatta et le Bodhisatta étaient des marchands ambulants concurrents, qui voyageaient ensemble en vendant des pots et des casseroles. Dans chaque ville, ils se répartissaient les rues pour décider qui rendrait visite en premier à chaque maison. Ensuite, ils s'en allaient chacun de leur côté, en criant : « Pots à vendre ! Casseroles à vendre ! » Dans la maison d'une veuve anciennement riche et de sa fille, qui étaient maintenant désespérément pauvres, il y avait une grande coupe en or, couverte de crasse. Les femmes ne devinaient pas sa valeur. Quand Devadatta se présenta à leur porte, la fille demanda à sa mère d'échanger la coupe contre un colifichet. L'avide Devadatta vit rapidement que la coupe valait une fortune, mais il décida de duper les deux pauvres femmes. Il déclara que la coupe était sans valeur, la jeta à terre et s'en alla, avec l'intention de revenir plus tard en n'offrant pratiquement rien en échange.

Peu de temps après, lorsque le Bodhisatta se présenta à la même porte, les femmes lui demandèrent avec quelque hésitation d'échanger la coupe contre un colifichet. L'honnête Bodhisatta leur fit savoir quelle était la valeur de la coupe et dit qu'il ne pouvait même pas leur en payer une petite fraction. Les femmes étaient enchantées et pleines de respect envers le Bodhisatta et son honnêteté. Elles le prièrent de ne leur donner que ce qu'il pouvait. Il leur donna alors tout son argent, tous ses pots et toutes ses casseroles. Prenant la coupe en or, le Bodhisatta partit ensuite rapidement vers le bac qui traversait la rivière, car il se doutait de ce que Devadatta avait l'intention de faire.

Peu après son départ, Devadatta revint à la maison des femmes. Alors qu'il s'approchait, la plus âgée se précipita vers lui en criant qu'il avait essayé de les tromper. Elle lui dit que l'autre colporteur avait été honnête avec elles et qu'il les avait bien payées. Se rendant compte de ce qu'il avait perdu, Devadatta se mit à hurler et se comporta comme une personne dont l'esprit est dérangé. Il déchira ses vêtements, jeta ses marchandises à terre et se lança à la poursuite du Bodhisatta en criant qu'il lui avait volé sa coupe en or. Quand il parvint à la rivière, il vit le Bodhisatta au milieu de celle-ci, transporté par la barque du passeur qui maniait les rames. Devadatta lui cria de s'arrêter, mais le Bodhisatta donna tranquillement instruction au passeur de ne lui porter aucune attention et ils poursuivirent leur traversée. Alors qu'il fixait des yeux la silhouette du Bodhisatta en train de s'éloigner, Devadatta était empli de haine et de chagrin. Du sang brûlant jaillit de sa bouche. Son cœur se brisa et il tomba à terre, mort.

Ainsi fut ruiné Devadatta par ses propres pratiques malhonnêtes. Le Bodhisatta s'enrichit par la vente de la coupe qu'il avait honnêtement échangée. Il passa sa vie à faire œuvre de charité et de bonnes actions. Quand il mourut, son honnêteté l'envoya vers des vies futures heureuses, jusqu'à ce qu'il finisse par atteindre la bouddhéité. Les actions de Devadatta l'envoyèrent aussi vers des vies futures correspondant à ses actions. Il continua d'être le rival du Bouddha. Pendant la dernière vie du Bouddha, il essaya même de l'assassiner. On dit que la terre s'ouvrit et qu'il tomba en enfer (J3).

• Enfin, y a-t-il d'autres aspects de mon travail qui me perturbent et empêchent mon esprit de se calmer ?

Si un emploi passe les deux premiers niveaux de questionnement, il est alors nécessaire de considérer quels autres facteurs peuvent empêcher votre progrès spirituel. Il est possible que ce soit compliqué. Étant donné qu'aucune situation professionnelle n'est parfaite, nous devons chacun décider pour nous-mêmes ce qui constitue un problème insurmontable. Des collègues malhonnêtes ? Des clients grossiers ? Des solvants chimiques qui pourraient endommager les poumons ? Des produits ayant un impact nuisible sur l'environnement ? Des relations indirectes avec des sociétés exploitant de la main-d'œuvre sous-payée ?

À mon avis, la meilleure façon de déterminer si un emploi peut constituer un Moyen d'existence juste est d'évaluer son effet sur l'esprit. Imaginez qu'une entreprise vidange des produits toxiques dans une rivière et qu'elle cause d'importants dommages aux poissons et à d'autres formes de vie sauvage. Les employés n'apprennent que plus tard ce qui s'est passé. Deux d'entre eux sont intéressés par la pratique des Moyens d'existence justes. Doivent-ils arrêter de travailler pour cette entreprise ?

L'un des employés est plein de dégoût envers ce qui est arrivé. Il repasse sans cesse dans son esprit les images d'un bulletin d'informations télévisé rendant compte de l'événement. Il pense à la mauvaise moralité des décisionnaires de la société et développe mentalement une argumentation de son opinion devant des accusateurs imaginaires. L'autre employé vaque à son travail avec un sentiment de compassion envers toutes les parties concernées, y compris les responsables de la décision. Il continue d'espérer que les dirigeants de l'entreprise finiront par se rendre compte que de telles actions sont erronées et qu'ils prendront des mesures pour éviter de semblables événements à l'avenir. Ces pensées ne perturbent pas son esprit.

Certaines personnes pourraient argumenter que les deux employés devraient démissionner, car ils travaillent pour une entreprise immorale. D'autres pourraient dire que seul l'employé qui rumine des pensées malsaines devrait s'en aller, en raison de l'influence négative des conditions de travail sur son esprit.

Nous devons utiliser notre bon sens et notre compréhension de l'enseignement du Bouddha pour trouver ce qui est juste. Les principes de moralité comptent véritablement. Nous ne voulons pas participer à des actions immorales ni les encourager. Nous savons que l'indifférence aux outrages à la moralité est également immorale. Si nous nous disons « Ce que je fais ne change rien. De plus, ce qui est arrivé ne m'affecte pas réellement », nous nous coupons du monde. L'enseignement du Bouddha sur l'amitié-bienveillance nous dit que nous devons non seulement prendre soin de nous-mêmes et de notre famille proche, mais de notre famille élargie, de nos voisins, de notre communauté – de tout le monde ! Chacun de nous n'est qu'une petite cellule individuelle, mais jointe à des milliards d'autres, nous sommes le corps du monde. Nous avons donc la responsabilité de défendre ce qui est juste. Néanmoins, et c'est un point très important, quand nous agissons ainsi, nous devons faire attention à ne pas dénigrer les autres ni à les accuser de manière haineuse. Toute action que nous envisageons, même si elle est destinée à réparer un terrible mal, doit être motivée par des sentiments bienveillants, amicaux envers autrui et envers tous les êtres. Avec cette motivation présente à l'esprit, et étant animés d'une grande compassion, nous agissons.

Revenant à la question de savoir si les deux employés de l'entreprise polluante doivent démissionner, il n'est pas possible de prendre une décision rapide. Selon notre attitude mentale, partir peut être, ou non, la juste chose à faire. Une seule chose est certaine : le comportement juste est toujours celui qui protège et alimente la santé de son propre esprit. L'indifférence envers le mal n'est pas saine. Mais s'irriter, devenir furieux ou haineux est également malsain. Même si nous prenons la décision de quitter un emploi afin de parvenir à des Moyens d'existence justes, partir en colère ne nous aide pas sur le chemin. Notre esprit doit demeurer calme, bienveillant et attentif. Nous devons toujours nous souvenir que notre but le plus élevé est de libérer notre esprit de toute avidité, de toute haine et de toute confusion. Le plus grand impact que nous puissions avoir sur le monde est de faire face à toute circonstance avec un esprit de clarté, de compassion et d'amour. Depuis cet état de calme, d'équanimité, nous agissons ou refusons d'agir, en faisant tout ce qui cultive et exprime le plus habilement notre amitié-bienveillance et notre compassion.

Cela dit, la meilleure chose à faire pour les employés de la compagnie polluante est de travailler sur leur propre esprit pour trouver la paix. Ensuite, sur la base d'un état d'esprit lucide, paisible, en prenant en considération les facteurs personnels et sociaux, ils doivent décider si la poursuite de leur association avec cette entreprise est la meilleure chose à faire du point de vue de la bienveillance et de la compassion. Ils pourraient considérer le degré de gravité de l'événement : s'il s'agit d'un fait isolé ou récurrent, leur niveau d'implication personnelle, et s'ils peuvent poursuivre leur travail sans se sentir exagérément perturbés. Un employé sensible, n'ayant qu'une lointaine relation avec la direction, peut éprouver un trouble plus grand qu'un cadre supérieur endurci. Si le comportement immoral de l'entreprise dérange un employé, lui cause de la nervosité et l'empêche de se concentrer, il doit alors agir.

Démissionner est une option, mais il y en a d'autres. Par exemple, l'employé pourrait intervenir au sein de l'entreprise pour faire arrêter les actions erronées, ou porter à la connaissance d'une autorité de contrôle les actions de la compagnie, prêter assistance aux victimes, écrire des articles pénétrants sur la manière dont les entreprises pourraient prévenir de semblables erreurs, demander à être muté dans un département dont la déontologie est plus satisfaisante. Si l'employé décide de démissionner, il devrait agir lentement, en commençant peut-être à se renseigner discrètement sur d'autres situations possibles. À chaque stade, l'employé doit se demander : « Quelles actions puis-je faire avec équanimité, amitié-bienveillance, compassion et sollicitude envers tous les êtres ? Quelles actions entretiennent ma santé mentale ? »

D'autres préoccupations que l'éthique de l'entreprise peuvent aussi mettre en danger les Moyens d'existence justes. Il se peut qu'une situation par ailleurs idéale tourne mal quand un nouvel employé commence à vous harceler sexuellement ; quand vous êtes muté dans un service dont le patron est constamment en colère, ou si vos collègues boivent régulièrement de l'alcool à midi ou font usage de drogues dans les bureaux, le soir après le travail.

En admettant que vous puissiez maintenir votre propre intégrité dans ces environnements difficiles, c'est à vous de décider si le comportement de vos collègues trouble votre esprit et empêche votre progrès spirituel. Évaluer les Moyens d'existence justes est une affaire individuelle. La situation même qui enferme une personne dans des pensées malsaines peut donner à une autre l'opportunité de pratiquer la patience et la compassion.

TROUVER DES MOYENS D'EXISTENCE JUSTES

Il est possible, arrivés à ce point, que certains d'entre vous soient troublés en se rendant compte que leur emploi ne satisfait pas aux conditions des Moyens d'existence justes. « Que dois-je faire maintenant ? » pourriez-vous vous demander. Il y a de nombreuses options, y compris des moyens d'améliorer la situation sans avoir à quitter votre travail ou votre profession. Comme je l'ai mentionné, vous pourriez en premier lieu inciter votre entreprise à mettre de l'ordre dans ses actions.

Si votre malaise est dû au comportement d'autres personnes sur votre lieu de travail, n'oubliez pas « metta », la technique d'amitié-bienveillance du Bouddha. Les cœurs les plus endurcis peuvent être conquis par l'amitié-bienveillance. Il est dit que rien ne peut faire de mal à une personne qui rayonne l'amitié-bienveillance – pas même les balles ou le feu, et a fortiori le harcèlement au travail ! Si vous cultivez une forte amitié-bienveillance en commençant chaque journée de travail, qui sait combien de choses peuvent changer ? Même d'habituels fauteurs de troubles réforment parfois leur conduite quand quelqu'un, quelque part, leur adresse chaque jour de forts et purs sentiments d'amitié-bienveillance. Essayer cette approche peut valoir la peine, avant d'abandonner un lieu de travail difficile. Même si vos collègues ne changent pas, votre propre cœur s'attendrira de façon certaine. Peut-être commencerez-vous à éprouver de la bonté et de la compassion envers ceux dont les actions vous irritaient beaucoup précédemment.

Certains métiers ou situations sont réellement inacceptables, et nous pouvons être obligés de partir. Parfois, nous devons faire des sacrifices pour suivre le chemin du Bouddha. Lui-même a dit que nous ne devrions pas rechercher la prospérité par des moyens erronés :

> Quand, ni pour son propre bien ni celui d'un autre,
> On ne souhaite ni enfants, ni fortune, ni royaume,
> Ni prospérité gagnée par d'injustes moyens,
> Seulement alors est-on vertueux, sage et juste (Dh 84).

Pour ceux qui ont des capacités appréciées ou de bonnes relations, changer d'emploi ou de profession peut être une décision facile, n'entraînant pas trop de sacrifices. Ceux qui ont moins de choix peuvent être terrifiés à l'idée de renoncer à une rémunération régulière, en particulier s'ils ont des enfants à charge. Pourtant, quand les questions d'intégrité personnelle entrent en jeu, nous devons agir. Je ne parle pas d'une quelconque action spectaculaire, impulsive. D'abord, prévoyez tout, le mieux possible. Ensuite, quand vous aurez organisé tout ce que vous pouvez, sautez simplement le pas avec confiance. Il est dit : « Ceux qui protègent le Dhamma sont protégés par le Dhamma » (Thag 303). Cela veut dire que, quand vous faites confiance à ce que vous savez être vrai dans votre cœur, les choses s'arrangent pour votre bonheur suprême. J'en ai fait l'expérience dans ma propre vie et ai toujours trouvé que c'était exact. Voici ma propre histoire d'un saut confiant dans les Moyens d'existence justes.

Avant de fonder la Bhavana Society, j'ai dirigé pendant environ vingt ans un petit temple de bonne réputation à Washington, D.C. J'étais bien établi dans la communauté, dans une position sûre, avec un conseil d'administration fort, et entouré par ma famille et mes amis. Pourtant, dans mon cœur, j'avais le rêve de créer un centre de méditation résidentiel, où les gens pourraient venir étudier le Dhamma et pratiquer la méditation. Le Bouddha a répété fréquemment qu'étudier le Dhamma et pratiquer la méditation est d'une extrême importance. Or, je voyais que beaucoup de gens n'avaient nulle part où aller pour faire une retraite et apprendre à méditer. Mes intentions étaient bonnes et ma foi forte.

Mes amis et ma famille me disaient : « Tu es dans une position prestigieuse, dans le premier temple theravada des États-Unis, au cœur de la capitale de la nation. Tu ne devrais pas abandonner tout cela. » D'un côté, ils avaient raison, naturellement. Quitter Washington pour fonder un centre de retraite rural revenait à sauter d'une position très confortable dans l'inconnu.

Le terrain que mon ami Matthew Flickstein et moi avons trouvé pour construire notre centre est situé au fin fond des réserves forestières, dans l'État de Virginie-Occidentale. La forêt, isolée, si calme et paisible, paraissait un environnement idéal pour enseigner le Dhamma et la méditation. Le terrain était beau, loin de l'effervescence de Washington, mais dans une région de christianisme très conservateur et loin de ceux qui nous soutenaient. La région m'était complètement inconnue et nous avons commencé le travail sans même connaître une seule personne sur place. Notre nouvelle association n'avait pas de membres. Nous ne savions pas comment nous survivrions. Ma famille et mes amis s'inquiétaient pour mes moyens de subsistance. Certains s'inquiétaient aussi pour ma sécurité, mais je pensais que les gens de la région ne me nuiraient pas, aussi conservateurs fussent-ils, étant donné que je ne leur ferais pas de mal et que je n'étais pas opposé à leur religion. Peu de temps après avoir acheté le terrain, nous plantâmes un panneau près de la route, disant, ambitieusement, « Dhamma Village ». Lorsque j'y suis retourné quelque temps après pour montrer l'endroit à un ami, quelqu'un avait recouvert certaines lettres et maintenant on lisait « Dam Village[1] ». La fois suivante, le panneau avait carrément disparu.

Malgré ce genre de présages et tous les obstacles, je me suis engagé toujours plus avant dans ce projet. Presque tous les gens que je connaissais me conjuraient de ne pas le faire. A peine cinq personnes m'encouragèrent. En cas d'urgence, personne ne pourrait venir à l'aide. Ma famille et mes amis sont à Washington, à cent soixante kilomètres de là.

Je ne peux pas vous dire à quel point ce fut difficile au début. Même l'ami qui m'avait aidé à créer le centre parut avoir des doutes pendant une période très éprouvante. C'est la confiance dans le Dhamma qui m'a protégé. Mon rêve était de répandre le Dhamma en enseignant et en écrivant, sans rien faire payer. Déjà, lorsque j'étais enfant et novice, quand on m'offrait des cadeaux en échange d'enseignements du Dhamma, je refusais de les prendre. En grandissant, j'ai appris que le Bouddha interdisait la vente du Dhamma. « Ne soyez pas un marchand du Dhamma », a-t-il dit (Ud VI.2). Lentement, avec le temps, les choses prirent forme et nous avons

1. Prononciation populaire de *damn village* : village maudit.

créé un centre de méditation dans la forêt. Des choses stupéfiantes se produisirent ; de l'aide arriva de sources inattendues, juste quand nous en avions le plus besoin ; des relations imprévues nous permirent des avancées inespérées. D'une manière ou d'une autre, nous sommes parvenus à faire progresser et grandir notre centre.

Ma propre expérience m'a enseigné que lorsque nous suivons l'aspiration de notre cœur à la paix et au bonheur, et faisons des sacrifices par intégrité et par amour de la vérité, les récompenses des Moyens d'existence justes viennent à nous.

Je sais aussi, toutefois, que les conditions financières peuvent engendrer des choix très difficiles, en particulier pour ceux dont l'éducation et les capacités sont limitées ou hautement spécialisées. Que faire s'il n'existe qu'une seule source d'emplois dans la région ? Et si vous avez de nombreux enfants, des parents souffrants ou un enfant à charge atteint d'une maladie chronique, et que le seul emploi que vous puissiez facilement obtenir est un travail au magasin de spiritueux local ? Qu'en est-il si vous vivez dans une région où la chasse et la pêche sont nécessaires pour subsister ? Que signifient des Moyens d'existence justes pour ceux qui vivent dans des conditions d'extrême privation, ou sont contraints par les détenteurs du pouvoir à entreprendre des activités illégales, comme la culture de plantes pour produire des drogues interdites ? Si vous êtes dans de semblables conditions, soyez rassuré en sachant qu'aussi longtemps que vous n'avez pas l'intention de nuire, vous n'êtes pas responsable des conséquences néfastes que vous ne causez pas personnellement et directement. Une histoire de l'époque du Bouddha illustre ce point.

La fille d'un riche marchand avait entendu le Dhamma et atteint le premier stade d'Illumination. Un jour, un beau chasseur passa par la ville en vendant du gibier et la jeune fille en tomba amoureuse. Sans dire au revoir à sa famille, elle suivit le chasseur jusqu'à sa maison et ils devinrent mari et femme. En tant que femme de chasseur, elle devait nettoyer et préparer les flèches de son mari, les filets et les pièges dont il se servait pour chasser. Elle effectuait ces devoirs avec obéissance. Le couple eut sept enfants et tous se marièrent.

Un jour que le Bouddha examinait le monde avec son œil psychique, il vit que cette famille entière avait la possibilité de parvenir à l'Illumination. Aussi leur rendit-il visite. Il alla d'abord à un piège vide installé par le chasseur. Il marqua l'empreinte de son pied à côté du piège, puis attendit dans les fourrés. Lorsque le chasseur arriva et vit le piège vide, avec l'empreinte à côté, il pensa que quelqu'un avait volé dans son piège. Apercevant le Bouddha dans les fourrés, il le visa de son arc et s'immobilisa dans cette position. Les sept enfants arrivèrent, à la recherche de leur père, et le trouvant debout, arc tendu, immobile, ils pointèrent également leurs arcs et leurs flèches sur le Bouddha, et s'immobilisèrent à leur tour.

Finalement, la femme partit à la recherche de sa famille. Elle les trouva visant le Bouddha de leurs flèches. Jetant les mains en l'air, elle s'écria : « Ne tuez pas mon père ! » Lorsque la famille entendit ces mots, tous pensèrent que l'homme devait être son père, qu'ils n'avaient jamais vu. Le mari pensa : « C'est mon beau-père ! » Les enfants pensèrent : « C'est notre grand-père ! » Leurs cœurs s'emplirent d'amour pour l'homme et ils déposèrent leurs armes et s'inclinèrent. Alors, le Bouddha leur enseigna le Dhamma et tous parvinrent au premier stade d'Illumination.

Plus tard, après que le Bouddha eut regagné son monastère, ses moines, curieux, lui posèrent une question : « Comment se fait-il que cette femme ait pu préparer les arcs et les pièges pour aider à tuer des animaux après avoir compris le Dhamma ? » Le Bouddha expliqua que la femme ne participait pas à la mise à mort des animaux. De plus, elle n'avait pas le désir de leur faire du mal. Elle faisait simplement son devoir de femme de chasseur (DhA 124). Puis le Bouddha expliqua plus avant :

> La paume sans blessure
> Peut sans danger contenir du poison ;
> Tout comme sans blessure, le poison ne peut entrer,
> Le mal ne peut pénétrer
> L'esprit innocent (Dh 124).

De même que votre main peut contenir du poison tant que la paume n'a pas de blessure par laquelle le poison puisse entrer, les actions malfaisantes ne peuvent vous nuire si vous n'avez pas l'intention de faire du mal. Bien que la femme du chasseur préparât les instruments pour tuer des animaux, elle ne le faisait que pour obéir à son mari, car à cette époque, dans cette culture, une épouse n'avait guère le choix. L'absence d'intention maligne de la femme protégeait son esprit des conséquences négatives de ses actions. Comme elle ne voulait aucun mal aux animaux, ses actions étaient innocentes.

Si vous avez le sentiment que votre manière de gagner votre vie est mauvaise, mais savez avec certitude qu'aucune autre possibilité n'est disponible pour vous permettre de survivre, vous et votre famille, vous pouvez progressivement essayer de trouver une meilleure situation. Dans l'intervalle, faites rayonner l'amitié-bienveillance sur tous ceux qui sont impliqués dans votre activité, et calmez votre esprit en restant concentré sur vos bonnes intentions.

Si nous nous fixons pour but des Moyens d'existence justes, à mesure que notre pratique mûrit, nous pourrons progressivement nous en rapprocher. En fin de compte, votre travail devrait activement promouvoir le bien-être spirituel de tous ceux qui sont impliqués, car votre comportement influence les autres. Je connais un couple qui a créé une entreprise familiale qui construit de charmants jouets en bois, conçus pour être parfaitement sans danger pour les enfants. Au fil des ans, ils agrandirent leur affaire dans une localité pauvre, apportant du travail à beaucoup de gens. Plutôt que d'obliger les ouvriers à venir travailler à l'usine, ils leur fournirent matériaux et formation et les autorisèrent à fabriquer les jouets à la maison, en les payant à la pièce une fois le travail terminé. Cette approche permit aux ouvriers de centrer leur vie autour de leur famille, et d'alterner travail et détente selon leurs besoins.

Parfois, les gens me demandent : « Comment puis-je trouver une façon juste de gagner ma vie ? » Comme j'ai la même profession depuis l'âge de douze ans, je ne suis sans doute pas le mieux placé pour dire aux autres comment choisir une nouvelle carrière ou effectuer une recherche d'emploi. Toutefois, je peux vous dire ceci : la manière de trouver vos Moyens d'existence justes est la même que pour commencer toute grande entreprise. N'en faites pas une montagne. Faites simplement ce qui convient, une chose après l'autre.

METTRE EN ŒUVRE LES MOYENS D'EXISTENCE JUSTES

Accepter que notre travail soit un aspect de notre pratique spirituelle n'est pas facile. Beaucoup de gens l'excluent de leur vie spirituelle. Toutefois, lorsque nous nous asseyons pour méditer et passer en revue nos actions passées, nous sommes obligés de reconnaître que les choses que nous faisons au travail sont nos propres actions, même si elles sont suscitées par un patron, ou inévitables car elles font partie de notre poste. Mentir est toujours mentir même si nous sommes payés pour cela. Nous aurons à supporter les conséquences présentes et futures de ce que nous disons et faisons. Aussi devrions-nous maintenir le même niveau d'éthique dans les activités liées à notre travail que dans nos autres actions. De même que pour la Parole et l'Action justes, les Moyens d'existence justes exigent que nous purifiions continuellement notre comportement, que ce soit à la maison ou au travail.

Quand nous travaillons dans un poste satisfaisant aux Moyens d'existence justes, nous devrions au long de chaque journée de travail rester sensibles aux questions de moralité, à mesure qu'elles se présentent. Nous devons être très clairs quant aux cinq préceptes et prendre soin de ne jamais les violer. Les questions morales qui ne les impliquent pas directement demandent que nous réfléchissions pour savoir si nous pouvons vivre avec les conséquences de nos actions.

À mesure que s'approfondit notre pratique méditative de l'Attention, il est possible que nous développions tellement de calme et de patience qu'une situation antérieurement inacceptable ne soit plus un problème, et que presque tout travail honnête soit parfait pour nous. La considération la plus importante est qu'un travail n'interfère pas sur notre capacité de progrès spirituel. Tant que nous ne nous faisons pas de mal en enfreignant les préceptes ou en nous retrouvant impliqués dans d'autres situations perturbatrices quant à leur éthique, notre esprit peut se calmer et s'apaiser. Avec un mental calme et paisible, nous pouvons grandir. Une fois que nous avons déblayé les obstacles, le reste s'arrange tout seul.

La situation peut être comparée à notre façon de rester en vie. Quand nous avons faim, nous mangeons. Quand nous avons soif, nous buvons. Nous mettons un chandail quand nous avons froid. Nous faisons en sorte d'éviter d'être malades. Nous évitons les activités et les situations nocives et dangereuses. Mais nous ne nous promenons pas en disant : « Je veux vivre, je veux vivre ! » Si nous prenons simplement soin de nos besoins fondamentaux, le corps se maintient en vie tout seul. De même, pour les Moyens d'existence justes, notre seule responsabilité est d'éviter de nous faire du mal à nous-mêmes et d'en faire aux autres, de manière à rester calmes et paisibles. Tant que notre esprit est calme et paisible, nous pouvons méditer et progresser sur le chemin du Bouddha vers le bonheur.

Si nous souhaitons progresser plus rapidement, nous pouvons rechercher des emplois qui nourrissent notre pratique et nous font avancer plus vite. Un tel travail offre des situations qui stimulent nos zones de faiblesse. Il nous oblige à les travailler, mais ne nous submerge pas. Il évite de nous mettre dans des situations que nous ne sommes pas prêts à affronter actuellement. Par exemple, celui qui cherche à cultiver des états de concentration subtils et sublimes peut être le mieux servi par un emploi offrant un travail facile, de routine, ne créant pas de tension. Celui qui cultive délibérément la patience peut s'épanouir dans une situation nécessitant de relever des défis et de travailler avec des gens difficiles.

Pendant votre séance de méditation, prenez un peu de temps pour effectuer le questionnement à trois niveaux, afin d'évaluer dans quelle mesure votre travail actuel constitue un Moyen d'existence juste. Il est possible que vous parveniez à la conclusion que certains de ses aspects ont besoin d'être améliorés. Demandez-vous alors ce que vous pouvez faire aujourd'hui pour rendre votre situation professionnelle plus activement utile à vous-même et aux autres.

POINTS CLÉS POUR SE SOUVENIR DES MOYENS D'EXISTENCE JUSTES

- Nos moyens de subsistance ne devraient pas entraver notre développement spirituel.
- Nous pouvons évaluer si un emploi remplit les conditions pour être un Moyen d'existence juste par un questionnement à trois niveaux.
- Au premier niveau d'interrogation, nous examinons si un emploi est intrinsèquement nuisible aux autres ou à nous-mêmes.
- Au deuxième niveau, nous examinons si un travail nous conduit à enfreindre l'un des cinq préceptes de moralité.
- Finalement, nous nous demandons si d'autres facteurs, en relation avec le travail, nous créent des difficultés pour calmer l'esprit.
- L'amitié-bienveillance peut améliorer une situation professionnelle difficile.
- Si vous n'avez pas d'intentions malveillantes, les conséquences défavorables d'un emploi ne feront pas de mal à votre esprit.
- Des Moyens d'existence justes sont un but à atteindre progressivement, à mesure que notre pratique spirituelle mûrit.

SIXIÈME MARCHE

L'Effort Juste

À CHAQUE MOMENT, nous choisissons ce qui est sain ou ce qui est malsain. Nous ne sommes pas d'impuissantes et passives victimes du destin. Nous ne sommes pas des pions animés par des forces supérieures, nos expériences ne se produisent pas non plus par prédétermination. À un moment nous choisissons, et le moment suivant nous faisons l'expérience du résultat de ce choix, en même temps que de tous les choix passés dont les effets durent encore. Un choix sain crée un environnement mental favorable au bonheur pour le moment suivant. Si le moment précédent était relativement pur et net, le moment présent le sera aussi. Avec des milliards de moments relativement purs, nous éprouvons une seconde de bonheur. Avec le développement de bonnes habitudes mentales, seconde après seconde, ces secondes finissent par s'additionner pour donner de longs moments de bonheur. Notre vie est créée par ces tout petits choix, qui se produisent par milliards en de simples secondes.

Mais ces subtilités de l'esprit ne sont pas le lieu où commencer la pratique. Vous devez démarrer là où vous pouvez voir clairement, avec votre comportement extériorisé. Premièrement, observez les cinq préceptes et mettez fin à ce qui empêche le progrès spirituel. Une fois que l'esprit n'est plus secoué par les effets d'une conduite erronée, il devient plus facile d'observer ce qui se passe intérieurement. Nous pouvons alors ralentir suffisamment pour voir le fil de nos pensées. Plus tard, lorsque nous affinerons notre capacité d'observer comment l'esprit se meut, nous pourrons être conscients des moments mentaux individuels, les voir apparaître, culminer et disparaître. Mais, pour commencer, il est suffisant de devenir simplement conscient des tendances générales des pensées, à mesure qu'elles se produisent.

Avec cette claire présence d'esprit, nous pouvons utiliser l'Effort juste pour faire de nouveaux choix. Le Bouddha exhortait tout le monde à préférer les états mentaux sains aux états malsains et à cultiver les états sains moment après moment, jusqu'à ce que les états malsains ne reviennent plus. Nous faisons cela, disait le Bouddha, en nous « secouant » continuellement, « en faisant des efforts, en mobilisant l'énergie, et en entraînant l'esprit » (D22).

À la sixième marche du chemin, l'Effort juste, le Bouddha a expliqué avec plus de précisions comment diriger nos efforts, en décomposant le processus en quatre parties. Premièrement, avec une forte détermination et une forte énergie, nous faisons tout ce qui est en notre pouvoir pour empêcher l'apparition d'états mentaux douloureux, malsains, comme le ressentiment, la jalousie, ou l'avidité. Cependant, comme nous ne sommes pas encore des Éveillés, quelques états mentaux malsains vont trouver le moyen de s'infiltrer subrepticement, malgré tous nos efforts. Nous faisons alors le second mouvement, qui consiste à surmonter tous les états malsains qui se seraient installés, quels qu'ils soient. Troisièmement, nous remplaçons ces états négatifs par des états sains : pensées de bienveillance, idées généreuses ou sentiments compatissants. Finalement, nous faisons l'effort de cultiver plus avant ces états agréables et sains. Plus nous effectuons ces quatre types d'effort, plus notre esprit devient clair, plus il se libère de la souffrance et plus nous éprouvons de bonheur comme conséquence naturelle.

Accomplir quoi que ce soit demande des efforts. C'est vrai dans les activités quotidiennes, telles que peindre une maison ou faire une présentation commerciale, et c'est encore plus vrai dans nos tentatives spirituelles. L'Effort juste imprègne tous les pas du chemin. Quand nous étudions le message du Bouddha sur les quatre types d'effort qui rendent l'esprit sain, clair et capable de compréhension, nous pouvons parvenir à la juste Compréhension du chemin. Ensuite, nous appliquons le quadruple effort à nos pensées, à nos paroles et à nos actes, avec pour résultats la Pensée juste, la Parole juste et l'Action juste. Lorsque nous effectuons ce même quadruple effort pour appliquer les principes de moralité dans notre vie professionnelle, nous parvenons aux Moyens d'existence justes. Exercer cet effort dans notre pratique méditative conduit à l'Attention juste et à la Concentration juste. Nous pourrions à juste titre conclure que l'Effort juste est le carburant nécessaire pour propulser notre réalisation de chacun des pas du chemin du Bouddha. En fait, effectuer un grand effort pour nous discipliner est environ la moitié de la bataille. Sans un puissant effort pour parvenir à des états d'esprit sains, nous n'irons pas loin dans notre recherche du bonheur.

Nous pouvons aimer croire que tout ce que nous avons à faire pour progresser sur le chemin du Bouddha est d'être simplement attentif. Faire attention paraît certainement plus facile que faire un grand effort. Mais la dure vérité est que la simple attention ordinaire ne suffit pas. Nous devons apprendre à fixer l'Attention pure – aussi bien lorsque nous méditons ou effectuons d'autres pratiques spirituelles que quand nous vaquons aux activités de notre vie quotidienne. Le Bouddha savait qu'à moins que nous fassions l'effort attentif d'éliminer les états d'esprit négatifs et de cultiver les états positifs dans tous les aspects de notre vie, notre esprit ne se calmerait jamais suffisamment pour nous permettre de progresser.

À présent, il se pourrait que vous pensiez : « Je savais qu'il y avait un piège ! C'est un travail difficile et considérable. » Naturellement, vous auriez raison. Il est certainement plus facile d'enterrer les aspects négatifs de notre caractère dans les profondeurs de l'inconscient que de les éliminer. Avidité, colère, haine, négligence, arrogance, prétention, malveillance, esprit de vengeance et peur sont peut-être devenus nos habitudes familières quotidiennes. Nous préférerions ne pas faire l'effort d'y renoncer. Pourtant, en même temps, nous voulons être heureux et progresser vers notre but spirituel.

L'Effort juste est la qualité qui rend tout le chemin possible. C'est le bon sens qui fait dire « Ces mauvaises habitudes de penser et d'agir doivent s'en aller maintenant ! » et c'est la sagesse de voir que c'est seulement en cultivant des façons positives et saines de penser, de parler et d'agir que nous pouvons espérer parvenir au bonheur.

LES DIX ENTRAVES

Afin de nous défaire de nos habitudes mentales malsaines, nous avons besoin de les reconnaître. D'une façon générale, nous voulons éliminer tous les états d'esprit qui nous empêchent de connaître le bonheur. Si vous voulez désherber un jardin, vous devez être capable de faire la différence entre les mauvaises herbes et les fleurs. C'est également vrai dans le cas présent. Au début, nous découvrons que nos jardins mentaux sont étouffés par les mauvaises herbes. Nous identifions et enlevons les qualités malsaines, comme la colère, et les remplaçons par des qualités utiles, bénéfiques, telles que l'amitié-bienveillance.

Si vous y réfléchissez un moment, vous allez pouvoir établir votre propre liste de mauvaises herbes mentales. Vous saurez que lorsque vous éprouvez de la colère, de la jalousie, de la concupiscence ou le désir de vengeance, vous ne pouvez pas être simultanément heureux. Sous ces états négatifs, quelle que soit la manière dont ils se manifestent, se trouvent les mêmes racines fondamentales : avidité (désir), haine (autre face de l'avidité) et illusion mensongère (ou ignorance).

Vous pouvez considérer l'avidité, combinée avec l'ignorance, comme la racine de toutes les mauvaises herbes mentales. L'avidité se manifeste sous forme de dix irritants psychiques profonds, puissants, appelés « entraves ». Les entraves sont des distorsions de la compréhension qui affectent vos pensées, à la manière dont des canaux affectent l'écoulement de l'eau. Elles font se jeter vos pensées directement dans la souffrance. Une enfance difficile ou d'autres expériences pénibles en cette vie ne créent pas les entraves. Elles vous sont transmises depuis de nombreuses vies antérieures. Elles sont la cause de chaque vie et de sa souffrance. Leur présence empêche l'Illumination et garantit l'existence de vies futures. Elles ont aussi créé cette vie-ci.

Généralement, nous groupons ces dix entraves de manière à refléter les stades par lesquels elles doivent être surmontées sur le chemin de l'Illumination.

Entraves surmontées pour parvenir au premier stade d'Illumination :

- croyance en l'existence d'un soi permanent ou d'une âme permanente ;
- doute sur le message du Bouddha ;
- croyance que l'on puisse mettre fin à la souffrance en suivant simplement des règles et des rituels.

Entraves surmontées pour parvenir aux deuxième et troisième stades :

- avidité envers les plaisirs sensuels (avidité grossière) ;
- haine.

Entraves surmontées pour parvenir au quatrième stade :

- désir subtil d'exister sous une forme matérielle subtile ;
- désir subtil d'exister sous une forme immatérielle ;
- vanité, ou perception sous-jacente d'une identité personnelle ;
- agitation et inquiétude ;
- ignorance.

Les dix entraves demeurent toutes constamment dans l'esprit d'une personne non éclairée, au moins de manière dormante. Parfois, l'une d'elles vient à la surface de l'esprit, entraînant la personne à se méprendre profondément sur la réalité et à souffrir. Chaque moment mental comporte au moins les entraves du désir subtil et de l'ignorance, mais d'autres s'y joignent parfois.

À mesure que nous progressons peu à peu en sagesse, nous affaiblissons les entraves, et finalement perçons leur cuirasse et les détruisons par étapes. Après chaque succès, nous parvenons à un niveau d'Éveil plus élevé. Lorsque nous brisons les trois premières entraves, nous atteignons le premier stade d'Éveil. Lorsque nous affaiblissons les deux suivantes, nous parvenons au second niveau. La petite dose d'avidité et de haine encore présente est beaucoup plus subtile que ce qui a déjà été enlevé. Lorsque nous nous libérons de la haine et de l'avidité restantes, nous parvenons au troisième niveau. Les cinq dernières entraves sont très subtiles. Avec leur destruction vient le quatrième et dernier stade de l'Éveil.

Croyance en un soi permanent

La première entrave, la croyance en un soi permanent ou en une âme, crée la conviction que les agrégats d'existence ont une sorte de relation avec un soi (ou âme). Cette entrave peut se manifester par la croyance que la forme physique, les sensations, les perceptions, les pensées et la conscience sont une seule et même chose que l'âme, qu'elles sont *identiques*. À d'autres moments, cette entrave peut créer la conviction que ces agrégats *possèdent* une âme (ou que l'âme est en possession de ces agrégats). Nous pouvons aussi avoir la croyance que l'âme a *causé* la combinaison des agrégats (ou que les agrégats furent la cause de l'âme). Finalement, cette entrave peut se manifester par la croyance que notre âme ou soi est une chose, alors que le corps, les sensations, perceptions, pensées et la conscience en sont une autre complètement *séparée*, sans relation avec l'âme.

La manière la plus habituelle pour cette entrave de se manifester se trouve dans l'idée que nous possédions une âme dans une vie antérieure, que cette âme est venue dans cette vie-ci, qu'elle possède à présent nos agrégats, et qu'elle quittera notre corps et ira dans une autre existence après notre mort. En essence, cette croyance repose sur l'idée que l'âme est permanente, éternelle et qu'elle ne change jamais.

Doute

La seconde entrave, le doute, fait spécialement référence au fait de douter que la pratique bouddhique de développement de la moralité, de la concentration et de la sagesse puisse apporter un bonheur durable. Le doute peut devenir actif quand vous vous éloignez de ce que vous connaissez vraiment dans le moment présent et réfléchissez sans sagesse à des sujets qui ont tendance à stimuler l'incertitude. Certains « impondérables » sont bien connus pour leur pouvoir de stimuler et de renforcer l'entrave du doute. Ce sont des sujets de spéculation tels que : comment et quand l'univers est-il venu à l'existence ? et autres choses de ce genre.

Une catégorie de sujets créant le doute comporte des questions relatives au passé et au futur : « Existais-je avant de naître ? Quelles sortes de vies passées ai-je eues, et à quoi ressemblaient-elles ? Y a-t-il une vie après la mort ? Serai-je anéanti ? Y a-t-il un paradis ou un enfer ? Renaîtrai-je ? Quels types de vie aurai-je ? »

Le présent peut aussi nous emplir de doutes : « Est-ce que j'existe ? Est-ce que je n'existe pas ? Suis-je comme il faut ? Qui suis-je ? Comment suis-je arrivé à mon état actuel ? »

Un autre type de considérations apparentées nous vient à l'esprit de temps à autre et stimule l'entrave du doute : « Ai-je un soi ou non ? Est-ce que je perçois le soi au moyen du soi, ou au moyen de quelque chose qui n'est pas le soi ? Ou est-ce que je perçois ce qui n'est pas le soi au moyen du soi ? N'est-ce pas, de manière certaine, mon soi qui pense et ressent, et qui fait, de temps à autre, l'expérience des fruits des bonnes et des mauvaises actions ? Et ce soi, n'est-il pas quelque chose de permanent, stable, éternel, et non soumis au changement ? » (M2).

Toutes ces questions et considérations nous mènent dans des voies sans issue et dans le maquis du doute et de la confusion. Nous y engager nous empêche de fixer l'Attention pure sur ce qui est réellement important. Ces types de questions ne peuvent jamais recevoir de réponse satisfaisante et elles ne font que nous déconcentrer. Mais jusqu'à ce que nous atteignions le premier stade de l'Illumination, elles subsisteront dans notre esprit. Le Bouddha donnait aux gens le conseil d'observer simplement l'apparition et la disparition de ce genre d'interrogations. Ne les suivez pas et ne vous en inquiétez pas. Poursuivez vos efforts pour comprendre et réfléchir à ce que vous pouvez connaître par expérience personnelle, et non en raisonnant simplement, pour le moment.

Ayez foi dans le chemin du Bouddha vers le bonheur que tant de gens ont suivi jusqu'à l'Éveil. « Foi », en termes bouddhiques, veut dire confiance – une confiance fondée sur ce que vous avez vu jusqu'à présent, et sur ce que vous pouvez présumer être vrai sur la base de ce que vous avez vu. Par exemple, vous avez personnellement observé que chaque fois que vous étiez possédé par des états mentaux négatifs, vous souffriez. Vous vous rappelez que chaque fois que vous étiez empli d'états positifs, vous vous sentiez heureux. Quand tous ces états changeaient, vous avez vu leur impermanence. Il s'agit de faits. Vous pouvez avoir confiance en eux. Ce type de confiance vous maintient sur la bonne trajectoire, jusqu'à ce qu'une réalisation profonde de la vérité ne laisse plus de place au doute.

Croyance dans les rites et les rituels

La troisième entrave est un mouvement instinctif de l'esprit pour trouver de l'aide à l'extérieur, plutôt que par la purification intérieure. Elle se manifeste sous forme d'attachement à la croyance en l'efficacité des règles et des rituels pour amener l'Illumination. Vous pouvez penser que la plus grande félicité peut être atteinte en accomplissant des cérémonies, en participant à des célébrations, organisant des processions, faisant des offrandes au Bouddha ou aux divinités, en chantant, priant, prononçant des mantras, plutôt qu'en méditant et en mettant le message du Bouddha en pratique dans votre vie quotidienne. Cet attachement vous fait perdre votre temps et entrave votre capacité de voir la vérité. Vous vous empêchez ainsi de progresser sur le chemin.

Avidité grossière

L'entrave de l'avidité est le désir d'un quelconque plaisir sensuel. Elle inclut le désir de n'importe quels spectacles, sons, odeurs, goûts, et objets matériels agréables, y compris le corps physique lui-même. Elle inclut aussi toutes pensées, idées, croyances et opinions.

Haine

L'entrave de la haine est l'aversion envers toute chose déplaisante, envers tout ce que vous n'aimez pas.

Désir subtil d'exister

Le désir subtil d'exister sous une forme matérielle ou immatérielle, la vanité, ainsi que les entraves de l'agitation et de l'ignorance sont les plus subtiles formes du désir. Ces cinq entraves constituent les derniers obstacles au plein Éveil.

Le désir subtil d'exister sous une forme subtile matérielle ou immatérielle fait référence à la volonté générale de vivre, d'exister sous une forme, n'importe laquelle.

Le désir d'exister « dans » ce corps physique disparaît avec l'élimination du niveau le plus grossier d'avidité. Cependant, le désir d'exister dans une forme en « matière subtile » plus affinée demeure encore. Par exemple, le désir d'existence dans une sorte de corps éthéré. On dit qu'une telle forme est celle de certains des dieux supérieurs. Ou bien, si ce n'est dans un corps éthéré, on désire exister même sans corps du tout. Il est dit que telle est l'existence future de ceux qui ont réalisé le plus haut niveau de concentration. Ils deviennent les dieux les plus élevés.

Vanité

La vanité fait référence au sentiment d'exister en tant que personne individuelle. Cette entrave est l'impression du « je », d'où proviennent tant de malentendus et de confusion. L'esprit pense « Je... Je... Je... » la plupart du temps, sans jamais comprendre que le sentiment « je » est encore une autre expérience impermanente et impersonnelle du processus mental. Par exemple, l'esprit peut dire « J'ai entendu un son », mais avec la sagesse apparaît la vérité, la connaissance qu'il n'y avait qu'un son.

Agitation et inquiétude

L'entrave de l'agitation et de l'inquiétude est très subtile, contrairement à l'obstacle du même nom. L'inquiétude est une sorte d'appréhension, provenant de l'effet futur, que l'on anticipe, d'avoir ne serait-ce que la plus subtile impureté restant dans l'esprit. L'inquiétude crée l'agitation, pendant laquelle l'esprit ne peut se poser nulle part. L'entrave de l'agitation et de l'inquiétude fait flotter l'esprit comme un drapeau flottant au vent, de sorte qu'il ne peut s'arrêter et comprendre la vérité de sa propre impermanence. C'est comme si l'esprit était effrayé de manière répétée par peur de sa non-existence. Les méditants chevronnés se sentent parfois frustrés par l'apparition répétée de l'agitation, encore et encore.

Ignorance

En tant qu'entrave, l'ignorance fait référence à un aveuglement persistant face à la nature de la souffrance, à sa source, à son extinction possible et à la manière d'y mettre fin. En d'autres termes, à l'ignorance des Quatre Nobles Vérités.

Les dix entraves sont incroyablement puissantes. Quand elles apparaissent dans notre conscience, aussi brûlantes qu'un pot d'eau bouillante, un grand effort est nécessaire pour les refroidir. Pourquoi sont-elles nommées « entraves » ? Parce que, semblables à de solides chaînes de fer, elles nous maintiennent attachés à la souffrance en cette vie et nous contraignent à de futures morts et renaissances répétées.

Le fonctionnement de ces chaînes est subtil et insidieux, mais avec l'Attention nous pouvons discerner comment il se produit. Examinons l'avidité grossière, la quatrième entrave. Nous savons que nous avons des sens – yeux, oreilles, nez, langue, corps et esprit. Nous pouvons remarquer que ces sens sont en contact avec le monde extérieur. En raison de l'interaction constante entre les sens et les objets de ce monde, des sensations plaisantes peuvent apparaître, et alors le désir de jouir de plaisirs sensuels apparaît en nous. Avec l'Attention, nous pouvons remarquer l'apparition du désir. Si, pour une raison ou une autre, le désir n'apparaît pas, nous pouvons de même remarquer cette absence de désir.

Le désir nous fait vouloir telle chose ou telle autre, préférer telle heure ou telle autre, aimer telle personne ou telle autre – ou cette situation, ce spectacle, ce son, cette odeur, ce goût, ce toucher, cette pensée. À cause de tous ces goûts et dégoûts, notre esprit est constamment en train de s'attacher ou de rejeter. Au-dessus de tout, nous aimons la vie et y sommes attachés, ou nous la rejetons. Ainsi l'avidité grossière pour les plaisirs sensuels renforce-t-elle la chaîne qui nous contraint à des existences répétées en ce monde.

N'importe quelle entrave peut apparaître à l'instant du contact. Examinons la croyance en un soi permanent. Avec le contact, une sensation apparaît. Elle peut être plaisante, déplaisante, ou neutre. À cet instant, la notion d'une individualité permanente surgit : « C'est "je" qui "me" fait sentir. Et ce "je" est en "moi" de manière substantielle, sans changement, permanente. » Cette croyance en un « je » permanent, éternel, nous contraint à rechercher des objets plaisants et à rejeter ceux qui sont déplaisants. Ce « je » n'est pas heureux. Il n'est pas constamment et seulement en contact avec des objets plaisants, comme il le voudrait. Les objets nous entourent, et tous ne sont pas plaisants.

Pourtant, si nous pouvions réellement nous rendre compte qu'une sensation apparaissant est impermanente – si nous pouvions être conscients de son apparition et de sa disparition –, nous ne nous y attacherions pas. Nous continuerions d'avancer. Si nous pouvions reconnaître que la nature de toute chose est de disparaître, et lâcher prise quand elle est passée, l'esprit serait délivré de la tension due à la recherche constante d'objets agréables. Si nous pouvions rester attentifs à tout ce qui surgit, en sachant que cela va nécessairement disparaître, l'entrave de la croyance en un soi permanent n'apparaîtrait pas.

Examinons une autre entrave, la croyance aux rites et aux rituels. Peut-être effectuez-vous le rituel d'allumer une bougie chaque matin et de prier pour être libéré de la souffrance. En vous levant le matin, vous pensez : « Ah, je dois faire mon rituel. » Vous n'essayez pas de réduire vos irritants psychiques en cultivant la sagesse, la concentration, ou les états d'esprit bienfaisants tels que l'amitié-bienveillance. Au lieu de cela, vous vous attachez à la croyance qu'effectuer ce rituel le matin apportera le bonheur. Des années plus tard, même si vous ne manquez jamais un matin, vous n'aurez pas avancé d'un centimètre vers l'Éveil.

Lorsque vous observez attentivement votre esprit, vous pouvez voir les entraves apparaître quand les sens prennent contact avec le monde. Jusqu'à ce que vous atteigniez l'Éveil, chaque fois que l'un des six sens contacte un de ses objets, des entraves apparaîtront. L'Attention peut vous aider à discerner les sens, les objets sensoriels et les entraves quand elles apparaissent. Lorsqu'elles se manifestent, vous devriez faire un effort attentif pour les surmonter. Lorsqu'elles disparaissent, vous devriez être attentif à cet état, et lorsqu'elles n'apparaissent pas vous devriez également être conscient de cet état.

LES CINQ OBSTACLES

À partir des dix entraves se manifestent certains états d'esprit grossiers, extrêmement malsains, qui vous empêchent de faire un quelconque progrès dans votre méditation ou d'agir habilement dans votre vie. Nous appelons ces états des « obstacles ». Si une entrave était comparée au vent, un obstacle serait une tornade. Ces obstacles créent des ravages chez les nouveaux méditants.

Les cinq obstacles sont l'avidité, la malveillance, la lourdeur d'esprit et la somnolence, l'agitation et les soucis, et le doute. Ils surgissent des entraves en fonction des circonstances, s'embrasant comme des flammes sur des charbons ardents. Mais, comme les flammes, ils peuvent être éteints par l'Effort juste correctement utilisé.

Les obstacles peuvent être prévenus par la concentration ou par l'Attention stable. L'Attention ou la concentration calme les obstacles et les surmonte quand ils sont apparus. Quand l'esprit est libre de tout obstacle, il devient automatiquement vif, lumineux et lucide. Un tel esprit est réceptif au développement d'états sains, à la concentration, et à la faculté de voir clairement dans la nature impermanente des choses. Chacun de nous peut être débarrassé de ces obstacles, au moins temporairement. Tant que les dix entraves sous-jacentes continuent d'exister, les obstacles peuvent revenir visiter l'esprit, de manière répétée. Mais en usant les quatre sortes d'Effort juste, vous pouvez espacer leurs visites et les écourter. Quand vous êtes devenu habile pour effectuer cet effort, les obstacles causent peu ou pas de problèmes à votre méditation ou à votre vie quotidienne.

Avidité

L'obstacle de l'avidité ou convoitise est le désir d'obtenir des choses. Dans la méditation, cet obstacle se manifeste sous la forme de pensées avides au sujet de la nourriture, de ce que vous voudriez posséder ou sous forme de désir sexuel. De telles pensées peuvent gâcher une grande partie de la séance de méditation, et s'y complaire peut devenir une habitude difficile à rompre.

Ce piège de l'avidité n'est pas différent de la manière dont on capture les singes dans certains pays. Un chasseur fait une petite ouverture au sommet d'une noix de coco et vide le liquide. Il découpe ensuite quelques morceaux de la chair et les laisse au fond de la coque. Puis, il attache solidement celle-ci à un arbre. Le singe passe sa main par le trou et saisit les morceaux découpés. Il essaye de les sortir de la coque, mais son poing ne passe pas par la petite ouverture. Quand le chasseur revient, le singe avide est tellement attaché aux morceaux de chair qu'il tient dans son poing qu'il ne veut pas les lâcher pour retirer sa main. Pendant que le singe se démène, le chasseur le capture. Il est facile d'avoir pitié du singe. Nous avons tous été pris au piège de l'avidité.

Malveillance

L'obstacle de la malveillance, y compris la haine, la colère et la rancune, provient du désir d'éviter ce que nous n'aimons pas. On compare la malveillance à de l'eau bouillante. Quand l'eau bout, vous ne pouvez pas la toucher sans être ébouillanté. Vous ne pouvez pas non plus voir le fond de la casserole. En d'autres termes, la malveillance vous brûle plus qu'elle ne fait de mal à autrui, et jamais vous ne trouverez la vraie cause ou n'irez « au fond » de votre hostilité pendant que la colère est en ébullition à l'intérieur de vous. La malveillance déforme également nos perceptions et aigrit nos joies. Elle est comme une maladie qui rend de délicieux aliments si insipides que nous ne pouvons plus y prendre plaisir. De même, lorsque notre esprit est plein de haine, nous ne pouvons pas apprécier les belles qualités des personnes qui nous entourent.

Lourdeur d'esprit et somnolence

Pendant la méditation, il arrive souvent que les gens luttent avec l'avidité et ensuite avec la malveillance. Une fois ces deux obstacles surmontés, un moment de paix se produit, mais ensuite l'esprit s'endort. La lourdeur d'esprit et la somnolence proviennent de l'entrave de l'ignorance. La lourdeur est de la paresse mentale, alors que la somnolence est de la langueur physique. Lorsque nous nous sentons paresseux ou somnolents, il est impossible de se concentrer ou de travailler. Il est également impossible de pratiquer l'Attention ou de méditer. L'obstacle de la lourdeur et de la somnolence est comparé à un emprisonnement. Pendant que vous êtes sous les verrous, vous ne savez pas ce qui se passe au-delà des murs de la prison. De même, lorsque vous permettez à votre esprit de s'enfoncer dans la lourdeur ou à votre corps de somnoler, vous ne savez pas ce qui se passe autour de vous ou en vous.

Agitation et soucis

Se tracasser entraîne l'agitation, aussi ces deux états d'esprit vont-ils ensemble. Ni l'un ni l'autre ne favorisent la clarté de la pensée, la clarté de la compréhension, ou celle de la connaissance. Cette entrave est comparée à l'esclavage. L'esclave travaille très dur pour satisfaire son maître cruel, tout en étant toujours inquiet et tendu par peur d'être puni. Plus il est nerveux et agité, plus il s'inquiète. L'esclave ne jouit jamais de la paix de l'esprit.

Doute

L'obstacle du doute est la perplexité, ne pas connaître la bonne direction ni savoir où aller. Le doute est déclenché par les pensées concernant d'autres choses que ce que vous observez dans le moment présent. Douter ressemble à s'aventurer dans le désert sans carte ni indications. Quand vous marchez dans le désert, il est facile d'hésiter, car les repères topographiques sont difficiles à distinguer. Une direction donnée pourrait être la bonne ou la mauvaise. De même, quand le doute apparaît au sujet de l'enseignement du Bouddha, vous devenez perplexe et avez du mal à décider quoi faire.

Vous êtes assis en pensant : « Est-ce que les gens deviennent vraiment éveillés ? Est-ce que cette pratique va réellement aider ? Est-ce que je m'y prends bien ? Les autres ont l'air de faire mieux que moi. Peut-être devrais-je m'y prendre autrement, changer d'enseignant, ou étudier quelque chose de complètement différent. » Ces doutes minent votre énergie, créent la confusion et rendent impossible de voir clairement quoi que ce soit.

LES QUATRE STADES DE L'EFFORT JUSTE

Maintenant, nous pouvons discuter de la manière de traiter les mauvaises herbes que sont les obstacles et les entraves, et de la culture de meilleurs états mentaux. Le Bouddha a enseigné une approche en quatre stades du travail sur l'esprit. Vous devriez utiliser l'Effort juste pour :

- prévenir les états d'esprit négatifs ;
- surmonter les états d'esprit négatifs ;
- cultiver les états d'esprit positifs ;
- maintenir les états d'esprit positifs.

Prévenir les états d'esprit négatifs

Votre première ligne de défense consiste d'abord à empêcher l'apparition des états d'esprit négatifs. Comment ? En maintenant une inlassable Attention. Tout simplement.

L'Attention nécessite un entraînement, et s'entraîner demande des efforts. Cet entraînement comporte cinq points : moralité, souvenir, sagesse, patience et effort. L'effort est employé dans chacun de ces points. Vous commencez par une bonne moralité, ce qui demande un effort, comme nous l'avons vu pour les précédentes marches. Avec la moralité pour base stable, vous faites l'effort d'exercer l'Attention que vous pouvez mobiliser chaque fois que vous y pensez. Un aspect de l'Attention est « se souvenir, » et cet aspect devrait être maintenu constamment vivant. Encore et encore, vous vous souvenez de ramener l'esprit au moment présent. Vous aurez des moments de plus en plus nombreux où vous parviendrez à être attentif. Il est dit : « Un moment d'Attention n'est jamais perdu. »

Vous utilisez ensuite votre sagacité en apportant une sagesse croissante dans vos efforts. Vous vous arrêtez et pensez : « Comment cela s'est-il passé la dernière fois ? » Ressentir l'effet de vos erreurs vous incite fortement à les éviter à l'avenir. Vous vous rappelez ce que vous avez appris et cessez de répéter vos erreurs. De cette façon, vous façonnez votre comportement très rapidement. À mesure que votre sage compréhension de la réalité s'approfondit, vous vous rappelez vos nouvelles priorités de façon répétée, et vous en arrivez à ne pas vouloir laisser passer un moment sans mettre en jeu l'Attention et la sagesse. Si vous échouez, vous faites appel à la patience : vous subissez les conséquences de votre échec et ensuite, patiemment, faites l'effort d'être attentif de nouveau.

Développer une Attention stable peut être un très long processus, aussi le Bouddha faisait-il à ses disciples certaines suggestions quant à la manière de protéger leur esprit. Il leur conseillait d'exercer une « judicieuse attention » et d'éviter l'« attention inconsidérée » (M2). Il expliquait que l'on doit s'en tenir à ce que l'on sait être vrai en ce moment même grâce aux cinq sens. C'est votre territoire personnel, votre vraie demeure. Penser vous fait sortir de ce lieu sûr. Par exemple, en entendant un son pendant la méditation, pensez seulement « son », au lieu de spéculer sur l'auteur du son et sa signification. En prenant conscience de désagréables sensations de froid pendant que vous travaillez, observez simplement cette sensation sans vous former une opinion sur le système de chauffage du bâtiment. Alors que vous attendez à l'arrêt d'autobus, observez vos pensées en tant que simples phénomènes passagers, comme ces voitures qui passent, sans faire de l'auto-stop avec elles.

Le Bouddha pressait ses disciples de s'accommoder des petites réalités inconfortables de la vie, sans essayer automatiquement d'arranger les choses. Si vous choisissez de les changer sans cesse pour être toujours à l'aise, l'esprit devient maniaque et les états malsains apparaissent plus rapidement. Disons que vous remarquez que la salle de méditation est trop chaude. Au lieu de vous lever pour ajuster le thermostat ou pour ouvrir la fenêtre, observez simplement la sensation de chaleur. Observez les changements dans votre gêne physique, et les réactions changeantes de votre esprit à leur égard. Apprenez à endurer les petites choses. Bien sûr, certains pourraient pousser trop loin ce genre de conseils. Si des choses urgentes se produisent, vous devez leur apporter vos soins attentifs !

Le Bouddha recommandait également d'éviter la compagnie des gens futiles et négligents, car nous avons tous tendance à adopter les comportements des uns et des autres. Fréquentez les personnes qui ont des qualités que vous voulez développer. Trouvez un bon ami spirituel qui soit droit, attentif, maître de lui-même, et modéré dans son comportement. Restez proche de lui et demandez-lui conseil quand c'est nécessaire.

Le Bouddha conseillait encore à ses disciples de ne pas porter attention aux « signes » et « traits » de toute stimulation extérieure pouvant faire apparaître des états d'esprit malsains. « Signe » fait référence à l'hameçon, ce qui attire votre regard et vous fait vouloir observer de plus près pour éveiller un état d'esprit malsain. « Trait » correspond à des qualités spécifiques de l'objet de votre attention pouvant stimuler davantage l'état malsain. Par exemple, on pourrait conseiller à un homme marié de ne pas s'attarder sur le comportement faussement timide ou sur les traits particulièrement séduisants d'une femme pour laquelle il pourrait développer une attirance. De même, une femme mariée ferait bien de ne pas remarquer si un bel homme porte ou non une alliance, ou se permettre de prendre le temps d'admirer son sourire. Une histoire de l'époque du Bouddha illustre ce point.

> Il y avait un moine dont les vœux de célibat étaient mis en danger par des fantasmes sexuels récurrents. Il pratiqua des méditations sur le corps à l'état de squelette pour se défaire de ces pensées dérangeantes. Un jour, alors qu'il marchait sur un sentier dans la forêt, une belle femme vint à passer sur ce même sentier, se rendant seule à la maison de ses parents après une dispute avec son mari. Quand elle vit le moine, elle lui sourit en passant.

Un peu plus tard, le mari arriva par le même chemin, à la recherche de sa femme. Quand il vit le moine, il lui demanda : « Vénérable, avez-vous vu une belle jeune femme passer par ce chemin ?

– Je ne sais pas si c'était un homme ou une femme, répondit le moine. Mais j'ai vu un squelette passer sur ce chemin » (VsmI (55)).

Le moine avait empêché l'apparition de pensées lascives en appliquant l'Effort juste à sa pratique méditative. Il avait ainsi protégé son esprit d'états malsains.

Si vous êtes capable de maintenir une Attention continue, rien ne vous troublera. Vous ne vous mettrez pas en colère ni ne serez agité. Vous pourrez être patient, quoi que l'on dise ou fasse. Vous pourrez demeurer paisible et heureux. Un état d'esprit malsain ou négatif ne peut pas apparaître en même temps qu'un moment d'Attention.

Peut-être constaterez-vous qu'il est facile de prévenir les états d'esprit négatifs à condition que vous ne rencontriez pas de personnes ou de situations désagréables. Quand tout va bien, il est aisé de garder intacte votre Attention. Vous pourriez même vous féliciter d'être capable de rester patient et accepter des éloges de votre famille, de vos amis et de vos collègues pour votre maîtrise de vous-même et votre tolérance. Mais quand les choses commencent à aller mal, votre patience et votre Attention peuvent s'effondrer. Une histoire racontée par le Bouddha décrit la facilité avec laquelle cela peut arriver.

Il était une fois une dame riche qui avait une servante capable et consciencieuse. La servante se levait très tôt et commençait son travail avant que quiconque soit éveillé dans la maison. Elle travaillait toute la journée et très tard le soir. Pour tout repos, elle ne prenait que quelques heures de sommeil chaque nuit.

Elle entendait souvent les voisins parler en termes élogieux de sa patronne. Ils disaient : « Cette dame riche a beaucoup de bonté pour sa servante. Elle est très patiente. Nous ne la voyons jamais se mettre en colère. On se demande comment elle est devenue une si merveilleuse personne. »

La servante pensa : « Ces gens parlent de ma patronne de manière très élogieuse. Ils ne savent pas combien je travaille dur pour garder cette maison propre. Il faut que je vérifie par moi-même jusqu'à quel point cette dame est bonne et patiente. »

Le lendemain, la servante se réveilla un peu tard. Quand la dame riche s'éveilla, elle vit que la servante était encore endormie. Elle la réprimanda : « Espèce d'idiote ! Vous avez dormi jusqu'au lever du jour. Levez-vous immédiatement et allez travailler. »

La servante se leva. Elle n'était pas endormie. Elle faisait seulement semblant. Quand elle se leva, elle fit ses excuses à sa patronne et commença à travailler.

Le lendemain, la servante se réveilla plus tard que le jour précédent. La dame riche était furieuse. Elle gronda la servante en usant de mots très durs et en la menaçant de la battre si, de nouveau, elle se réveillait tard.

Le troisième jour, la servante se réveilla encore plus tard. La dame riche était tellement enragée qu'elle prit un balai et frappa la servante jusqu'à ce que le sang coule de sa tête. La servante sortit en courant de la maison, la tête pleine de sang, et cria avec force : « Regardez, mes amis ! Ma maîtresse m'a battue car je me suis levée un petit peu tard aujourd'hui. Hier soir, j'ai travaillé jusqu'à minuit, et j'avais mal à la tête. Aussi ai-je dormi un peu tard aujourd'hui. »

Les voisins qui avaient fait l'éloge de la patience et de la compassion de la dame riche changèrent rapidement d'opinion (M21).

Vous avez peut-être fait l'expérience de ce genre d'effondrement après des vacances longues et reposantes, ou en rentrant d'une retraite spirituelle. Pendant que vous étiez parti, votre colère, votre impatience, votre jalousie et votre peur étaient inactives, et vous vous sentiez en paix et heureux. Mais, sitôt rentré à la maison, vous avez reçu un message téléphonique contrariant, ou avez trouvé une facture que vous aviez oublié de payer, et toute votre colère est revenue en force. En un instant, votre paix mentale s'est évaporée. Alors, vous vous demandez : « Comment conserver dans la vie quotidienne le sentiment heureux des vacances ou de la retraite ? »

La réponse pour tous les jours est l'Attention. Vous devez vous souvenir que ce n'est pas l'autre personne ou la situation difficile qui cause vos problèmes. C'est votre propre conditionnement passé. Outre essayer de maintenir une lucidité continuelle, apprendre à reconnaître les points faibles spécifiques de vos habitudes mentales peut vous aider à prévenir l'apparition de réactions malsaines.

Par exemple, supposez que vous alliez acheter une paire de gants dans un magasin de luxe et que le vendeur soit très impoli. Grâce à vos expériences passées, vous savez que les vendeurs incorrects vous mettent en colère. Aussi prenez-vous la précaution d'être particulièrement vigilant et de détourner toutes les pensées coléreuses. Vous vous raisonnez : « Bon, ce vendeur est aussi un être humain. Peut-être a-t-il mal dormi. Ou bien a-t-il des soucis d'argent ou des problèmes familiaux. Peut-être se sent-il en danger avec des personnes de ma race ou de ma nationalité, ou ne se sent-il pas bien aujourd'hui. Il est possible que ce soit la raison pour laquelle il n'est pas capable de parler poliment à ses clients. »

Cette technique peut paraître facile, mais ce n'est pas le cas. Notre esprit n'a pas été entraîné à prévenir les schémas de pensée négatifs. Se mettre en colère est très facile, critiquer les autres est très facile, s'inquiéter pour le lendemain est très facile, désirer des choses est très facile. Ces habitudes mentales sont comme des plats tout préparés, bon marché. Une fois que vous avez commencé à manger un paquet de chips, il est difficile de vous arrêter. Empêcher les pensées négatives d'apparaître l'est également. Une fois que vous êtes accroché, il est difficile de lâcher prise. Comme l'a dit le Bouddha :

> Pour le bon, il est facile de faire le bien.
> Pour le méchant, il est difficile de faire le bien.
> Pour le méchant, il est facile de faire le mal.
> Pour le bon, il est difficile de faire le mal (Ud V.8).

> Très faciles à faire sont les choses qui font du mal à soi-même.
> Très difficiles à faire sont celles qui font du bien à soi-même (Dh 163).

Quoi qu'il en soit, vous devriez vous en tenir fermement à la connaissance que prévenir est toujours plus facile que guérir. L'Attention, pratiquée avec l'effort juste, peut empêcher les pensées et les actions négatives d'apparaître dans le futur. Prévenir les habitudes négatives du corps, de la parole et de l'esprit n'est pas impossible, si vous vous entraînez à l'Attention. Néanmoins, lorsque des pensées et actions négatives apparaissent quand même, malgré vos efforts sincères pour les en empêcher, vous ne devriez pas être déprimé ni déçu. Cela ne signifie pas que vous soyez une mauvaise personne, mais simplement que vous avez encore du travail à faire. Soyez heureux en pensant que vous avez un aide pour vous assister : l'effort pour surmonter les états d'esprit négatifs.

Surmonter les états d'esprit négatifs

Avant l'Illumination complète, nous ne pouvons pas choisir les pensées qui apparaissent, et par suite il n'y a pas lieu d'être honteux ni de réagir avec aversion envers tout ce qui apparaît. En revanche, nous pouvons choisir les pensées que nous autorisons à proliférer. Les pensées positives et saines sont une aide pour l'esprit. Elles devraient être cultivées. Les pensées négatives et malsaines, comme les cinq obstacles et les dix entraves, font du mal à l'esprit. Elles devraient être combattues immédiatement avec l'Effort juste et surmontées. C'est le conseil du Bouddha lui-même.

SURMONTER LES OBSTACLES

La manière dont vous réagissez à un obstacle dépend de la façon dont il surgit. Les obstacles n'arrivent pas pleinement développés. Ils commencent comme un moment mental négatif et prolifèrent ensuite. Plus vite vous êtes conscient de ce train de pensées, plus il est facile de l'arrêter. Chaque fois que des obstacles sont présents, vous ne pouvez pas progresser, qu'il s'agisse de l'Attention ou de la concentration.

Au départ, c'est très simple. Un obstacle apparaît et vous le remarquez simplement. Vous remarquez, par exemple, que vous êtes en train d'avoir des pensées avides, coléreuses, embrouillées ou soucieuses, ou bien que votre esprit s'est fait prendre par un état d'agitation, de torpeur ou de dépression. À ce premier niveau, les obstacles sont très faibles et la méthode pour les surmonter est également douce. Vous remarquez simplement la présence de l'état d'esprit négatif. Par cette simple attention, la pensée négative s'estompe. Vous vous rendez compte de son absence, et que celle-ci donne naissance à des pensées de générosité, d'amitié-bienveillance, et à une sage lucidité.

Si un obstacle s'est développé au-delà de ce stade initial, vous devez utiliser des moyens plus forts. D'abord, regardez la pensée négative avec une complète Attention. Portez-lui une totale Attention. Rendez-vous compte de l'effet qu'elle produit sur votre esprit et sur votre corps. Observez comment elle bloque votre développement mental. Observez sa nature impermanente. Voyez la nature impermanente des circonstances, des apparences, des humeurs, goûts, intérêts, et des nombreuses autres conditions qui ont été les causes de son apparition. Réfléchissez au mal que vous risquez de vous faire en entretenant cette pensée négative, et au plus grand mal qui pourrait en résulter si vous agissiez sous son influence.

Maintenant, raisonnez-vous. Rappelez-vous que tout est impermanent et que la situation qui a causé l'apparition de cette pensée ou de cet état mental va certainement changer. Par exemple, si les paroles d'une personne vous ont mis en colère, souvenez-vous des problèmes que vous avez à affronter dans votre vie – soucis d'argent ou de santé, tracas de travail ou de famille. Dites-vous que cette personne peut avoir des problèmes similaires. Vous ne savez pas réellement ce qui se passe dans l'esprit de quelqu'un à un moment donné. Pour être franc, vous ne savez même pas ce qui se passe dans votre esprit à n'importe quel moment. Votre état d'esprit dépend de multiples conditions. En fait, tout ce qui arrive dépend de nombreuses causes et conditions. Réfléchir de cette manière peut faire disparaître votre état d'esprit négatif.

Supposons que vous vous réveilliez un matin de mauvaise humeur. Vous n'avez aucune idée de la raison pour laquelle vous vous sentez contrarié, en colère, déprimé, sur les nerfs, ou grognon. Mais, si vous réfléchissez bien, vous vous souviendrez peut-être que vous avez mangé un plat épicé au dîner ou regardé la télévision pendant plusieurs heures avant d'aller au lit. Pourtant, manger épicé ou regarder la télévision n'est pas en soi la cause de votre mauvaise humeur matinale. Ces actions résultent elles-mêmes d'autres causes. Peut-être vous êtes-vous disputé plus tôt dans la journée avec votre fils, votre mari ou votre femme, et avez regardé la télévision plus longtemps que d'habitude parce que vous étiez contrarié ou anxieux. Puis, il se pourrait que vous vous souveniez que votre dispute a été déclenchée par un mauvais contexte au bureau, lui-même résultant d'autres causes et conditions. Ainsi, derrière tout ce dont nous faisons l'expérience, il y a des causes et des circonstances – bien plus nombreuses que celles que nous pouvons analyser ou même connaître. Toutes ces causes sont en rapport les unes avec les autres. Aucun événement seul ne peut être cause de quoi que ce soit d'autre. Par conséquent, il n'est pas nécessaire d'aggraver votre état d'esprit négatif en vous blâmant – ou en blâmant n'importe qui d'autre !

De plus, vous pouvez vous rappeler qu'heureusement tous les événements et toutes les situations changent. Rien ne reste jamais identique. Quand vous vous sentez complètement désespéré, vous pouvez croire que rien ne changera jamais. Pourtant, quand vous regardez de plus près, vous pouvez voir que cette croyance est fausse. Les gens changent vraiment. Les situations changent. Vous changez. Il n'y a rien qui ne change pas. Par conséquent, avec le passage du temps, cette humeur dépressive ou cet état d'esprit coléreux change également. Votre impression envers une personne ou une situation déplaisante change aussi. Votre attitude change. Les attitudes des autres gens changent. Parfois, quand vous êtes de mauvaise humeur ou de bonne humeur, vous pensez que votre humeur ne changera jamais. Cette pensée même « Cela ne changera jamais » est aussi changeante. Quand vous parvenez à cette prise de conscience, vous vous détendez un peu, et vos pensées négatives commencent à passer.

Les pensées négatives les plus difficiles à surmonter sont celles que vous ne remarquez pas avant qu'elles soient profondément implantées. De telles pensées bloquent l'esprit et l'empêchent de se développer. Vous pouvez prendre conscience de ces pensées quand vous vous asseyez pour méditer et travailler à votre pratique de l'Attention ou de la concentration. Vous n'arrivez pas à focaliser votre esprit sur la respiration parce qu'une certaine pensée négative tourne en rond dans votre tête, encore et encore. Dans ces cas-là, vous avez besoin de faire un plus grand effort.

Le moment est peut-être venu de développer votre perspicacité en examinant la pensée qui pose problème. Dans ce cas, vous mettez temporairement de côté votre projet de travailler à la concentration ou d'observer l'apparition, l'apogée et la disparition des sensations et des états mentaux, et vous appliquez votre esprit à examiner à fond ce qui est en train de se passer. La méthode à utiliser pour cet examen est décrite dans la deuxième marche, à la section « Mettre en œuvre la pensée juste ». Cependant, si vous préférez poursuivre la pratique que vous aviez l'intention d'effectuer, vous pouvez utiliser plusieurs remèdes. Les voici, énumérés en ordre d'efficacité croissante. Si l'un échoue, essayez le suivant.

- Ignorez la pensée.
- Détournez l'esprit sur autre chose.
- Remplacez l'obstacle par son opposé.
- Réfléchissez au fait que chaque obstacle naît d'un grand nombre de causes et de conditions et qu'il est en continuel changement.
- En serrant les dents, et pressant la langue contre le palais, mettez toute votre énergie à surmonter l'obstacle.

Disons, par exemple, que vous ressassez avec colère une dispute avec un ami. Porter simplement l'attention sur ces pensées ne vous a pas apporté de soulagement. Vous raisonner a également échoué. Vous avez aussi essayé d'ignorer les pensées. Comme l'a dit le Bouddha : « Toutes les choses apparaissent dans "votre" esprit seulement si vous leur portez attention » (AIV(Eights).IX.3). Quand vous ne portez pas attention à une quelconque pensée, elle s'évanouit. Pourtant, cette méthode ne vous a pas non plus permis de surmonter votre état d'esprit coléreux. Lorsque vous vous asseyez pour méditer, la conversation que vous avez eue avec votre ami ne cesse de tourner en rond dans votre esprit. Ces pensées alimentent votre colère et votre esprit ne peut pas se calmer.

Que pouvez-vous faire ? Vous pouvez essayer de penser à autre chose. Portez votre attention sur un sujet complètement différent, comme les activités agréables que vous avez prévues pour demain. Si cela échoue, portez votre esprit sur l'opposé de la colère, l'amitié-bienveillance. Évoquez des moments de paix et d'harmonie que vous avez eus avec votre ami. Permettez à ces agréables souvenirs d'emplir votre esprit. Ensuite, essayez d'envoyer des pensées bienveillantes à votre ami. Si cela paraît trop difficile, envoyez des pensées d'amour à votre enfant ou bien éveillez des sentiments bienveillants en réfléchissant aux qualités de votre enseignant ou d'une autre personne que vous aimez. Lorsque vous rayonnez des pensées d'amour, il n'y a pas de place dans votre esprit pour la colère.

Si les pensées coléreuses persistent encore, examinez-les de très près. Prenez conscience de la manière dont elles changent, s'élèvent et passent, apparaissent et disparaissent. Considérez la perte de tranquillité mentale et la perte pour votre développement spirituel dont vous pâtissez en entretenant des états d'esprit malsains.

Si tout le reste échoue, vous devez écraser la pensée négative de toute votre force – selon les propres paroles du Bouddha, « comme un homme fort pourrait écraser un plus faible ». En d'autres termes, vous ne devez jamais laisser la pensée malsaine gagner. Peut-être cette méthode de serrer les dents et d'écraser une pensée négative vous paraît-elle extrêmement brutale, tellement différente de toutes les autres instructions que vous pouvez avoir entendues pour travailler avec l'esprit. Vous pourriez même penser qu'elle ne paraît pas adaptée à la nature aimable du bouddhisme.

Mais cet effort est tout à fait en accord avec la vie et l'enseignement du Bouddha. Il nous a enseigné de lutter avec vigueur.

Comme nous l'avons signalé, l'Effort juste est le carburant qui fournit l'énergie pour accomplir chaque pas sur le chemin du bonheur. Avec l'Effort juste, nous faisons en sorte d'empêcher les pensées, les paroles et les actions nocives. Avec l'Effort juste, nous surmontons le stress, l'anxiété, les soucis, la peur et le ressentiment. Avec l'Effort juste, nous pratiquons l'Attention pour cultiver ces merveilleuses qualités que nous ne sommes pas encore conscients d'avoir en nous.

Réveillez vos merveilleuses qualités et amenez-les à la surface de votre esprit. Avec l'Effort juste entretenez-les et ne les oubliez pas. Exercez-les de manière répétée, encore et encore. Comme l'a dit le Bouddha : « Que mon sang se tarisse ! Que la chair de mon corps se dessèche ! Que mon corps soit réduit à un squelette ! Je ne me lèverai pas de cette méditation sans avoir atteint l'Éveil » (M70). Du jour où il atteignit l'Illumination jusqu'à sa mort, le Bouddha rappela aux gens d'être pareillement diligents dans leurs efforts spirituels.

Malgré cet enseignement, certains disent parfois que le développement spirituel requiert un « effort sans effort ». Mes amis, je suis désolé de vous enlever vos illusions, mais il n'existe pas d'effort sans effort. L'effort doit être équilibré. Trop d'effort ou un effort malhabile peuvent causer un stress mental accru et mener à une spirale descendante, jusqu'aux états malsains. Cependant, si l'effort est trop faible, vous finirez par vous ennuyer, vous fatiguer ou par perdre l'intérêt. Aussi devez-vous faire un effort constant pour rééquilibrer l'effort avec les autres facteurs mentaux bienfaisants.

La vérité est que vous ne pouvez jamais rien accomplir de grand sans effort. Chaque grande invention a demandé des efforts. L'électricité, l'automobile et l'ordinateur ne sont pas apparus parce que quelqu'un s'est simplement assis dans un fauteuil pour se détendre. Les inventeurs ont travaillé dur à leurs projets. Si vous entreprenez un grand projet, comme la méditation, vous devez avoir la volonté de faire un grand effort pour atteindre votre but.

Vous devez aussi avoir la volonté de vous discipliner, si nécessaire. Voici une histoire à propos du Bouddha qui le fait bien comprendre :

> Un dresseur de chevaux demanda au Bouddha : « Comment formez-vous vos disciples ? »
>
> Le Bouddha lui demanda : « Comment dressez-vous les chevaux ? »
>
> L'entraîneur répondit : « J'utilise des méthodes douces. Si cela ne marche pas, j'utilise des méthodes dures. Si je ne peux pas les dresser par des méthodes dures, je tue les chevaux. »
>
> Le Bouddha dit : « Je fais la même chose. J'utilise une méthode douce. Si, en utilisant cette méthode, je ne peux pas former mes disciples, j'utilise des méthodes dures. Si je ne peux pas les former en utilisant des méthodes dures, je les tue. »
>
> L'entraîneur de chevaux dit alors : « Vous êtes censé enseigner la non-violence ! Comment pouvez-vous tuer ? »
>
> Alors, le Bouddha expliqua sa façon de tuer. Il « tuait » une personne irrespectueuse des règles en la boycottant ou en l'ignorant totalement, ce qui rompait alors les liens avec la communauté des moines (AII(Fours).XII.1).

Les suttas mentionnent un incident célèbre où le Bouddha utilisa cette méthode :

> Le Bouddha avait un vieil ami nommé Channa. Celui-ci avait été le conducteur de char et le compagnon de jeu du Bouddha quand ils étaient enfants, et c'est lui qui conduisait le char de Siddhatta quand il quitta le palais pour mener une vie ascétique. Channa prit la robe de moine à un âge avancé. En raison du rôle qu'il avait joué dans la vie du Bouddha, Channa s'attribua tout le mérite des accomplissements du Bouddha et devint très fier. Dès

le moment de son ordination, il manifesta un manque de respect envers la Sangha. Par exemple, quand des moines plus anciens lui rendaient visite, il ne s'acquittait pas des devoirs en usage, comme se lever et leur offrir un siège ou apporter de l'eau pour qu'ils se lavent les pieds et le visage.

Le Bouddha dit à Channa que son comportement était très arrogant. Il lui dit : « Tu dois respecter ces moines. » Mais Channa n'obéit jamais au Bouddha.

Finalement, quand le Bouddha fut sur le point de mourir, le Vénérable Ananda lui demanda ce qu'il convenait de faire avec Channa. Le Bouddha demanda à la communauté de l'ignorer. Ananda fut chargé de prononcer cette sentence.

Quand le Bouddha décéda, Channa fut tellement bouleversé et accablé de chagrin qu'il commença à penser : « Toute ma réputation, mon autorité et mon courage venaient du Bouddha. Maintenant qu'il est parti, je n'ai personne pour me soutenir. Maintenant, le monde entier est vide. J'ai offensé de nombreux moines et ils ne sont plus mes amis. »

Quand Ananda prononça la mise au ban de Channa, celui-ci fut bouleversé pour la seconde fois et il s'évanouit. Quand il revint à lui, il devint très humble. Le Bouddha savait que Channa réagirait de cette manière. Alors, Channa pratiqua la méditation avec obéissance et diligence.

En fin de compte, il parvint à l'Illumination. Les méthodes dures sont parfois nécessaires. La brutalité obtient parfois des résultats (D16 ; V ii 292).

Vous pouvez utiliser la même technique avec vos propres obstacles. Commencez avec une méthode douce, mais soyez décidé à en utiliser une dure si vous y êtes obligé.

Quand vous êtes tenté d'acheter un joli chandail neuf bien que votre armoire en soit pleine, disciplinez votre esprit comme nous l'avons expliqué. Ignorez la pensée ; pensez à autre chose ; remplacez la pensée avide par une pensée généreuse ; réfléchissez attentivement à la nature impermanente des chandails et de toutes les choses matérielles. Si l'esprit continue de gémir et de pleurer pour obtenir le chandail, vous pouvez être obligé d'être dur avec vous-même. Dites-vous d'arrêter, sans quoi vous n'aurez pas de nouveau chandail cette saison. Si cela ne suffit pas, décidez que vous n'en aurez pas de nouveau cette année. En dernier recours, menacez d'acheter tous vos chandails à la boutique de l'Armée du Salut pendant les cinq prochaines années ! Ensuite, mettez votre menace à exécution. L'esprit apprend à lâcher prise.

Il y a une situation spéciale qui requiert une méthode très stricte. Parfois, lorsque vous êtes assis en méditation, l'esprit est complètement chaotique. Cela peut provenir d'un événement arrivé avant la séance, comme une stimulation excessive pendant la journée, ou de quelque chose ayant causé une anxiété débordante. L'esprit est tellement agité, avec des images et des émotions se produisant si rapidement, que vous avez à peine éliminé une pensée négative que vous êtes confronté à la suivante. Vous pouvez avoir l'expérience de ce que j'ai entendu des étudiants appeler une « attaque d'obstacles multiples ». C'est le cas quand plusieurs obstacles apparaissent et prennent le contrôle de l'esprit, l'un après l'autre. Si vous acceptez que l'esprit tourne en rond de cette manière, cela peut devenir une habitude difficile à surmonter. Il vaut mieux utiliser tous les moyens dont vous disposez pour calmer les choses.

Si toutes les méthodes habituelles échouent dans un tel cas, il en existe une autre : essayez de compter vos respirations. C'est une astuce pour focaliser l'esprit sur un objet. D'abord, comptez les respirations de 1 à 10 ; ensuite de 10 à 1. Après cela, comptez de 1 à 9 et de 9 à 1. Continuez à compter jusqu'à 8, puis 7, et ainsi de suite, jusqu'à ce que vous atteigniez de 1 à 2 et de 2 à 1. Voici la partie sévère : si l'esprit s'échappe, même de la plus petite façon, pendant que vous comptez, vous devez recommencer. Vous poursuivez ces comptes jusqu'à ce que vous puissiez exécuter le cycle en entier sans distraction. C'est un défi. Recommencer à chaque distraction fait que l'esprit se fatigue de vagabonder.

Bien que cette méthode soit puissante, certaines personnes souffrent d'un chaos trop important pour pouvoir même compter. Dans ce cas, faites du chaos l'objet de la méditation. Observez pendant que le chaos se transforme.

Surmonter les entraves

En utilisant les techniques dont nous venons de parler, vous pouvez vous entraîner à reconnaître les entraves quand elles apparaissent et faire ce qu'il faut pour les surmonter. Avec l'Attention pure et une opposition active, l'entrave qui vous tourmente – doute, avidité, haine, agitation – s'affaiblit lentement et s'efface de l'esprit. Cette entrave spécifique peut ne pas réapparaître pendant un certain temps. L'esprit sait qu'elle est partie et il devient clair. Mais ensuite, en fonction de votre tempérament et des circonstances de votre vie, une autre entrave montera à la surface.

À mesure que vous fixez l'Attention pure sur ce cycle d'apparition et de disparition des entraves, puis de réapparition sous une autre forme, vous commencez à vous rendre compte à quel point elles sont puissantes, avec quelle force elles vous lient à la souffrance et vous rendent malheureux. Peu importe le nombre de fois où vous les surmontez temporairement, les tendances de l'esprit qui se manifestaient sous la forme d'entraves continuent d'exister en vous, vous liant et vous prenant au piège, encore et encore. Vous voyez que vous portez en vous une prison.

Avec le développement de votre Attention, vous prenez conscience que ces états d'esprit négatifs – avidité, haine et illusion mensongère – altèrent non seulement vos pensées, mais gâchent tous les aspects de votre vie, et les rendent plus pénibles. L'esprit continue de retourner aux mêmes schémas négatifs. Vous vous sentez pris au piège – enchaîné à un cycle sans fin de naissances et de morts.

La vérité est que l'Attention ne peut vous aider à surmonter les entraves que temporairement. Les détruire demande une haute réalisation sur le chemin d'Illumination du Bouddha. Comme nous l'avons dit précédemment, elles sont détruites en quatre étapes. Comment ? Vous les abandonnez par cinq applications d'effort, connues sous les termes de « suppression », « substitution », « destruction », « effondrement » et « libération ».

« Suppression » fait référence au fait de repousser tous les états malsains, en les tenant en échec au moyen de l'Attention ou de la concentration. Chaque fois que vous demeurez attentif ou que vous entrez en concentration profonde, les entraves restent en sommeil. Quand vous prenez l'habitude de les repousser ainsi, les entraves supprimées s'affaiblissent. Affaiblies, elles créent moins de problèmes, d'instant en instant, et ont moins d'influence sur vos processus de pensée. Les obstacles se calment quelque peu également. Ce répit donne à l'intuition davantage d'occasions de se produire et rend plus probable la destruction de quelques entraves quand la sagesse apparaîtra.

« Substitution » est l'effort de s'opposer à un état malsain particulier en cultivant son opposé. Vous substituez à la colère l'amitié-bienveillance. La croyance en l'éternité des choses est mise en échec par l'examen de l'impermanence. Vous contrez la croyance instinctive en l'existence d'un soi en analysant les éléments fluctuants qui constituent votre corps et votre esprit.

Quand la suppression et la substitution sont bien développées, il devient possible de traverser quelques entraves affaiblies. « Destruction » caractérise le moment où une quelconque entrave cède, à l'image d'un palmier qui se fend quand il est touché par la foudre. « Effondrement » fait référence à la disparition de ces entraves immédiatement après leur destruction. « Libération » fait référence à la libération de l'esprit qui suit la destruction d'un quelconque groupe d'entraves. La plus spectaculaire de ces libérations a lieu au premier des quatre stades d'Illumination, quand on transcende la vie ordinaire et devient partiellement éveillé.

Supposons que vous ayez pris pour cible les trois premières entraves – la croyance en un soi permanent, le doute et la croyance au pouvoir des rites et rituels – et que vous ayez profondément étudié leurs opposés. Alors que vous êtes assis en méditation, observant avec une forte concentration les caractéristiques de la respiration, l'intuition peut apparaître. Votre examen de l'impermanence, de l'insatisfaction et de l'absence de soi de la respiration vous permet, en une grande intuition, de comprendre le fait que toute la réalité partage ces trois caractéristiques. Voyant l'impermanence de toutes choses si clairement, vous comprenez intuitivement qu'il ne peut rien y avoir de permanent, appelé « soi » ou « âme ». Ainsi, vous détruisez la première entrave. Vous comprenez aussi qu'un grand homme doit avoir compris tout cela pendant qu'il pratiquait ce chemin – chemin qui, par conséquent, doit véritablement être efficace pour déraciner tous les états d'esprit négatifs. Vous vous débarrassez ainsi de la deuxième entrave, le doute. Maintenant, vous savez que rien ne peut libérer votre esprit sauf le développement de la sagesse par un chemin comportant la moralité, la concentration et la Vision intérieure. Sachant cela, vous cessez de croire que de simples rituels auraient le pouvoir de vous sauver. Vous vous affranchissez ainsi de la troisième entrave.

Une fois libéré de ces trois entraves, vous atteignez le premier stade de l'Illumination. Maintenant, vous ne pouvez plus retomber en arrière. Jamais plus vous ne douterez de votre aptitude à atteindre l'Illumination complète ni vous demanderez comment y parvenir.

Vous êtes assuré d'atteindre votre but. Vous êtes « entré dans le courant », car l'attraction du courant spirituel vous portera jusqu'à l'Illumination, tout comme une brindille est emportée par le courant d'une rivière.

À partir de ce point, l'esprit est empreint d'un nouvel entrain, d'un sentiment que, aussi difficiles que puissent paraître les circonstances de la vie, en profondeur tout va bien. Vous savez, avec certitude, que tout est impermanent, et cela réconforte votre cœur. Vous n'êtes plus capable de commettre aucun acte vraiment malsain, car vous connaissez trop bien la loi de cause à effet. Avec cette bonne conduite, il n'y a pas de raison pour que de sérieux remords apparaissent ; vous êtes libéré de ce fardeau. Si vous faites un écart et dites, supposons, un petit mensonge, vous ne trouvez pas de repos avant d'avoir remis les choses en ordre. Des flambées de colère, des bouffées de chagrin, des accès d'avidité peuvent encore vous saisir, mais ces épisodes ne vous mènent pas aussi bas qu'avant, et ils passent rapidement. Vous comprenez clairement la totalité du chemin et vous avez un vif et vigoureux intérêt à poursuivre votre apprentissage. De manière générale, vous devenez plus confiant, moins centré sur vous-même, plus généreux et aimable, plus capable de vous concentrer, et plus compétent dans tout ce que vous entreprenez. Vos collègues et amis remarquent un changement en vous, comme vous êtes devenu plus gentil, plus gai et plus détendu. L'étincelle dans vos yeux ouvre le cœur des autres et ils commencent à vous demander quelle est la source de votre bien-être.

Pour montrer l'importance d'atteindre l'entrée dans le courant, le Bouddha prit un peu de terre sur son ongle et dit : « Quelle est la plus grande quantité, moines, ce peu de terre ou toute la terre dans le monde entier ? » Naturellement, les moines répondirent que la terre dans le reste du monde était beaucoup, beaucoup plus abondante que le petit peu sur son ongle. Alors, le Bouddha dit : « De même, moines, la quantité d'impuretés que l'on détruit en atteignant l'entrée dans le courant est aussi abondante que la terre dans le reste du monde. Et celle qui reste à détruire par celui qui est entré dans le courant est semblable à la terre sur mon ongle» (S V.56.6 (1)). Pour cette raison, dit-il, atteindre l'entrée dans le courant est plus grand que devenir un « monarque universel » régnant sur tous les autres royaumes. C'est plus grand que d'aller au ciel pour être comme un ange ; c'est même plus grand que de devenir un dieu.

Vous étant libéré de ces entraves, vous commencez à vous occuper des prochaines : les entraves de l'avidité grossière et de la haine. Lorsque vous avez effectué votre percée des trois premières, vous avez également allégé le poids de celles qui restent. Aussi l'avidité et la haine auxquelles vous avez maintenant à faire face sont-elles bien moindres que celles dont vous aviez l'expérience en tant que personne ordinaire.

Vous guettez l'avidité et la haine et employez l'Effort habile pour repousser ces ennemis, encore et encore. Vous développez la générosité et l'amitié-bienveillance. Vous devenez complètement dégoûté des attachements, des plaintes et des humeurs grincheuses de votre esprit. Pendant que vous cultivez une Conscience plus profonde de l'impermanence, vous voyez plus clairement la nature changeante de toutes les sensations agréables, désagréables et neutres, et vous vous rendez compte à quel point il est vain d'essayer de faire aller les choses à votre façon. De plus en plus, vous lâchez prise.

Finalement vient le jour où l'avidité grossière et la haine sont largement affaiblies. Il en reste quelques manifestations moins évidentes, qui maintiennent votre personnalité en place, mais une grande partie du travail est accomplie. Vous devenez « celui qui ne revient qu'une fois », c'est-à-dire que vous ne pouvez renaître dans le monde physique qu'une seule fois de plus, avant d'être pleinement illuminé.

La paix qui saisit l'esprit est indescriptible. Tous vos soucis, vos obligations et vos fardeaux s'évanouissent, pour toujours. Aucune injure, aucun malheur personnel ne vous perturbe. Vous en avez fini avec l'irritation. Il est possible que des gens remarquent votre pureté et votre bonté sans limites et qu'ils commencent à penser que vous êtes un saint. Et pourtant, au départ, vous n'étiez pas mieux que n'importe qui d'autre. C'est un processus impersonnel, un changement naturel dans l'esprit, que vous avez accompli jusqu'à ce point en suivant les instructions du Bouddha. Bien que vous n'ayez plus aucun attachement ni chagrin dû à vos propres malheurs, votre cœur est si vaste, et suffisamment d'attachement demeure, pour que vous puissiez encore vous impliquer exagérément dans les malheurs des autres et en souffrir. Il y a encore du travail à faire. Les restes de l'avidité et de l'aversion doivent encore être balayés.

Lorsque les entraves de l'avidité grossière et de la haine sont définitivement détruites, vous réalisez le troisième stade de l'Illumination. Une personne à ce stade est connue comme « celui qui ne revient pas », c'est-à-dire quelqu'un qui ne renaîtra jamais dans ce monde, bien qu'une renaissance sur un plan d'existence immatériel soit possible.

Une fois terminé le travail d'élimination de l'avidité grossière et de la haine, le dernier groupe – les irritants psychiques les plus subtils : les cinq dernières entraves – doit être attaqué. Dans l'esprit, ces problèmes sont si subtils qu'aucune personne ordinaire ne peut les remarquer et encore moins avoir l'idée de s'en défaire. « Celui qui ne revient pas » continue, par exemple, d'éprouver l'agitation provenant de l'inquiétude liée à l'idée d'une éventuelle autre renaissance. Mais, pour quelqu'un à ce stade de purification, ces entraves restantes sont comme une petite tache sur une chemise blanche parfaitement propre.

Poursuivant la pratique, « celui qui ne revient pas » élimine les désirs subtils restants envers n'importe quelle sorte d'existence. Il se débarrasse de la « vanité, » de cette impression d'avoir un soi.

L'agitation est enlevée, de même que la dernière trace d'ignorance restante. En un grand instant, toutes ces dernières entraves sont arrachées, et l'arahant, le parfait, l'Illuminé, est là. Celui-ci ne pourra jamais plus effectuer aucune action fondée sur l'avidité, la haine ou l'illusion mensongère, car ces états sont pour toujours bannis de l'esprit. Comme l'a dit de nombreuses fois le Bouddha, un arahant est celui qui a « déposé le fardeau ».

Il peut vous venir à l'esprit que l'arahant, peut-être, pourrait retomber à un niveau inférieur et être tenté par une relation sexuelle, un vol ou quelque autre comportement mondain. Si vous vous souvenez de la nature des entraves – comment elles nous fourvoient et comment elles sont vaincues –, vous n'entretiendrez pas de telles pensées au sujet de ceux qui sont parfaitement illuminés. Les arahants trouvent même impensable de s'adonner au plaisir des sens – et encore beaucoup plus à de quelconques actions immorales. Les arahants ne peuvent jamais plus faire des choses erronées. Ils goûtent continuellement la félicité ultime, et restent pleinement en paix.

Au moment de l'Illumination, nous voyons clairement que tout ce dont nous avons besoin est contenu dans les Quatre Nobles Vérités. Nous sommes libérés de toutes les vues spéculatives ou des théories concernant la réalité, le passé, le présent et le futur, l'existence du soi, et l'univers. Nous comprenons ce qu'est la réalité physique et comment elle apparaît et disparaît. Nous comprenons ce qu'est la sensation et comment elle apparaît et disparaît. Et nous comprenons la perception, les formations mentales et la conscience de la même façon.

Nous avons gagné la délivrance complète de toutes les opinions et conjectures, de toutes les tendances à revendiquer ou à ressentir l'identification personnelle « moi » ou « mien ». Toutes les théories, opinions et croyances qui gonflent l'ego ont disparu. Être totalement libre des dix entraves est le stade de l'Illumination complète.

Cultiver des états d'esprit positifs

La plupart des gens ont un travail considérable à effectuer avant de pouvoir espérer parvenir à l'Illumination. Surmonter les obstacles et supprimer les entraves constitue un premier pas nécessaire. Mais, même lorsque vos efforts pour surmonter temporairement les états d'esprit négatifs ont été couronnés de succès, l'esprit demeure vulnérable. Il peut sombrer de nouveau dans des états douloureux, obstructifs. Lorsque vous avez temporairement dégagé l'esprit de tous les états malsains, vous devez utiliser l'Effort juste pour le réjouir, l'élever et lui apporter de l'énergie afin de faire des progrès.

Quand un état malsain a été surmonté, l'esprit passe dans un état neutre. Mais il ne reste pas longtemps neutre. La ressemblance est grande avec le changement de vitesses automatique d'une automobile. Vous avez la marche arrière, le point mort et la marche avant. Vous ne pouvez pas aller directement de la marche arrière à la marche avant sans passer par le point mort. À partir du point mort, vous pouvez passer dans l'une ou l'autre direction. De même, l'esprit ne peut pas passer directement de sain à malsain ou l'inverse, il doit passer par un état neutre entre les deux.

Vous pouvez utiliser cet intervalle de neutralité pour cultiver des états d'esprit positifs. Disons que vous êtes assis en méditation et qu'un état négatif apparaît. Votre Attention le détecte, et vous reconnaissez l'état malsain. Vous le surmontez, peut-être en voyant le danger qu'il représente, et vous revenez à la respiration. La respiration étant un état neutre, votre esprit reste neutre pendant que vous l'observez. Mais bientôt votre Attention se relâche et un autre état d'esprit douloureux apparaît. De nouveau, l'Attention se mobilise. Vous surmontez l'état négatif et revenez à la respiration avec un état d'esprit neutre. Cette séquence se reproduit de multiples fois.

Finalement, vous vous dites : « C'est ridicule ! » L'Attention vous rend conscient que vous devez mettre fin à ce schéma de négativité répétitive. Étant vigilant, vous commencez à voir l'enchaînement de votre activité mentale. Vous vous rendez compte qu'au lieu d'accorder à la négativité une ouverture pendant laquelle elle peut s'installer, vous devez profiter du moment où l'esprit est neutre pour susciter un état sain. Vous revenez à la respiration et vous vous détendez. Vous prenez quelques respirations profondes et commencez alors à cultiver un état d'esprit bénéfique.

Il y a d'innombrables manières de faire surgir des états d'esprit sains. L'une des plus puissantes méthodes utilisables pendant la méditation est de vous souvenir d'une quelconque action juste que vous avez faite dans le passé et des états d'esprit plaisants qui l'accompagnaient. Par exemple, vous avez peut-être aidé un jour une dame âgée qui essayait de traverser une rue où la circulation était dense. La dame portait avec peine son sac à provisions et les voitures passaient trop rapidement pour qu'elle puisse traverser. Vous ne connaissiez pas cette dame et ne pensiez à aucune récompense ni même à un quelconque remerciement. Avec un esprit libre de tout désir, sans attachement, vous êtes descendu sur la chaussée et avez prudemment fait signe aux voitures de s'arrêter. La dame traversa sans danger. À ce moment-là, votre esprit se sentait léger, libre, détendu et heureux. Quand vous pensez à cet épisode maintenant, comment vous sentez-vous ? De nouveau, vous vous sentez léger, libre, détendu et heureux. Ayant fait resurgir ces sensations, vous réfléchissez : « Voici l'état mental que je devrais cultiver. » Vous utilisez alors ce souvenir pour favoriser l'apparition de sentiments positifs et pour les renforcer.

Vous pouvez utiliser le souvenir de n'importe quelle bonne action que vous avez faite, tant qu'il n'y a pas d'attachement entrant en jeu. Les actions de ce genre vous ont donné des impressions heureuses lorsque vous les avez effectuées et vous pouvez laisser ces mêmes impressions heureuses emplir votre esprit lorsque vous y repensez.

Peut-être avez-vous aidé un enfant qui s'était éloigné de sa mère dans un supermarché, ou bien avez-vous secouru un animal blessé sur la route. Peut-être avez-vous vu deux personnes se disputant âprement pour une bricole et les avez-vous aidées à résoudre leur différend. Peut-être dans votre travail avez-vous suscité l'enthousiasme de jeunes gens pour apprendre. Une autre façon de faire est de vous souvenir avec gratitude des bonnes actions que d'autres ont faites pour vous, ou de réfléchir à de célèbres récits de bonnes actions. En vous les rappelant, votre esprit s'emplit d'états sains et vous vous détendez, vous vous sentez heureux et content.

Une autre méthode pour cultiver des états d'esprit sains est de vous souvenir de vos succès passés dans la bataille contre l'avidité, la haine ou l'illusion mensongère. Par exemple, vous vous souvenez d'une fois où votre enfant vous énervait vraiment et où vous aviez envie de lui donner une gifle. L'Attention se manifesta alors. Vous vous êtes rappelé que vous n'étiez pas censé agir dans la colère. Votre fureur s'est apaisée et vous êtes devenu paisible. Vous vous souvenez de ce grand changement : le passage d'une bouillante colère à un calme agréable, et vous considérez combien vous vous sentiez bien. Vous vous dites : « Je veux cultiver cet état agréable. » Ce souvenir vous aide à vous détendre et vous emplit d'une joie paisible.

Vous pouvez monter votre propre boîte à outils de méthodes fiables pour faire apparaître des états sains. Peut-être remarquerez-vous que chaque fois que vous vous souvenez des premiers pas de votre enfant, une bouffée d'amour vous saisit. Mettez ce souvenir dans la boîte. À l'avenir, vous pourrez utiliser cette émotion comme tremplin pour cultiver des états d'esprit sains.

Cette technique d'effort conscient pour cultiver des états d'esprit positifs n'est pas seulement utile pendant la méditation. Vous pouvez vous en servir pendant que vous mangez, marchez, travaillez ou parlez.

Vous n'avez plus besoin de vous contenter d'espérer simplement que la vie vous donnera des raisons de vous sentir heureux. Faites de la stratégie. Appliquez-vous à comprendre quelles actions créent les états mentaux qui rendent votre vie plus agréable. Rappelez-vous ce qui a réussi dans le passé – et ce qui a échoué. Découvrez la cause et l'effet de ces simples processus mentaux. Ensuite, cultivez ces sains et agréables états d'esprit dans tout ce que vous faites.

Par exemple, pendant que vous faites la vaisselle, vous pouvez cultiver des pensées d'amitié-bienveillance envers ceux qui utiliseront les assiettes. Quand vous commencez une conversation, vous pouvez rester attentif aux résultats des paroles positives ou négatives. C'est ce qu'on appelle une conversation « bien commencée ». En vous détendant et en faisant usage de toute votre patience, de toute votre amitié-bienveillance, de toute votre compassion et lucidité dans la conversation, vous lui permettez de se dérouler plus harmonieusement. Vous faites du bien à vous-même et aux autres.

Éviter les problèmes en connaissant vos points faibles fait partie du processus. Si, par exemple, vous avez mauvais caractère et que vous le reconnaissez, cette reconnaissance est saine. Vous pouvez alors cultiver des états agréables qui empêcheront votre colère de se produire. Quand une situation difficile se présente, par exemple la visite d'un directeur désagréable de votre société, vous pouvez vous rappeler les conséquences, plaisantes ou déplaisantes, de vos actions. Ensuite, vous décidez de rester détendu et plein d'amitié-bienveillance. Si ce directeur dit ou fait quelque chose de contrariant, vous pouvez jouir de votre état d'esprit agréable, au lieu de vous lancer dans une pénible démonstration de colère.

De même, si vous savez que vous avez tendance à vous inquiéter, préparez-vous. Avant que votre petit-fils ou votre petite-fille ne fasse son premier voyage en avion, utilisez n'importe quel moyen ayant donné de bons résultats dans le passé pour surmonter l'inquiétude et faire apparaître des émotions agréables. Ainsi, vous n'aurez pas besoin de souffrir du voyage en avion. À la place, vous pourrez rester heureux.

C'est une capacité à apprendre par soi-même. Plus nous faisons délibérément apparaître des états d'esprit agréables, plus cela devient intéressant et plus nous réussissons. Chaque jour, à chaque moment, nous pouvons cultiver l'amitié-bienveillance universelle, la joie par sympathie avec celle des autres, une compassion profonde et une profonde équanimité. Chacune de ces quatre qualités bénéfiques introduit l'esprit dans un sentiment sublime, si merveilleux qu'elles sont appelées les « demeures divines ». Celui qui sait les faire apparaître peut jouir du ciel sur la terre à tout moment.

Maintenir les états d'esprit positifs

Dans l'idéal, une fois que vous avez fait apparaître un état d'esprit habile, sain, essayez de le maintenir et de ne pas le laisser disparaître. Vous savez que si vous le laissez échapper, votre esprit va revenir au neutre et il retombera peut-être, ensuite, dans un état malsain. Aussi faites-vous tout votre possible pour faire durer cet état positif. Vous essayez de le conserver vivant, comme quelqu'un qui cherche à maintenir allumée une flamme spéciale.

Ce n'est pas facile.

Combien de fois vous êtes-vous fait de merveilleuses promesses ? Vous souvenez-vous des résolutions de Nouvel An ou des vœux de mariage que vous avez pris devant le prêtre ou des amis ? Vous rappelez-vous le nombre de fois où vous avez émis des souhaits pleins d'espérance le jour de votre anniversaire ? Combien en avez-vous tenus ? Peut-être vous êtes-vous promis : « Je ne toucherai jamais à une autre cigarette, ne boirai jamais un autre verre, ne mentirai jamais, ne prononcerai jamais des paroles blessantes ou injurieuses envers qui que ce soit. Jamais plus je ne jouerai au casino, ne volerai, ou tuerai un quelconque être vivant. » Ou bien, après une bonne session de méditation ou une retraite spirituelle pleine d'inspiration, peut-être avez-vous pensé : « Cette retraite était merveilleuse. Je n'aurais jamais pensé que la méditation soit si facile. Ah, comme j'étais calme et paisible pendant cette retraite ! C'est ce que je veux faire à l'avenir. »

Toutes ces pensées sont positives. Mais combien en mettez-vous en application de manière continue chaque jour ? Ces pensées apparaissent dans votre esprit comme des bulles dans un verre d'eau gazeuse. Après quelques heures, c'est de l'eau plate. Vous perdez votre enthousiasme et retournez à vos vieilles habitudes. Afin de maintenir votre effort initial, vous devez développer une forte Attention.

Rappelez-vous que rien d'important ne peut être perfectionné en une seule fois. Vous devez répéter une pensée positive ou une action, encore et encore, jusqu'à ce que votre pratique devienne parfaite. Nous nous émerveillons des capacités des athlètes olympiques – ont-ils atteint une telle perfection en un jour ? Combien de fois êtes-vous tombé de votre bicyclette quand vous l'avez enfourchée la première fois ? Parfaire de bonnes pensées est exactement pareil. Vous devez pratiquer avec une grande diligence. Chaque fois que votre effort se relâche, souvenez-vous des cas où vous avez dû effectuer un effort continu pour atteindre votre but.

Bien sûr, il y a certaines choses concrètes que vous pouvez faire pour soutenir votre pratique de l'Effort juste. Vous pouvez fréquenter de bons amis et éviter ceux qui gâchent leur vie. Vous pouvez habiter dans un endroit favorable, lire des livres qui vous inspirent, garder le contact avec des groupes de discussions bouddhiques. Vous pouvez aussi pratiquer l'Attention avec diligence. Ces actions peuvent aider à maintenir vos bonnes pensées. Permettez-moi de vous raconter une histoire au sujet d'un moine qui prit un grand engagement et effectua un grand effort.

En Inde, dans l'ancien temps, il y avait un moine âgé qui était un grand maître. Un moine, légèrement moins âgé que lui, faillit à l'un de ses devoirs. Le grand maître décida de discipliner ce moine en lui demandant d'aller à une certaine maison pour recevoir des aumônes de nourriture. Il voulait que le moine plus jeune établisse une bonne relation avec cette maisonnée, car un enfant nouveau-né s'y trouvait, dont les moines prévoyaient qu'il deviendrait un grand maître bouddhiste. Le propriétaire de la maison était très connu pour son avarice et son hostilité envers les mendiants. Quand ce moine se présenta à sa maison la première fois, il en fut très irrité. Il donna à sa femme, à ses enfants et aux domestiques l'ordre de ne jamais rien donner au moine, de ne pas lui parler, ni même le regarder. Le moine rentra au monastère sans avoir rien reçu de cette maison.

Lorsque le moine retourna à la maison le deuxième jour, la même chose arriva. Personne ne lui donna de nourriture. Personne ne lui parla, ni même ne le regarda. Mais ce moine ne se découragea pas. Il retourna à cette maison jour après jour, semaine après semaine, mois après mois et année après année, pendant sept longues années.

Puis, le propriétaire de la maison engagea une nouvelle servante. Elle ne savait rien de l'ordre permanent interdisant de faire l'aumône de nourriture à ce moine. Un jour de la septième année, quand le moine vint à cette maison, la nouvelle servante lui parla et lui dit : « Partez. Nous n'avons rien à vous donner. »

Le moine était très content d'avoir enfin été remarqué. Sur son chemin de retour au monastère, il croisa le propriétaire avare qui rentrait chez lui à cheval. D'une voix méprisante, l'homme demanda au moine : « Avez-vous reçu quelque chose de ma maison ?

– Oui, monsieur, merci, répondit le moine. J'ai reçu quelque chose aujourd'hui. »

L'homme avare entra dans une grande colère. Il galopa jusqu'à la maison, sauta de son cheval, entra en courant et cria à tue-tête : « Qu'avez-vous donné à ce maudit homme chauve ? Qui lui a donné quelque chose ? »

Dans la maison, tout le monde nia lui avoir fait une aumône. Mais le maître de maison n'était pas encore satisfait. Il vint voir chaque personne individuellement en lui posant la même question. Quand il arriva à la nouvelle servante, il lui demanda : « Avez-vous donné quelque chose à ce moine ?

– Non, monsieur, répondit-elle.

– En êtes-vous sûre ?

– Oui, monsieur, j'en suis sûre. Je ne lui ai rien donné.

– Lui avez-vous parlé ?

– Oui, monsieur.

– Que lui avez-vous dit ?

– J'ai dit :“Partez. Nous n'avons rien à vous donner.” »

L'homme avare pensa que le moine l'avait trompé. Cette pensée le mit encore plus en colère. Il dit : « Demain, laissez venir ce menteur. Je vais le réprimander pour m'avoir joué un tour. »

Le lendemain, le moine se présenta à la maison comme d'habitude. Le propriétaire avare sortit de la maison et s'adressa au moine avec colère : « Hier, vous avez dit que vous aviez reçu quelque chose de ma maison. J'ai vérifié avec tout le monde et ai trouvé que personne ne vous avait rien donné. Vous m'avez menti, misérable filou. Dites-moi ce que vous avez reçu de ma maison.

– Monsieur, je me suis présenté pendant sept ans à votre belle maison et n'ai rien reçu. Mais hier, une gentille dame est sortie et m'a dit : “Partez. Nous n'avons rien à vous donner.” Voilà ce que j'ai reçu de votre maison. »

L'homme avare ressentit un grand embarras. À cet instant, il vit en lui-même l'étincelle de l'amitié-bienveillance et de la générosité. Ce moine doit être un saint, pensa-t-il. Il est si reconnaissant d'avoir reçu le refus de notre servante, combien plus le serait-il s'il recevait un peu de nourriture de ma maison ?

Le propriétaire changea immédiatement son ordre et demanda aux personnes de sa maison de donner quelque nourriture au moine. Après quoi, le moine continua de recevoir des aumônes de cette maison. Sa détermination, son juste Effort pour conserver sa patience et son état d'esprit positif furent récompensés en fin de compte. Le nouveau-né de cette maison devint plus tard un arahant et l'un des plus importants maîtres bouddhistes de cette époque (Mhvs V).

Peut-être vous demandez-vous pourquoi nous faisons tant d'efforts dans notre pratique et dans notre vie, quand tout est impermanent de toute façon, et que même les états mentaux les plus élevés finissent par s'évanouir. Bien entendu, vous avez raison. Tout est impermanent. De plus, il n'y a pas de « vous » existant de manière permanente pour avoir l'expérience des choses. Et pourtant, la souffrance et le bonheur adviennent bien. Si vous posez le pied sur une guêpe et êtes piqué, vous ne pensez pas « J'ai mal ». C'est « Ahaaa ! ». Même sans la Conscience « je » à cet instant, la douleur n'en existe pas moins.

Certaines personnes sont désorientées quand elles entendent la doctrine du sans-soi. Elles ont tendance à croire que pour que la souffrance se produise, il faut que « quelqu'un » souffre. Mais cette supposition est erronée. Tant qu'il y a les agrégats du corps et de l'esprit, la souffrance existe inévitablement – jusqu'à ce que l'Illumination soit atteinte. Il est dit :

> C'est seulement la souffrance qui apparaît,
> La souffrance qui persiste, et la souffrance qui s'éteint.
> Rien, sauf la souffrance, ne vient à être,
> Et rien, sauf la souffrance, ne cesse (S I.5.10).

Puisqu'il n'y a personne pour sentir la souffrance, une autre conception erronée est que la souffrance n'a pas d'importance. Lorsque les gens soulèvent ce point, j'essaye de les faire sortir de leurs concepts intellectuels et de les ramener à la réalité. Je dis : « Qu'il y ait un soi ou non, vous souffrez. Vous aimez souffrir ? Est-ce le but de la vie ? Qu'il y ait un soi ou non, ce que vous ne voulez pas, c'est souffrir ! Par conséquent, c'est important évidemment, très important, si vous souffrez. » Après tout, la souffrance est la raison pour laquelle le Bouddha, après son Illumination, a consacré le reste de sa vie à enseigner. En raison de sa grande compassion, il exposa aux autres l'entraînement mental qui élimine tous les états de souffrance.

Il est vrai, également, que même les états d'esprit supérieurs, plus agréables et purifiés, se dissipent à un certain moment. C'est pourquoi, dès lors que nous cultivons ces états habiles, nous devons nous en servir pendant que nous en disposons. Ils sont les moyens nécessaires pour déraciner la souffrance. Les maintenir produit des bienfaits qui durent beaucoup plus longtemps que n'importe quels soulagement et joie temporaires. Des états d'esprit clairs et sains forment la base nécessaire pour développer la Vision intérieure de l'impermanence, afin de pouvoir déraciner l'avidité et l'ignorance une fois pour toutes.

NE PERDEZ PAS LA VUE D'ENSEMBLE

Mettre en œuvre l'effort juste pour sortir l'esprit des états malfaisants et cultiver les états bienfaisants est une partie cruciale du Chemin Octuple, non moins importante que l'Attention. Pourtant, les gens négligent souvent l'habileté inhérente à l'effort juste.

Ils oublient la vue d'ensemble et se font prendre par des détails intéressants de l'enseignement du Bouddha en ne comprenant souvent le chemin que partiellement. Ils se fixent sur une idée qu'ils ont entendue et s'engagent sur cette unique voie, jusqu'à un point d'absurdité. Ils font alors des choses malsaines, allant à l'encontre du but recherché. Au lieu de devenir plus heureux, ils accroissent leur souffrance.

Je connais une jeune femme qui devint consciente de l'avidité sous-jacente à la plupart de ses actions au point d'en être mal à l'aise, particulièrement dans le domaine de la nourriture. Au lieu de devenir attentive, elle essaya de s'opposer directement à ses impulsions. À l'heure des repas, elle chercha à ne pas ressentir d'avidité, et même à moins manger qu'elle n'en avait besoin, et elle compléta son régime alimentaire avec des boissons protéinées. Aussi développa-t-elle, à la place de son avidité ordinaire, une aversion névrotique et elle fit une dépression. Un bon ami lui rappela de se souvenir de la vue d'ensemble et de cultiver des états d'esprit sains. Il lui suggéra des manières de sortir de la dépression : lire un bon livre, faire des randonnées, de bonnes actions, ou rester active en travaillant. Cette jeune femme réagit violemment : « Mais je ne veux pas échapper à la réalité ! » Faire ce qui est nécessaire pour rompre l'emprise des états malsains n'est pas échapper à la réalité. C'est échapper à une aggravation de la souffrance.

Si vous aboutissez à un plus grand nombre d'états malsains créant la souffrance, à quoi sert tout le travail que vous avez fait pour suivre le chemin du Bouddha ? Vous devez réfléchir à vos actions de manière répétée et aux résultats qu'elles produisent. Vous devez continuellement vous demander : « En ce moment, que suis-je en train de cultiver ? »

Un jour, la tante du Bouddha, la nonne Maha Pajapati Gotami, demanda au Bouddha un bref conseil pour guider sa pratique. Le Bouddha lui dit de faire tout ce qu'elle savait, de par sa propre expérience et son bon sens, la conduire à de bonnes qualités. Les choses que vous faites, dit-il, devraient mener :

- à l'équanimité, non à la passion ;
- au détachement, non à l'implication ;
- à la dispersion (des causes de la souffrance), non à l'accumulation ;
- à vouloir peu, non beaucoup ;
- au contentement, non au mécontentement ;
- à la solitude paisible, non au grégarisme ;
- à l'effort, non à la paresse ;
- à être facile à vivre, ni maniaque ni exigeante (AIV(Eights). VI.3).

Cette liste est un bon guide pour s'assurer que nos efforts sont utiles selon la vue d'ensemble.

Voici une autre règle générale que nous pouvons utiliser pour juger nos efforts. Comme le Bouddha nous l'a dit, l'enseignement de base de tous les Bouddhas a toujours été : « Faites du bien, ne faites pas de mal et purifiez l'esprit » (Dh 183).

METTRE EN ŒUVRE L'EFFORT JUSTE

Quand l'esprit est rongé par des pensées négatives, la pratique de la méditation est très difficile. Certaines personnes, lorsqu'elles s'asseyent pour méditer, sont nerveuses et agitées ; elles remuent, toussent, se grattent, se tournent dans un sens et dans l'autre, regardent les autres, changent très souvent de posture. D'autres ont tendance à bâiller et se sentent incapables de rester éveillées.

Celles qui sont coléreuses peuvent éprouver des ressentiments ou une haine tenace pendant qu'elles essayent de méditer. D'autres peuvent être submergées par des désirs sensuels. D'autres encore assaillies par des doutes.

Au cours d'années de pratique, les méditants ont développé des stratégies connues pour être de puissants moyens de surmonter certaines obstructions particulières dans la pratique de la méditation de la Vision intérieure.

- Quand votre esprit est troublé par le désir de plaisirs sensuels, décomposez mentalement l'objet qui vous attire. Si votre désir se porte sur un morceau de gâteau au chocolat, rappelez-vous que le gâteau est composé d'éléments et qu'il va moisir. Pensez à son aspect après avoir été digéré. Réfléchissez à ces aspects encore et encore, jusqu'à ce que votre désir s'efface. La même technique peut être employée si votre désir se porte sur une personne. Considérez la nature composée du corps – les os, les intestins et autres organes, les mucosités et autres liquides. Continuez de penser à ces composants, ou considérez quel sera l'aspect du cadavre de cette personne, jusqu'à ce que le désir ait disparu. Mais si, d'une manière ou d'une autre, cette technique enflammait votre désir, arrêtez-vous immédiatement et concentrez-vous sur la respiration.
- Quand la colère apparaît, utilisez les antidotes dont nous avons parlé : devenir conscient de votre colère, reconnaître la nature impermanente de toutes les émotions, contempler les avantages de la patience, vous raisonner pour voir les choses sous une perspective différente, et cultiver l'amitié-bienveillance.
- Lorsque la lourdeur mentale ou la somnolence apparaît, visualisez une vive lumière. Si cela n'a pas d'effet, essayez les remèdes suivants : pincez les lobes de vos oreilles entre votre

pouce et l'index (sans utiliser les ongles). Ouvrez vos yeux, et faites-les tourner dans leurs orbites pendant quelques secondes, puis refermez-les. Prenez une respiration profonde et retenez votre souffle aussi longtemps que vous le pouvez, ensuite expirez lentement ; répétez cet exercice plusieurs fois si nécessaire, jusqu'à ce que votre cœur batte fortement et que vous soyez en sueur. Méditez les yeux entrouverts. Levez-vous et pratiquez la méditation debout, ou faites de la méditation en marchant. Allez vous laver le visage à l'eau froide. Si rien ne marche, allez faire un petit somme.

- Quand l'agitation ou les soucis apparaissent, pensez à la tranquillité, au calme ou à la paix. Ramenez votre esprit sur la respiration, et ancrez-le sur elle. Prenez quelques respirations profondes et sentez la respiration au niveau du nez et dans votre corps. Recommencez. Dirigez votre attention sur vos fessiers ou sur la plante de vos pieds et sentez le poids de votre corps.
- Quand le doute apparaît, pensez à l'Illumination du Bouddha, à la nature intemporelle de son enseignement et à l'Illumination que ses disciples ont atteinte. Si vous étiez engagé dans des pensées spéculatives, abandonnez le sujet inutile et réfléchissez sur un aspect de l'enseignement du Bouddha. Concentrez-vous sur ce que vous savez être vrai de l'impermanence, de la souffrance, de votre manque de contrôle sur quoi que ce soit. Conservez votre attention sur le moment présent.

Quand votre avidité disparaît, vous vous sentez comme si vous aviez remboursé une dette. Quand votre haine disparaît, vous vous sentez comme si vous étiez guéri d'une maladie. Quand votre somnolence et votre lourdeur d'esprit disparaissent, vous vous sentez comme si vous sortiez de prison. Quand votre agitation et vos soucis disparaissent, vous sous sentez comme si vous étiez affranchi de l'esclavage. Et quand votre doute disparaît, vous vous sentez comme si vous n'étiez plus perdu dans un désert, et étiez arrivé en un lieu sûr et protégé.

Vous vous sentez heureux au moment où vos états d'esprit négatifs disparaissent, et vous vous sentez heureux plus tard, chaque fois que vous pensez à leur disparition. Quand vous vous rappelez combien de douleur et de souffrance vos obstacles et vos entraves vous ont causées dans le passé, vous vous sentez heureux de voir qu'ils ne vous perturbent plus. Votre esprit est paisible et calme. Vous attendiez ardemment cet état. Maintenant vous y êtes parvenu et vous êtes très heureux.

Quand les pensées négatives disparaissent, l'esprit est prêt à cultiver des pensées positives. Quand des pensées saines apparaissent pendant la méditation, observez-les attentivement sans vous y attacher. Les pensées qui devraient être encouragées pendant la méditation incluent celles d'amitié-bienveillance, de compassion, de générosité, de joie par sympathie avec celle des autres, de compréhension, de paix, de tolérance, de détermination, patience et de service envers tous les êtres vivants. Quand de telles pensées s'effacent, renouvelez vos efforts pour les cultiver, en vous souvenant pourquoi elles sont apparues en premier lieu. Les racines de toutes ces pensées bénéfiques sont dans votre esprit. Elles ont simplement été refoulées par un conditionnement négatif.

Utiliser l'Effort juste pour empêcher et surmonter les états d'esprit négatifs et pour cultiver et maintenir les états positifs peut être comparé à l'ascension d'une montagne. Avant de commencer votre ascension, vous prenez des précautions pour empêcher que des problèmes n'apparaissent en cours de route. Vous vérifiez que vous en êtes capable physiquement et psychologiquement. Vous emportez des médicaments pour le cas où vous tomberiez soudainement malade. Vous mettez de robustes chaussures de montagne. Vous prenez une corde, un bâton de marche, de la nourriture, de l'eau et des vêtements appropriés. Ces préparatifs sont semblables à l'Effort juste pour empêcher l'apparition d'états d'esprit négatifs.

Malgré vos précautions, cependant, des problèmes apparaîtront. Vous avez faim, alors vous mangez. Quand vous avez soif, vous vous arrêtez pour boire. Quand vous devez répondre à l'appel de la nature, vous le faites. Quand vous êtes fatigué, vous vous reposez. Si vous attrapez une forte fièvre, vous prenez les médicaments que vous avez emportés. Ces actions peuvent être comparées aux actions pour surmonter les états d'esprit négatifs quand ils apparaissent.

Vous entretenez votre énergie en vous reposant, mangeant comme il faut, buvant beaucoup d'eau, et en évitant les efforts excessifs. Ces activités positives sont comparables à la culture des états d'esprit sains.

Quand, après de grandes difficultés, vous parvenez au sommet, vous éprouvez un grand soulagement, une grande satisfaction et une grande joie. Vous vous réjouissez d'avoir, avec effort, réussi à atteindre votre but. Vous pouvez dire « Je suis heureux que ce soit terminé » ou « Je suis heureux d'avoir été capable de surmonter toutes les difficultés ». De même, quand vous cultivez des états mentaux sains et les maintenez, vous vous réjouissez que votre combat soit terminé et de ne plus jamais avoir à lutter de nouveau avec les états malsains. C'est ainsi que l'Effort juste mène à la joie.

Le bonheur est ici même quand vous faites l'effort d'y parvenir. Souvenez-vous de votre but, et n'abandonnez pas vos efforts jusqu'à ce que vous soyez devenu totalement heureux. Dites-vous :

> Heureux, vraiment, vivons-nous, amicaux parmi les haineux.
>
> Parmi les hommes hostiles, nous demeurons libres de haine.
>
> Heureux, vraiment, vivons-nous, sains d'esprit parmi les malades.
>
> Parmi les hommes qui souffrent, nous demeurons libres de maux.

Heureux, vraiment, vivons-nous, libres de l'avidité parmi les avides.

Parmi les hommes avides, nous demeurons libres d'avidité (Dh 197-199, traduit en anglais par Bhikku Buddharakkhita).

POINTS CLÉS POUR SE SOUVENIR DE L'EFFORT JUSTE

- Bien que son importance soit rarement soulignée, l'Effort juste est essentiel pour votre progrès spirituel.
- L'Effort juste comporte quatre stades : prévenir les états d'esprit négatifs, surmonter les états négatifs, cultiver les états d'esprit positifs et maintenir les états positifs.
- Les entraves sont des tendances malsaines de l'esprit profondément enracinées qui naissent de l'avidité et maintiennent les êtres enchaînés dans les états de souffrance. Les dix entraves sont : la croyance en un soi – une âme – permanente, le doute, la croyance en l'efficacité des règles et des rituels, l'avidité, la haine, le désir de renaître sous une forme matérielle, le désir de renaître sous une forme immatérielle, la vanité, l'agitation et l'inquiétude, l'ignorance.
- Les obstacles sont des manifestations intenses et grossières des entraves. Vous devez utiliser l'Effort juste pour prévenir et surmonter les cinq obstacles : avidité, malveillance, lourdeur d'esprit et somnolence, agitation et soucis, doute.
- Les manières de surmonter un obstacle sont : l'ignorer, porter votre attention sur autre chose, remplacer l'obstacle par sa

qualité opposée, vous raisonner et, si tout le reste échoue, l'écraser de toute votre force.

- Jusqu'à ce qu'elles soient détruites, les entraves peuvent seulement être réprimées. Elles sont affaiblies par l'Attention et la concentration ; le développement de leur opposé les affaiblit davantage. Quand elles sont finalement rompues, les différents stades de l'Illumination peuvent apparaître.
- Pour empêcher les pensées négatives d'apparaître, maintenez l'Attention. L'Attention est développée au moyen de la moralité, par la pratique de l'Attention, par la sagesse, la patience et l'effort.
- Pour surmonter les pensées négatives une fois qu'elles sont apparues, remarquez-les simplement.
- Si vous n'arrivez pas à prendre rapidement conscience des pensées négatives, elles se renforcent. Vous devez alors tout abandonner et leur porter une totale attention. Essayez de réfléchir au mal qu'elles causent et à l'impermanence de ce qui les a déclenchées, ou bien remplacez-les par des pensées positives.
- Quand des pensées négatives se sont dissipées, cultivez des pensées positives en vous rappelant à quel point de telles pensées sont utiles, et en produisant délibérément des pensées d'amitié, de détermination, de patience, etc. Utilisez toutes les méthodes que vous connaissez pour développer des états d'esprit sains.
- Ne vous perdez pas dans les détails de la pratique en oubliant la vue d'ensemble du chemin. Assurez-vous toujours que vos efforts produisent des états sains en plus grand nombre.
- Adaptez votre mode de vie pour qu'il favorise le maintien de pensées saines, en rencontrant par exemple des amis ayant de semblables dispositions d'esprit, en lisant des textes bouddhiques, etc.

- En l'absence d'une forte Attention, votre esprit revient rapidement à ses vieilles habitudes ; par conséquent, vous devez renouveler avec diligence vos efforts pour maintenir le penser sain qui vous rendra heureux.

SEPTIÈME MARCHE

L'Attention Juste

L'ATTENTION est une attention d'instant en instant à ce qui est. Étant donné que, sans le savoir, nous nous percevons nous-mêmes et le monde autour de nous à travers des schémas de pensée limités, habituels, et conditionnés par des croyances erronées, notre perception et notre conceptualisation mentale de la réalité sont dispersées et confuses. L'Attention nous apprend à suspendre temporairement tous ces concepts, images, jugements de valeur, commentaires mentaux, opinions et interprétations. Un esprit attentif est précis, pénétrant, équilibré et ordonné. Il est comme un miroir qui reflète sans distorsion tout ce qui se trouve devant lui.

Le Bouddha a souvent dit à ses disciples de « maintenir l'Attention en avant ». Par « en avant, » il voulait dire : dans l'instant présent. Le sens de cette phrase va plus loin qu'observer simplement avec lucidité ce que fait l'esprit pendant que nous sommes assis en méditation ; cela veut dire comprendre clairement chacun des mouvements particuliers, physiques et mentaux, que nous effectuons chaque jour, au fil des heures. En d'autres termes, cela signifie : être ici, maintenant.

L'instant présent change si vite que nous ne nous rendons souvent pas du tout compte de son existence. Chaque instant mental ressemble à une série de photographies passant à travers un projecteur.

Certaines images proviennent d'impressions sensorielles. D'autres viennent des souvenirs d'expériences passées ou d'imaginations concernant l'avenir. L'Attention nous aide à « geler » l'image pour nous permettre de devenir conscients de nos sensations et de nos expériences telles qu'elles sont, sans la coloration déformante des interprétations socialement conditionnées ou des réactions dues aux habitudes.

Une fois que nous avons appris à porter attention sans commentaire à ce qui est exactement en train de se passer, nous pouvons observer nos sensations, nos émotions et nos pensées sans en être prisonniers, sans être emportés par nos schémas réactifs habituels. L'Attention nous donne ainsi le temps dont nous avons besoin pour prévenir et surmonter les schémas de pensée et de comportement négatifs et pour cultiver et maintenir les schémas positifs. Elle débranche le pilote automatique et nous aide à prendre le contrôle de nos pensées, de nos paroles et de nos actions.

De plus, l'Attention mène à l'intuition, « Vision intérieure » lucide et sans distorsion des choses telles qu'elles sont réellement. Si nous pratiquons régulièrement, à la fois dans des sessions de méditation formelles et pendant les activités de notre vie quotidienne, l'Attention nous enseigne à voir le monde et nous-mêmes avec l'œil intérieur de la sagesse. La sagesse est le couronnement de la Vision intérieure. Ouvrir l'œil de la sagesse est le but réel de l'Attention, car la Vision intérieure dans la véritable nature de la réalité est l'ultime secret de la paix durable et du bonheur. Nous n'avons pas besoin de le chercher à l'extérieur de nous-mêmes ; chacun de nous possède la capacité innée de cultiver la sagesse. Une histoire traditionnelle met ce point en évidence :

Il était une fois un être divin qui voulait cacher un important secret – le secret du bonheur. Il pensa d'abord à le cacher au fond de la mer. Mais il se dit alors : « Non, je ne peux pas cacher mon secret à cet endroit. Les êtres humains sont très intelligents. Un jour, ils le trouveront. »

Ensuite, il pensa à le cacher dans une caverne. Mais il rejeta également cette idée : « Beaucoup de gens explorent les cavernes. Non, non, ils trouveront également le secret à cet endroit. »

Ensuite, il pensa à le cacher sur la plus haute montagne. Mais il se dit alors : « Les gens sont si curieux à présent. Un jour, quelqu'un escaladera la montagne et le découvrira. »

Enfin, il imagina la solution parfaite. « Ah ! Je connais l'endroit où personne ne viendra jamais voir. Je vais cacher mon secret dans l'esprit humain. »

Cette divinité cacha la vérité dans l'esprit de l'homme. Maintenant, trouvons-la ! L'Attention n'a pas pour but d'apprendre quelque chose d'extérieur. Son but est de trouver la vérité cachée en nous – au cœur même de notre être.

Selon le Bouddha, notre esprit est naturellement lumineux. À chaque moment, alors que la conscience vient d'apparaître, sa lumière est vive. Cependant, dans l'esprit non éveillé, cet éclair va être recouvert par les impuretés de l'avidité, de la haine et de l'illusion mensongère. Elles étouffent l'intensité de la lumière et rendent l'esprit sombre et misérable.

Nous ne pouvons pas dire que l'esprit soit déjà pur. Nous devons travailler pour le rendre pur. Nous devons nettoyer cet esprit lumineux pour lui permettre de briller sans qu'aucune impureté obstrue son éclat. La sagesse cultivée au moyen de l'Attention consume les obstructions de l'avidité, de la haine et de l'illusion mensongère. Plus nous nous en libérons, plus l'esprit est à l'aise, heureux et radieux. L'Attention empêche également les impuretés d'apparaître. Par conséquent, le secret profondément caché du bonheur est cette vérité : le bonheur vient de l'intérieur de notre propre esprit en faisant usage de l'Attention pour chasser l'avidité, la haine et l'illusion mensongère. Ce secret est révélé à mesure que les couches d'impuretés sont enlevées par la sagesse.

Comment l'Attention apporte-t-elle la sagesse, et comment la sagesse permet-elle de lâcher les obstructions ? Quand nous fouillons en nous-mêmes, en cherchant à comprendre en vérité ce qu'est le bonheur, nous devenons conscients des cinq agrégats du corps et de l'esprit et les observons. Observant attentivement, nous commençons à voir comment chacun de ces agrégats vient à l'existence, grandit, arrive à maturité, dépérit et meurt.

Par exemple, ce merveilleux corps dont nous surveillons la santé avec tant de soin change à chaque moment. Pendant que nous lisons cette page, chaque cellule, chaque molécule et particule subatomique de notre corps physique est en train de changer – grandissant, vieillissant ou mourant. Le cœur bat ; les poumons, les reins, le foie et le cerveau accomplissent leurs fonctions. Pendant que ces composants physiques changent, les sensations et émotions, les perceptions, la conscience et les objets mentaux sont aussi en train d'apparaître et de disparaître. L'Attention dans l'instant présent nous gratifie d'une Vision intuitive au sein de ces changements – dans l'impermanence omniprésente de tout ce qui existe.

Prendre conscience de l'impermanence de tous les phénomènes nous donne l'occasion de voir l'insatisfaction engendrée par le changement. Par exemple, remémorez-vous un sentiment merveilleux que vous avez eu dans le passé. Pouvez-vous le revivre maintenant, exactement comme alors ? Même si vous pouviez recréer les conditions qui le firent apparaître, le ressentiriez-vous de manière identique ? La prise de conscience de ce que les expériences merveilleuses du passé sont à jamais disparues nous rend tristes. Quand nous voyons combien tout nous échappe – corps, sentiments, personnes et objets que nous aimons – non seulement à chaque moment, mais de nombreuses fois à chaque moment, nous parvenons intuitivement à la compréhension de la cause de notre insatisfaction et de notre tristesse : l'attachement à ce qui change constamment.

Finalement, l'Attention nous gratifie d'une Vision intuitive dans la nature réelle de l'existence des êtres, y compris nous-mêmes. La vision de l'impermanence et de l'insatisfaction nous aide à comprendre que la réalité n'est pas quelque chose « au-dehors », séparé de nous. Elle est, plutôt, notre expérience constamment changeante d'un monde constamment changeant – le monde intérieur et celui que nous percevons à travers nos sens.

Pratiquer l'Attention fait paraître ridicule toute querelle avec le monde. Nous ne nous coupons pas la main quand elle fait quelque chose de mal. De même, il est stupide de rompre avec ceux qui font les choses différemment de nous, car nous participons tous de la même nature constamment changeante, toujours souffrante. Se quereller avec le monde équivaut à avoir un bras qui se bat avec l'autre, ou l'œil droit en conflit avec l'œil gauche.

Nous découvrons que la vie n'est pas une entité statique. C'est un flux dynamique de changements incessants. Quand nous recherchons le sens de la vie, tout ce que nous pouvons trouver est ce changement. Chaque fois que nous revenons encore et encore à cet aspect dynamique, nous n'y trouvons pas d'entité permanente ou éternelle – pas de soi permanent ou éternel, ou d'âme en nous, à quoi nous attacher, et pas de soi permanent ou éternel ou d'âme dans les autres, avec qui nous quereller.

Ainsi l'Attention nous donne-t-elle une Vision intuitive des trois caractéristiques de toutes choses : impermanence, insatisfaction, et non-existence d'un soi éternel ou non changeant, ou âme. Regardant en nous-mêmes, nous voyons combien notre forme physique change rapidement, et comment l'insatisfaction est provoquée par ces changements. Nous voyons combien ardemment nous souhaitons ne plus renaître, ne plus vieillir ou tomber malades, ne plus éprouver chagrin, désespoir ou désappointement. Nous voyons à quel point il est insatisfaisant de vouloir être près des choses et des personnes que nous aimons, et combien il est insatisfaisant de vouloir éviter les choses ou les personnes que nous n'aimons pas. Nous voyons que tout désir, aussi subtil ou noble soit-il, crée la souffrance. Nous voyons que même le désir accompagnant le souhait de surmonter le désir – bien que sain et nécessaire pour progresser – est douloureux. En fin de compte, nous voyons que notre sens du soi, l'entité personnelle que nous protégeons avec tant de ferveur, est une illusion, car nous sommes un processus, un courant constant d'événements physiques, émotionnels et mentaux, nouveaux à chaque moment.

Les hindous expriment cette vérité de manière frappante quand ils parlent de trois divinités – Brahma le Créateur, Vishnou le Protecteur et Shiva le Destructeur. Le créateur est le moment d'apparition ; le protecteur est le moment de culmination ; et le destructeur est le moment de dissolution. À chaque moment, quelque chose est créé ; à chaque moment, quelque chose existe ; à chaque moment, quelque chose s'éteint. Il n'y a aucun moment statique, car rien, même pendant une fraction de seconde, ne demeure semblable. Ce cycle se poursuit sans cesse.

Lorsque nous parvenons à cette prise de conscience, nous permettons aux sensations, aux émotions et aux pensées de traverser l'esprit sans en saisir aucune en particulier, aussi agréable et belle soit-elle. Quand des états désagréables, douloureux, ou insupportables font surface, nous les laissons passer sans nous troubler. Nous laissons simplement les choses arriver sans essayer de les arrêter, sans y succomber ou essayer d'y échapper. Nous observons simplement les choses telles qu'elles sont.

Nous voyons, non seulement avec l'œil de la sagesse, mais avec notre conscience ordinaire, que l'existence des choses et des êtres dépend de causes et de conditions constamment changeantes. Puisqu'il n'y a rien de permanent à quoi s'attacher et rien de permanent à rejeter, nous nous détendons dans une parfaite paix de l'esprit, un parfait bonheur.

LES QUATRE BASES DE L'ATTENTION

L'Attention juste est l'incorporation de toute notre vie dans la pratique méditative. Les techniques d'Attention qui suivent sont fondées sur un discours du Bouddha à ses disciples traitant des quatre bases de l'Attention (*Maha-Satipatthana Sutta,* D22). Dans ce discours, le Bouddha enseigna de nombreuses méthodes de méditation. Il commença les explications de chaque méthode par les mots « À nouveau, moines... ». Par cette tournure, il voulait dire que ces idées étaient censées être mises en pratique. Il voulait faire comprendre que quiconque pratiquerait ainsi serait sûr d'atteindre la félicité durable de l'Éveil. Il enseigna, cependant, un très grand nombre de méthodes. Comment pouvons-nous les pratiquer toutes ?

La variété des techniques enseignées par le Bouddha n'est décourageante que pour ceux qui ne comprennent pas son système. En fait, les techniques sont adaptées aux sortes d'activités que nous rencontrons chaque jour. De plus, son système est fondé sur sa profonde compréhension de la manière dont fonctionne l'esprit humain.

Considérez un petit bébé. Il est mignon et merveilleux, mais aussi très exigeant. L'enfant a besoin de nourriture, de couches propres, d'air pur, de petits sommes, et de bien d'autres choses. La durée d'attention d'un bébé est courte. De bons parents gardent le bébé occupé et stimulé en s'assurant qu'il dispose d'un choix de jouets intéressants et de choses variées à faire. De même, notre esprit est exigeant, et la durée de notre attention paraît parfois aussi courte que celle d'un bébé. Le Bouddha comprenait cela. Il nous a donné une longue liste de choses à faire. Nous commençons avec n'importe quel objet de méditation : la respiration, une sensation, un état d'esprit, l'un des obstacles ou l'une des entraves – cela n'a pas d'importance. Quel que soit l'objet sur lequel nous nous fixons, il changera bientôt. Quand l'esprit se porte sur quelque chose de malsain, nous lui offrons rapidement quelque chose de mieux, à la manière d'un parent habile qui donne une balle au bambin pendant qu'il éloigne la paire de ciseaux dont l'enfant s'était saisi. Quand l'esprit se porte sur un sujet sain, nous l'encourageons.

Tout ce qui apparaît dans l'esprit devient objet pour la méditation de l'Attention. Nous pouvons utiliser n'importe quel objet pour faire progresser notre Vision intuitive dans les trois caractéristiques de tout ce qui existe : impermanence, insatisfaction et non-existence d'un soi éternel ou âme. Quand tout ce à quoi nous pensons s'efface naturellement, nous ramenons notre esprit sur l'objet de méditation initial.

Il est possible que vous vous demandiez : « Que faire si mon esprit ne reste pas sur l'objet initial ? Que faire si je choisis de pratiquer la méditation sur les trente-deux parties du corps, mais qu'en une heure je parvienne à peine à considérer les cinq premières ? » Eh bien, si d'autres objets sont entrés dans votre esprit et que vous les ayez utilisés pour réfléchir aux trois caractéristiques de la réalité, quel est le problème ? Toute méditation qui vous aide à voir la vérité est une bonne méditation. N'attendez pas que l'esprit s'en tienne à ceci ou à cela. L'esprit est naturellement inconstant. Il va d'un objet à un autre.

Mais ne passez pas délibérément d'un objet à un autre. Commencez en vous fixant sur l'objet que vous avez choisi, la respiration par exemple, et ne passez sur un autre objet que si quelque chose d'autre apparaît spontanément. Disons que vous êtes fixé sur la respiration, et qu'une pensée apparaît alors à propos de la santé de votre peau. Quand cette pensée s'effacera, l'esprit saisira la prochaine respiration. S'il reste fixé sur votre peau, vous commencez à penser à l'impermanence de celle-ci – combien elle est fragile, change constamment et sera ridée. Vous pensez aussi combien il est inutile et pénible d'être attaché à votre peau, puisqu'elle changera de toute façon, et que plus vous vous y attachez, plus vous souffrez. Vous considérez aussi l'absence de soi de la peau – qu'il n'y a pas de « vous » en elle ou la contrôlant. Ensuite, vous observez ces pensées pendant qu'elles disparaissent. Vous remarquez aussi que la fonction d'observation, qui est attentivement consciente de ces pensées, est elle-même impermanente. Quand toutes les pensées se sont apaisées et que rien d'autre ne vient à l'esprit, vous laissez celui-ci revenir à la respiration. Chaque fois que de nouvelles idées apparaissent, vous les examinez de la même façon. En pratiquant ainsi, les pensées finissent par cesser, et l'esprit parvient à la concentration.

Les nombreuses techniques de méditation du Bouddha peuvent être comparées à une armoire à pharmacie bien remplie. Vous ne pouvez pas avaler tous les médicaments à la fois, et vous ne pouvez pas non plus tout pratiquer en même temps dans les quatre bases de l'Attention. Vous commencez avec n'importe quelle technique que vous utilisez avec aise. Ensuite, vous vous servez de tout ce qui apparaît pendant que vous travaillez avec cet objet d'observation ou de réflexion. Votre esprit peut paraître chaotique à présent, mais il se calmera. Quand votre Attention deviendra forte et précise, l'esprit commencera naturellement à analyser les aspects plus profonds des enseignements du Bouddha.

Les quatre bases de l'Attention sont :

- l'Attention au corps ;
- l'Attention aux sensations et émotions ;

- l'Attention à l'esprit ;
- l'Attention aux objets mentaux.

Nous commençons par l'Attention au corps, en particulier à la respiration. Méditer sur la respiration donne à votre esprit et à votre corps un peu de temps pour se calmer. Ensuite, quand d'autres bases d'Attention apparaissent, nous en sommes conscients. Peu importe ce qui apparaît, veillez à prêter attention à l'impermanence, à l'insatisfaction et à l'absence de soi de vos expériences, qu'elles soient physiques ou psychologiques.

L'ATTENTION AU CORPS

Jusqu'à présent, nous n'avons parlé que de la respiration en tant qu'objet de méditation – et, effectivement, elle peut vous mener jusqu'au bout du chemin, à la parfaite liberté. Mais d'autres objets peuvent également être utilisés. Traditionnellement, nous parlons de quarante sortes d'objets principaux de méditation, y compris le corps et ses parties. Trois des plus utiles façons de cultiver l'Attention au corps sont : l'Attention à la respiration, l'Attention à la posture et l'Attention aux parties du corps.

L'Attention à la respiration

Le Bouddha recommandait toujours de commencer la méditation de la Vision intérieure avec l'Attention à la respiration. La respiration est le seul objet qui soit à la fois constamment présent et pourtant également changeant, d'une manière qui attire naturellement l'attention de l'esprit. Lorsque celui-ci est uni à la respiration, vous êtes naturellement capable de le fixer sur le moment présent. Vous pouvez être conscient de la sensation naissant du contact de l'air avec le bord des narines, de la longue inspiration du souffle et de la longue expiration. Vous pouvez remarquer quand sa longueur change et que l'air entre et sort un petit peu plus rapidement. Vous pouvez observer quand une série de respirations courtes est coupée par une respiration longue. Vous pouvez être conscient de la dilatation et de la contraction des poumons, de l'abdomen et du bas-ventre. Suivre ces aspects de la respiration maintient l'esprit continuellement en contact avec le moment présent.

Observer votre respiration avec Attention peut aussi vous apprendre de nombreuses choses sur la manière dont fonctionne votre esprit. En inspirant, vous ressentez un petit degré de calme, et en expirant vous ressentez également un petit degré de calme. Le calme qui résulte de l'inspiration est interrompu par l'expiration, et celui qui résulte de l'expiration est interrompu par l'inspiration. Pourtant, si vous retenez le souffle inspiré un petit peu plus longtemps que d'habitude pour prolonger cette sensation de calme, vous ressentez une tension, et si vous attendez un petit peu plus longtemps que d'habitude avant d'inspirer pour prolonger de nouveau cette sensation de calme, vous éprouvez une tension. Attendre davantage avant d'inspirer ou d'expirer pourrait même causer une douleur.

Observant ces faits, vous voyez que vous désirez le calme, le relâchement de la tension et éviter la gêne d'une trop longue attente avant d'inspirer et d'expirer. Vous voyez que vous aimeriez que le calme, que vous ressentez comme faisant partie du processus de la respiration, dure plus longtemps, et que la tension disparaisse plus vite. Comme la tension ne part pas aussi vite que vous l'aimeriez, et que le calme ne reste pas aussi longtemps que vous le souhaiteriez, vous ressentez de l'irritation. Ainsi, par la simple observation de la respiration, vous voyez comment même un petit désir de permanence dans un monde impermanent est cause de désagrément. De plus, étant donné qu'il n'y a pas d'entité personnelle pour contrôler cette situation, vos souhaits de calme et d'absence de tension sont toujours frustrés. Néanmoins, si vous détendez votre esprit et observez votre respiration, sans désirer le calme et sans être contrarié par la tension qui apparaît, en ressentant simplement l'impermanence, l'insatisfaction et l'absence de soi de la respiration, l'esprit devient paisible et calme.

Pendant que vous pratiquez l'Attention à la respiration, l'esprit ne demeure pas avec la sensation de l'air. Il va vers des objets sensoriels, comme des sons, et vers des objets mentaux comme des souvenirs, des émotions et des perceptions. Quand cela se produit, vous devriez oublier la respiration pendant un moment et fixer votre attention sur ces objets – un par un. Quand chaque objet s'efface, laissez votre esprit revenir à la respiration, sa base après de rapides ou longs voyages dans les différents états mentaux et corporels.

Chaque fois que l'esprit revient à la respiration, il le fait avec une vision intuitive plus profonde de l'impermanence, de l'insatisfaction et de l'absence de soi. Ainsi apprend-il, par l'observation impartiale et sans distorsion de ces phénomènes, que ces agrégats – cette forme physique, ces sensations et émotions, ces perceptions, ces différents états des activités volitives et la conscience – n'existent que pour parvenir à une connaissance intuitive plus profonde dans la réalité mentale et corporelle. L'esprit et le corps ne sont pas là pour que vous vous y attachiez.

L'Attention à la posture

L'Attention à la posture signifie être assis, debout, marcher, être couché en étant pleinement attentif. Vous pourriez vous demander : « Être attentif à quoi ? Quand je marche, je marche. Quand je suis assis, je suis assis. Quand je suis couché, je suis couché. Je sais ce que je fais. Quelle connaissance spéciale ou quelle Vision intérieure pourrai-je avoir en fixant mon esprit sur le fait d'être assis, debout, de marcher ou d'être couché ? » Quand vous fixez l'Attention pure sur les postures du corps, vous voyez que vos mouvements physiques sont toujours en train de changer, même si vous semblez rester immobile. Votre cœur bat, de la chaleur irradie de votre corps, vos poumons se dilatent et se contractent. Cultivez la Conscience de leur impermanence. Vous remarquerez peut-être que vous n'avez qu'un contrôle limité sur les mouvements extérieurs de votre corps et qu'il n'y a pas de contrôle du tout sur les subtils mouvements corporels internes. Le manque de contrôle est frustrant. Voyant cela, vous cultivez une Vision intuitive de la nature insatisfaisante et sans soi des mouvements du corps.

Soyez conscient aussi des éléments physiques qui constituent le corps et les choses avec lesquelles vous entrez en contact – par exemple, le poids et la solidité de l'élément terre. Voyez comme tous ces éléments physiques changent constamment. Rendez-vous compte que tout dans votre expérience est impermanent. Cependant, comme dans l'Attention à la respiration, ne vous focalisez pas seulement sur le changement physique. Quand certains facteurs mentaux deviennent importants, portez votre attention sur eux. Les sensations et perceptions créées par vos mouvements physiques changent, remarquez leur impermanence. Si, pendant que vous êtes assis, debout, marchez ou êtes couché, vous remarquez des pensées d'avidité, d'aversion, ou confuses, ou bien de compassion, d'amitié-bienveillance ou de joie par empathie, observez comment elles apparaissent et disparaissent. Vous ne pouvez ni créer ni arrêter l'apparition et la disparition automatiques de mouvements, de sensations et d'émotions, de perceptions, de pensées et de la conscience. En gardant ces choses à l'esprit pendant que vous vous déplacez, rendez-vous compte de l'impermanence, de l'insatisfaction et de l'absence de soi de toute expérience. Dans chaque posture et dans chaque activité, qu'il s'agisse de saisir une poignée de porte, de marcher dans un centre commercial ou de vous coucher pour dormir, continuez de cultiver une connaissance intuitive de ces caractéristiques des cinq agrégats.

Vous pouvez affiner votre capacité de voir les caractéristiques des agrégats en pratiquant la méditation des mouvements lents. Pensez aux rediffusions en vitesse lente de matchs sportifs. Quand les mouvements de la partie se déroulent à vitesse normale, beaucoup de détails subtils nous échappent. Mais, pendant la rediffusion, nous pouvons clairement voir le blocage formidable réalisé par l'un des joueurs, ou la faute d'un autre. De même, quand nous bougeons lentement, comme dans la méditation en marche lente, nous remarquons les nombreux changements de posture qui constituent l'action – lever le talon, laisser reposer le pied sur les orteils, lever le pied, l'avancer, toucher le sol.

Si vous avez effectué pendant un certain temps une méditation assise centrée sur la respiration et que vous décidiez de pratiquer l'Attention aux mouvements lents, en marchant, voici ce que vous faites :

– Levez-vous doucement en continuant de porter attention au fonctionnement de la respiration. Pendant que vous vous mettez debout, soyez conscient des changements dans vos sensations et perceptions physiques. Rendez-vous compte que toutes les parties du corps doivent coopérer pour que vous vous leviez. Étant debout, continuez de porter attention à votre respiration.

– Maintenant, pendant que vous inspirez, levez le talon d'un pied et, pendant que vous expirez, laissez le pied reposer sur ses orteils. Ensuite, pendant l'inspiration, levez tout le pied et avancez-le, et, pendant l'expiration, baissez-le doucement et appuyez-le sur le sol. De nouveau, pendant l'inspiration, levez le talon de l'autre pied et, pendant l'expiration, laissez-le reposer sur ses orteils. Puis, pendant que vous inspirez, levez tout le pied et avancez-le, et, pendant que vous expirez, baissez-le et appuyez-le sur le sol.

Pendant que vous marchez de cette manière attentive, en faisant attention à votre respiration, vous commencez à voir comment toutes les parties de votre corps, de la tête aux pieds, changent, coopèrent, fonctionnent ensemble dans le processus de la marche. Par exemple, vous voyez que les actions physiques qui constituent la marche commencent par des intentions mentales. Vous voyez l'intention de lever le pied, l'intention de l'avancer et l'intention de le baisser et de toucher le sol. En simultanéité avec ces intentions, des actions s'effectuent. Intention et action se produisent ensemble si rapidement qu'il n'y a pas le temps de voir l'intervalle entre un acte et la pensée.

Naturellement, personne ne pense à toutes ces phases dans le processus de la marche. On se contente de marcher ! Tout arrive en une fraction de seconde. Pourtant, quand vous ralentissez la séquence et regardez chaque action attentivement, vous voyez que de nombreuses actions différentes doivent se conjuguer pour que la marche se produise. Quand l'intention de marcher s'élève dans l'esprit, une énergie est créée, qui est déchargée à travers le corps au moyen du système nerveux. De nombreuses cellules nerveuses différentes coopèrent pour transmettre le message, et beaucoup d'autres structures corporelles accomplissent les processus nécessaires. Des muscles se contractent et se détendent, des articulations se plient, et l'équilibre est conservé par d'autres mécanismes complexes.

Dans tout cela, vous voyez des preuves évidentes de l'impermanence. Par exemple, vous avez l'intention de lever le pied droit, mais quand vous le levez, cette intention est partie, et pendant que vous le levez, la sensation que vous éprouviez avant de le faire est partie. Quand vous reposez le pied droit sur les orteils, vous avez une sensation, et quand vous l'avancez, cette sensation est partie, et une autre se produit.

Vous vous rendez compte que l'esprit est aussi toujours en train de changer. Quand votre poids est également réparti, votre esprit peut éprouver un sentiment d'aise et d'équilibre. Mais ensuite, à mesure que votre poids se déplace, cette impression change. L'esprit attend qu'un autre moment d'aise se produise. Mais quand apparaît ce nouveau moment d'aise et d'équilibre, il disparaît également. Chaque fois qu'un moment confortable laisse place à un moment d'inconfort, l'esprit est déçu. La répétition de moments confortables et inconfortables vous fatigue. La fatigue est une sorte d'insatisfaction tenace qui s'intensifie lentement au cours de toute séquence de changements répétitifs.

Pendant que vous portez attention aux mouvements de la marche, vous êtes également conscient des changements continuels dans le flux des pensées. Pendant que vous marchez, vous pouvez éprouver de la peur, de l'insécurité, de la tension, de l'inquiétude, des désirs sexuels, de la colère, de la jalousie ou de l'avidité. La pensée peut apparaître : « Cela marche très bien. J'espère que tout le monde se rend compte combien ma pratique est bonne. » De telles pensées proviennent de l'orgueil ou du besoin d'être reconnu. Vous avez déjà appris comment les traiter. D'abord, soyez-y simplement attentif. Si elles persistent, appliquez les méthodes pour surmonter les états d'esprit négatifs que vous avez pratiquées pendant la méditation assise. Ensuite, cultivez des activités mentales saines en laissant partir l'avidité et la haine et en générant l'amitié-bienveillance, la joie altruiste et l'équanimité.

Il est toujours important de prendre des mesures pour surmonter tous les états négatifs qui apparaissent. Je me souviens d'un jeune étudiant de méditation qui m'a confessé ce qui lui était arrivé pendant qu'il effectuait une méditation en marchant derrière une jeune femme. Après la fin de la session, il s'approcha de moi et dit tristement : « Vénérable, il y avait une jeune fille qui marchait devant moi. Pendant la dernière période de méditation, en marchant, je n'ai pu penser à rien d'autre qu'à ce qui se trouvait à l'intérieur de ses vêtements ! Je ne pouvais pas détourner mon esprit d'elle. » J'ai rencontré ce même garçon des années plus tard. Son esprit était toujours désordonné et indiscipliné. Comme il n'avait pas été capable d'appliquer les méthodes pour surmonter les états d'esprit négatifs qui entravaient sa pratique, il n'avait pas fait beaucoup de progrès.

Marcher attentivement peut aussi vous aider à voir que le complexe corps-esprit fonctionne sans aucune entité permanente tirant les ficelles derrière lui, sans qu'il y ait une seule chose pouvant être appelée « soi » ou « je », qui contrôlerait la séquence complexe de pensées et d'actions entrant dans tout ce que vous faites.

Comment la marche peut-elle mener à cette intuition ? Pendant que vous marchez, vous observez attentivement votre posture et les mouvements de votre corps. Vous êtes également conscient des différentes sensations, pensées et états de conscience à mesure qu'ils apparaissent. Chaque fois que la pensée « Je marche » apparaît, demandez-vous : « Qu'est ce "je" ? Est-ce le corps ? Est-il identique au corps ou différent du corps ? Est-il dans le corps ou séparé du corps ? Le corps est-il dans le "je" ? Ou le "je" dans le corps ? » (Notez que ce sont des questions impersonnelles qui analysent la réalité, à la différence de la question inspirant le doute « Qui suis-je ? », laquelle présume l'existence d'un soi.)

Vous ne trouverez aucune réponse satisfaisante à ces questions. Votre esprit vous dit que votre « je » est celui qui lève le pied droit, le porte en avant et le pose sur le sol. Mais c'est aussi « je » qui est debout, respire, voit, entend, pense, se souvient, sent et entreprend une multitude d'autres activités à chaque moment. Ces mouvements et activités changent si rapidement que vous ne pouvez pas tous les remarquer. « J'inspire » est différent de « Je marche », qui est encore différent de « Je vois », « Je me souviens » et « Je suis triste ». Dans aucune de ces activités vous ne pouvez trouver un « je » qui soit indépendant de ce que vous faites.

Vous commencerez à voir que « je » est un concept que nous utilisons par commodité pour faire référence à un flux d'expériences constamment changeant. Il n'y a pas une entité unique indépendante qui existerait dans le corps ou l'esprit. Le concept « je » change de nombreuses fois par jour, en fonction de l'activité que « je » effectue. Il n'existe pas tout seul pendant même une minute. « Je » existe seulement quand vous y pensez. Il n'existe pas quand vous n'y pensez pas. Par suite, « je » est autant conditionné que toute autre chose.

Ainsi, marcher lentement et attentivement peut être une méditation complète montrant comment l'impermanence, l'insatisfaction et l'absence de soi imprègnent chaque moment. Ces mêmes techniques peuvent être appliquées aux postures assise, debout et couchée. Naturellement, ce n'est pas la façon normale, ordinaire, de se déplacer. C'est une technique spéciale que nous utilisons pour entraîner l'esprit. Le but n'est pas simplement de ralentir les mouvements du corps, mais d'analyser la manière dont le corps et l'esprit coopèrent pour créer la posture, et de voir l'impermanence, l'insatisfaction et l'absence de soi de l'esprit et du corps.

Pendant que nous portons une attention minutieuse à la posture, nous avons une bonne occasion d'étudier ce qui se passe dans l'esprit, de voir si des états tels que l'avidité, la haine, la jalousie ou la peur apparaissent. Ces états sont plus faciles à détecter quand l'esprit n'est pas distrait. Une fois que vous vous entraînez à observer ces états pendant les sessions de méditation sur les différentes postures – debout, en marchant, assis et couché –, vous pouvez apporter la même vigilance dans chaque activité de la vie quotidienne.

L'Attention aux parties du corps

Examiner en profondeur les parties du corps aide à mettre fin à toutes les notions erronées que vous pouvez avoir à son sujet. À mesure que vous le disséquez mentalement en ses nombreuses parties, vous en venez à le voir ainsi que ses parties exactement comme ils sont.

Ordinairement, nous ne regardons pas le corps de cette manière analytique. Nous ne pensons même pas aux différentes parties qui le composent, sauf quand quelque chose va mal ou quand nous avons mal partout. Le Bouddha faisait référence à cette méditation avec un mot pali qui signifie « aller en sens contraire ». Il voulait dire qu'en pratiquant cette méditation, nous procédons à l'inverse de la façon normale de penser au corps.

Généralement, les gens éprouvent des sentiments de répulsion quand ils pensent à certaines parties du corps. Ils les portent très volontiers à l'intérieur de celui-ci et elles leur sont très chères, mais ils ressentent du dégoût en y pensant. D'autres personnes s'attachent à certaines parties du corps, les trouvant belles et permanentes. D'autres encore sont fières de leur belle allure, de leur bonne santé, ou de leur force. Cette méditation peut aider à se défaire de ces notions trompeuses. Elle nous aide à voir le corps tel qu'il est, sans le rejeter ni nous y attacher.

Le Bouddha recommandait que le méditant dissèque mentalement le corps en trente-deux parties. Vingt d'entre elles sont solides ou à l'image de la terre, et douze sont liquides. Les vingt parties solides sont : les cheveux, les poils, les ongles, les dents, la peau, la chair, les tendons, les os, la moelle, les reins, le cœur, le foie, le diaphragme, la rate, les poumons, le mésentère, les intestins, les aliments non digérés, les excréments et le cerveau. Les douze parties liquides sont : la bile, le flegme, le pus, le sang, la sueur, la graisse, les larmes, le sébum, la salive, la morve, la synovie et l'urine.

En outre, le Bouddha énumérait dix processus corporels associés au feu et à l'air. Les quatre associés au feu sont : la chaleur de la digestion, la chaleur du vieillissement, la sensation de brûlure corporelle (par échauffement exagéré) et la température du corps. Les six processus associés à l'air sont : l'éructation (que le Bouddha appelait « l'air qui monte »), les vents (l'air qui descend), l'air dans le tube digestif, l'air dans les pores du corps, l'inspiration et l'expiration.

Dans un sens, cette méditation ressemble beaucoup à la manière dont un biologiste regarde le corps. Quand il dissèque un animal, un biologiste ne fuit pas quand le foie et les intestins s'offrent à sa vue. Il veut voir ce qu'est tel organe et comment il fonctionne. L'objectivité scientifique l'aide à voir ces parties exactement comme elles se présentent, sans aucune notion romantique ou émotionnelle surajoutée. En effectuant cette méditation, nous devrions cultiver ce même type de détachement émotionnel.

Pour accomplir cette méditation, fixez tour à tour votre attention sur chacune des parties du corps, en commençant par celles qui sont visibles. Quand vous considérez les cheveux, par exemple, demandez-vous : « Mes cheveux étaient-ils comme cela quand j'avais cinq ans ? » Naturellement, la réponse est non. Ensuite, demandez-vous ce qui est arrivé. Comme vous vous en rendez immédiatement compte, les cheveux se transforment, comme le font les autres parties du corps, les ongles, la peau, les dents, etc. La méditation vous conduit à conclure qu'il n'y a rien qui soit stable en ce qui concerne le corps et ses composants. Tout est en changement. Tout est impermanent. C'est la réalité.

Méditer sur le corps en tant qu'ensemble de parties toujours en changement vous aide aussi à surmonter l'entrave de l'avidité ou de l'attachement au corps. Non pas que vous vouliez vous en débarrasser avant de mourir ! Vous tenez à le conserver, à le laver, l'habiller, le protéger. Mais vous pouvez faire ces choses sans arrogance, sans attachement obsessionnel. En devenant conscient de la désintégration du corps – sa force devenant faiblesse, sa beauté devenant laideur, sa santé devenant maladie –, vous voyez que le changement se produit pour tous les corps. Vous voyez qu'il n'y a rien de permanent dans le corps à quoi vous puissiez vous attacher.

Au lieu d'en être contrarié, vous devenez humble face à cette vérité. La réalité de l'impermanence du corps est si puissante, si écrasante, si accablante que vous vous soumettez immédiatement. Que pouvez-vous faire d'autre ? Pouvez-vous fuir cette vérité ? Non. Vous n'avez pas d'autre choix que de l'accepter. Ainsi cette méditation vous aide-t-elle aussi à surmonter l'entrave de la vanité issue de la croyance en l'existence d'un soi permanent. De plus, vous voyez que tout le monde affronte les mêmes peurs de la vieillesse, de la maladie et de la mort. Voir l'universalité de cette condition vous aide à surmonter votre peur personnelle et à développer une tendre compassion pour la souffrance des autres.

Et puis, par déduction, vous comprenez que si n'importe quelle partie de votre corps devient défectueuse, est enlevée ou ne travaille plus en harmonie avec les autres, votre corps fonctionnera différemment. Cette prise de conscience vous donne une intelligence intuitive de la nature composée et dépendante de tout ce qui existe.

Quand vous comparez votre corps à ceux des autres, vous voyez également que ce qui est vrai pour le vôtre est vrai pour tous les autres. Votre corps vieillit, tombe malade et s'affaiblit. Tous en font autant. Ce qui arrive au vôtre, en raison de changements hormonaux, de blessures, ou d'autres conditions, arrive aussi aux autres. Par conséquent, l'aspect extérieur, beau ou laid, gros ou mince, chevelu ou chauve, de votre corps n'a pas d'importance. Tous les corps fonctionnent, grandissent, vieillissent, tombent malades, dépérissent, meurent et se décomposent de la même façon. À cet égard, vous et les autres n'êtes aucunement différents. Cette compréhension vous aide à cultiver l'équanimité et à traiter tous les êtres vivants avec compassion et amitié-bienveillance.

L'ATTENTION AUX SENSATIONS ET AUX ÉMOTIONS

Nous avons tendance à penser « Je sens ! » sans réaliser que les sensations sont des phénomènes impersonnels. Elles viennent et partent en raison de conditions qui les déclenchent. Quand nous comprenons les différents types de sensations et d'émotions et la manière dont elles fonctionnent, nous pouvons prévenir les conditions qui conduisent à des états mentaux très douloureux et confus, simplement en nous détendant et en modifiant nos attitudes. Notre esprit demeure à l'aise et lucide. Mais ce n'est que le début. Lorsque nous voyons la véritable nature des sensations et émotions, notre détachement grandit et nous réagissons moins à celles qui apparaissent, quelles qu'elles soient. C'est une application du lâcher-prise de l'avidité et de l'aversion. En lâchant prise, nous arrachons les racines mêmes de notre souffrance et avançons vers le plein Éveil.

Nous présumons souvent que les personnes ou les situations

extérieures à nous-mêmes sont responsables de ce que nous éprouvons. Pourtant, l'observation attentive de nos sensations et émotions nous enseigne que les émotions plaisantes et douloureuses ne viennent pas des objets que nous percevons, mais de notre propre état mental ou de notre attitude. Vous pouvez vous en donner la preuve en vous souvenant que, lorsque plusieurs personnes différentes voient le même film, elles ont chacune un ensemble de sentiments différents à son égard. Ainsi pouvons-nous cesser de blâmer les autres et les événements extérieurs pour nos chagrins et commencer à regarder à l'intérieur de nous-mêmes – là où nous avons vraiment le pouvoir de changer les choses. C'est le sens de l'invitation du Bouddha à « venir voir ».

Quand vous connaissez bien vos propres sensations et émotions, vous pouvez également les comparer plus facilement à celles des autres. Vous remarquez que, tout comme vous développez différentes sortes d'émotions selon les circonstances, les autres en font autant. Tout comme vos émotions disparaissent, celles des autres disparaissent aussi. La connaissance que vous acquérez par l'Attention à vos propres émotions est appelée « intuition directe ». Celle que vous acquérez par comparaison de vos expériences avec celles des autres est appelée « compréhension par déduction ». Bien qu'il n'y ait pas de moyen de connaître avec certitude ce que les autres ressentent, la compréhension par déduction vous aide beaucoup à développer l'intuition de la réalité.

Quand nous nous souvenons que tous les êtres vivants ont une sensibilité, qu'ils ressentent tous la douleur émotionnelle et physique, souffrent du froid et de la faim, se sentent tristes et seuls, nous devenons moins égoïstes et moins enclins à défendre nos propres sentiments comme étant justes. Nous pouvons écouter patiemment les plaintes de la souffrance sans récrimination. Quand nous nous souvenons que tous les êtres ont les mêmes sensations et émotions que nous, comment pouvons-nous dire ou faire quelque chose pour blesser l'autre ?

À chaque moment, le cycle complet de la souffrance est alimenté par les réactions non éclairées de l'esprit aux sensations et émotions. Tous les êtres vivants, sans exception, ont une sensibilité, et tous les êtres non éclairés souffrent de leurs réactions à leurs sensations et émotions. Ces dernières naissent de la périphérie du corps à cause du contact avec le monde extérieur et également de la profondeur de l'esprit en raison du contact avec des événements mentaux. Ainsi, lorsque nous parlons de sensations dans le contexte des quatre bases de l'Attention, nous ne faisons pas de distinction entre les sensations physiques (« Je sens la chaleur du soleil ») et les émotions (« Je me sens triste »). Nous utilisons les deux sens du mot « sensation » de manière interchangeable.

Dès que nos cellules nerveuses ont commencé à se développer, nous avons éprouvé des sensations. La sensation est présente même chez un bébé dans la matrice. Quand la mère se déplace, l'enfant qu'elle porte sent le mouvement. Quand elle chante, il l'entend et est bercé. Quand elle est en colère, le bébé perçoit son agitation et sa tension. Quand elle rit, il sent sa joie. Bien que nous puissions ne pas nous rappeler ces sensations, nous les avons éprouvées.

De plus, chaque aspect de notre vie – nos luttes, nos réussites, nos inventions, nos travaux, et même notre survie – dépend de ce que nous ressentons. Le besoin de nourriture, de vêtements, de médicaments, d'abri, de relations sexuelles, de confort physique, dépend des sensations. Les êtres humains ont découvert, fabriqué ou développé de nombreuses choses grâce aux sensations. Quand nous avons froid, nous cherchons la chaleur. Quand nous avons faim, des aliments. Nous procréons en fonction de nos émotions. Nos pensées elles-mêmes commencent souvent par une sensation. Nous rationalisons notre réaction émotionnelle à une situation en disant : « J'ai toutes les raisons d'être en colère au sujet de ce qui est arrivé. »

Quand une sensation est plaisante, l'avidité apparaît : vous en voulez davantage. Quand une sensation ne vous plaît pas, vous réagissez par aversion, en la rejetant. Quand une sensation est neutre, vous avez tendance à l'ignorer, votre qualité d'esprit étant trompée. Comme nous l'avons fait remarquer, l'avidité, la haine et l'illusion mensongère – ou, pour faire court, l'avidité simplement – sont la source de toute souffrance. L'Attention aux sensations est une occasion d'étudier cette source, là où nous pouvons laisser partir la souffrance.

Disons que vous êtes assis avec l'intention d'observer l'inspiration et l'expiration du souffle – avec les sensations, les perceptions, les pensées ou la conscience qui vont avec – pendant quarante-cinq minutes. Mais, après vingt-cinq minutes environ, une douleur apparaît au milieu de votre dos et votre esprit passe à l'observation de la douleur. Parfois, ces petits maux disparaissent rapidement quand ils sont observés attentivement, mais cette fois-ci la douleur s'intensifie. Votre esprit lui résiste.

Si vous ne bougez pas et observez la douleur, elle finit par culminer, puis par se dissoudre. Quand elle disparaît, une sensation agréable se produit. Vous pouvez observer la manière dont l'esprit s'accroche à cette sensation agréable, en désirant la prolonger. Puis, une autre sorte de sensation remplace cette plaisante expérience. À mesure que des sensations apparaissent et s'effacent, vous pouvez vous rendre compte à quel point elles sont instables. Une sensation agréable peut rester agréable brièvement, mais ensuite elle s'efface, et sa perte entraîne un sentiment douloureux. Une sensation douloureuse fait mal tant qu'elle dure, mais quand elle s'est effacée, une agréable impression de soulagement apparaît.

Quand l'esprit n'est plus intéressé par ces sensations, vous revenez à l'observation de la respiration.

Vous pouvez voir que nous n'avons pas besoin d'un type particulier de méditation assise pour pratiquer l'Attention aux sensations et aux émotions. Nous poursuivons, plutôt, notre méditation de l'Attention habituelle et observons l'apparition et la disparition des sensations et des émotions de la même manière que nous observons le passage des pensées. Nous prolongeons cette pratique dans la vie quotidienne. Que ce soit pendant la méditation assise ou dans les activités de tous les jours, chaque fois qu'apparaît une sensation ou une émotion suffisamment forte pour attirer l'esprit, nous l'examinons.

Quand nous devenons conscients des sensations, nous ne sommes plus obligés d'y réagir machinalement. Nous devenons plus habiles. Si une sensation agréable apparaît, nous pouvons refréner l'avidité, tendance sous-jacente aux impressions agréables. Et si une sensation douloureuse apparaît, nous pouvons refréner l'aversion (ou haine), tendance sous-jacente à ce type d'impression. Si une sensation est neutre, nous pouvons le reconnaître et ne pas autoriser l'illusion mensongère, tendance sous-jacente à ces sensations, à émerger.

Le Bouddha a décrit deux grandes catégories de sensations et d'émotions : les « mondaines » et les « supra-mondaines ». Les mondaines sont celles dont les tendances sous-jacentes à l'avidité, à la haine ou à l'illusion mensongère sont activées dans une certaine mesure. Elles mènent directement à l'avidité, à la haine ou à l'illusion. Apparaissant inévitablement dans la vie ordinaire, celle du « monde », la satisfaction des plaisirs, la recherche de la richesse, d'un compagnon, d'un emploi, ou la constitution d'une réputation et d'un pouvoir, sont des sentiments qui déclenchent toujours une certaine dose d'avidité, de haine ou d'illusion mensongère.

De manière répétée, le Bouddha a prévenu ses disciples des dangers des intérêts mondains et des émotions correspondantes, en raison de ces tendances sous-jacentes. Il nous pressait de devenir conscients de leur danger et de les abandonner. Avec l'Attention, nous arrêtons de nous laisser emporter par l'avidité, la haine et l'illusion mensongère. Nous effectuons un effort pour refréner ces tendances – en les observant. Nous leur portons attention avec un esprit détendu, sans essayer de forcer quoi que ce soit, mais simplement en lâchant prise.

Du moment où nous agissons ainsi, nous ressentons des sensations supra-mondaines. Celles-ci apparaissent dans la poursuite du chemin spirituel de libération. Elles viennent avec la complète retenue des tendances sous-jacentes ou – dans le cas d'un être éveillé – avec leur élimination. Chaque fois que nous transcendons une sensation mondaine, il nous reste une sensation supramondaine.

Examinons maintenant les aspects agréables, douloureux et neutres, à la fois des sensations et émotions mondaines et supramondaines. Les sensations agréables nous sont très familières. Les plaisirs des sens nous apportent une quantité de sensations agréables. C'est le cas, par exemple, d'un délicieux repas, d'un spectacle télévisé divertissant, d'une rutilante voiture neuve. À moins que votre Attention ne demeure très forte, les sensations plaisantes corporelles et mentales seront mondaines, parce que nous aimons ces choses et désirons les goûter de manière répétée.

Les sensations supra-mondaines agréables sont probablement moins familières. Elles se produisent quand nous faisons quelque chose qui nous fait progresser sur le chemin de la libération. Considérez, par exemple, les sentiments de paix et de bonheur que nous éprouvons dans la concentration profonde, les sentiments paisibles ressentis quand notre méditation de l'Attention se passe bien.

Lorsque nous utilisons l'Attention pour laisser partir une sensation plaisante, comme celle provenant d'une nourriture délicieuse, des sensations supra-mondaines apparaissent. Cependant, méfiez-vous de tous ceux qui vous disent que vous pouvez profiter des plaisirs sensuels attentivement. Ce n'est pas le chemin du Bouddha. Il nous a enseigné à laisser attentivement partir les plaisirs des sens et à jouir des agréables expériences supra-mondaines provenant du lâcher-prise. Pour lâcher prise, nous restons attentifs à la nature impermanente de ces plaisirs sensuels. Ainsi, nous demeurons détachés, et ce détachement suscite de plaisantes sensations supra-mondaines.

Chaque fois que nous renonçons à l'avidité, la haine ou à l'illusion mensongère, d'agréables sensations supra-mondaines apparaîtront. En fait, toute action que nous effectuons sur le Chemin Octuple du Bouddha peut les faire apparaître. À mesure que notre Attention grandit, nous les ressentons plus fréquemment.

Imaginez que vous possédiez des objets auxquels vous êtes énormément attaché, par exemple les affaires d'un ami très cher, qui est décédé. Chaque fois que vous les regardez, des sentiments d'attachement ou de tristesse se manifestent, et vous souffrez. Quand vous parvenez à lâcher prise, c'est un grand soulagement, car ces affects cessent alors. La détente vient, et un sentiment agréable apparaît. C'est comme si, tenant un objet dans votre main, vous le serriez de plus en plus fort et ressentiez une douleur grandissante. Mais quand vous ouvrez la main, quel soulagement ! Les agréables états affectifs supra-mondains apparaissent parce que vous abandonnez l'attachement.

Les sensations douloureuses peuvent aussi être mondaines ou supra-mondaines. Celles qui appartiennent au monde se prêtent très facilement à l'aversion. Par exemple, de douloureux sentiments de colère ou de ressentiment peuvent s'élever lorsque nos ambitions sont contrecarrées, comme dans le cas où une promotion nous passe sous le nez. Les méthodes que nous avons examinées pour surmonter la colère peuvent aider quand s'élèvent des émotions douloureuses de cette nature.

Des états affectifs pénibles supra-mondains peuvent apparaître quand nous pratiquons le chemin du Bouddha. Disons que vous avez réellement compris son message et que vous voulez très fortement libérer votre esprit de l'avidité, de l'aversion et de l'aveuglement. Vous avez pratiqué la méditation, observé tous les préceptes, et suivi toutes les instructions. Pourtant, vous avez le sentiment de ne pas progresser vers votre but. La douloureuse sensation de frustration que vous éprouvez dans ce cas est supra-mondaine par nature.

Pourtant, à la différence des autres sortes d'émotions douloureuses, celle-ci est saine. Elle ne naît pas de l'avidité, de la haine ou de l'aveuglement. Par exemple, vous pouvez vous demander : « Où ai-je fait fausse route ? Pourquoi n'ai-je pas obtenu les résultats escomptés atteints par d'autres ? Peut-être ai-je omis quelque chose ; je vais réessayer depuis le début. » Elle devient une forte incitation à expérimenter et à continuer. Votre désappointement ne conduit pas à la colère, mais il crée un élan pour faire plus d'efforts. C'est une aide pour vous propulser vers la libération.

Les sensations neutres peuvent aussi être classées en mondaines et supra-mondaines. Dans le contexte des activités mondaines, mollesse et indifférence habitent les moments pendant lesquels les hauts et les bas des sensations plaisantes ou pénibles sont absents. L'illusion mensongère peut être florissante dans ces états neutres. Par exemple, si vous n'êtes pas suffisamment sur vos gardes, quand des états neutres apparaissent, il est possible que vous pensiez : « Ah ! Ceci est l'âme, c'est ainsi qu'on la ressent dans son état neutre, quand elle n'est pas affectée par d'autres choses. »

Quand votre Attention vous mène à reconnaître que ce que vous appelez « soi » ou « âme » est toujours en train de changer, toujours soumis à l'impermanence, ce que vous éprouvez est neutre et supra-mondain, impartial, sans préjugé et lucide. Vous vous sentez l'esprit vif et intéressé par ce qui va se dévoiler ensuite. Vous ne tombez pas dans l'un ou l'autre des camps émotionnels – ni désirant ni rejetant – mais restez équanime et attentif. Plus vous demeurez dans cet état, plus votre Attention se renforce.

Rappelons-nous l'exemple de la méditation avec une douleur au bas du dos. Au début, il y a le rejet de cette douleur, suivi d'agréables sensations et de saisie des sensations plaisantes. Si vous continuez d'observer ces dernières, vous les verrez changer encore et encore. Finalement, en voyant l'impermanence, vous abandonnerez vos réactions de saisie et de rejet. Alors, l'équanimité envers les sensations apparaîtra. Cet état équanime est un état neutre supra-mondain.

Pour pratiquer l'Attention aux sensations, quand il s'en produit une d'importance, nous remarquons d'abord si elle est mondaine ou supra-mondaine. Nous savons alors s'il convient de la laisser partir ou de l'approfondir.

Quand elle est supra-mondaine, nous faisons un effort pour la cultiver. Nous prenons note de ses causes, pour pouvoir en recréer de similaires à l'avenir. Ensuite, nous travaillons pour les reproduire. Sans relâche, nous cherchons à comprendre les différentes circonstances et actions qui conduisent à cette émotion supra-mondaine. Délibérément, nous prenons l'habitude de faire surgir ce type de sensation.

En revanche, si nous ressentons une émotion mondaine, enveloppée de la tendance sous-jacente de l'avidité, de la haine ou de l'illusion mensongère, nous effectuons un grand effort pour surmonter ces tendances. Nous devenons très attentifs à ne pas nous laisser emporter par l'état malsain qui naît de l'émotion. Nous observons attentivement l'émotion mondaine sans réagir, jusqu'à ce qu'elle finisse par se calmer. Pendant ce processus, nous pouvons voir l'impermanence de tous les éléments afférents : impermanence de l'objet désirable (ou indésirable), de nos opinions à l'égard de la situation, de notre propre corps et de notre capacité à jouir des plaisirs en question, et la nature fugitive des émotions elles-mêmes. En observant l'impermanence de cette façon, nous pouvons lâcher prise.

Quand nous lâchons prise, l'émotion mondaine est remplacée par un agréable sentiment supra-mondain, et nous devenons conscients de l'absence d'avidité, de haine et d'aveuglement à ce moment. Ensuite, l'esprit peut retourner à la respiration ou continuer d'observer les sentiments changeants supra-mondains. Le bonheur apparaît. L'esprit se stabilise, devient calme et paisible, et le bonheur grandit. La félicité mène à un niveau de concentration plus profond.

Par exemple, supposez qu'un matin, en vous réveillant, vous vous sentiez triste. Plutôt que de vous troubler, vous vous asseyez dans un endroit calme, fermez les yeux, et passez quelque temps à observer votre tristesse sans aucune idée préconçue ni inquiétude, mais en accordant une totale Attention à cette pénible émotion mondaine. Si vous acceptez de vous attacher à la cause de votre tristesse, l'émotion pénible dure plus longtemps. Mais si vous observez l'émotion, vous percevez la vérité sur votre tristesse. Ensuite, vous apprenez à réduire l'avidité, la haine et l'illusion mensongère. Quand vous acceptez la réalité du changement qui a lieu durant chaque moment de ressenti, cela vous rappelle que, heureusement, même les sentiments douloureux sont impermanents. Des états affectifs supra-mondains apparaissent. Ainsi votre humeur générale passe-t-elle de la tristesse à un sentiment calme, heureux, paisible. Maintenant, l'esprit est clair et il peut aisément se concentrer.

Supposez qu'un autre jour, vous vous sentiez particulièrement calme et joyeux. Vous observez cette agréable émotion supra-mondaine telle qu'elle est, lui accordant une totale Attention aussi longtemps qu'elle dure. Mais vous n'essayez pas de la rendre permanente. Aussi longtemps que l'attachement n'apparaît pas, le sentiment continuera à prédominer, même pendant des jours. Quand il commence à faiblir, vous le laissez partir. Comme vous continuez d'être attentif à vos états émotionnels, vous apprenez que vous ne pouvez pas forcer un sentiment agréable à rester aussi longtemps que vous le souhaiteriez. Paradoxalement, plus vous vous efforcez de conserver un sentiment agréable, plus vite il disparaît. Si vous observez simplement vos émotions telles qu'elles vont et viennent, votre esprit se détend et son bien-être grandit. Et vous maintenez aussi plus facilement votre équilibre émotionnel.

Lorsque nous observons attentivement une quelconque émotion ou sensation, elle atteindra son apogée et disparaîtra. Elle sera alors remplacée par une autre, qui culminera et disparaîtra aussi. Si vous avez commencé avec une émotion agréable, la suivante pourra être désagréable, ou neutre, ou encore agréable. Le type d'émotion ou de sensation que vous ressentez change constamment. Ce passage d'un type à un autre a lieu en une fraction de seconde. Les groupes émotionnels – à prédominance plaisante, déplaisante ou encore neutre – changent de moment en moment. Les tendances émotionnelles changent d'heure en heure, de jour en jour, et ainsi de suite. Observer n'importe lequel de ces changements nous donne une connaissance de notre véritable nature.

L'ATTENTION À L'ESPRIT

L'Attention à l'esprit consiste à surveiller l'apparition et la disparition de différents états mentaux – l'esprit avide ou sans avidité, l'esprit haineux ou sans haine, ignorant ou lucide, étroit ou vaste, dispersé ou concentré, fruste ou développé, captif ou libéré. Vous observez de tels états quand ils apparaissent et disparaissent conjointement à l'apparition et la disparition de la conscience.

Il est impossible de séparer la conscience des états d'esprit et des objets mentaux, car ils apparaissent et disparaissent ensemble.

Cependant, vous pouvez remarquer quand la conscience a été affectée par des qualités mentales négatives, comme l'avidité, la haine, la confusion, la dépression ou l'agitation, ou bien positives, comme la générosité, la patience ou l'amitié-bienveillance.

Vous portez une Attention totale à chaque état d'esprit pendant qu'il apparaît, sans faire quoi que ce soit de particulier à son sujet et sans vous permettre de vous y impliquer ou de suivre la pensée ou l'émotion. Vous observez simplement que chaque état ou qualité s'élève et décline. Cette ascension et cette chute sont la nature de l'esprit tout entier. À chaque moment – en fait, de nombreuses fois à chaque moment – l'esprit s'élève, atteint son apogée et s'éteint. Il en est de même pour n'importe quel esprit de n'importe quel être dans l'univers. Plus vous observez cette croissance et cette décroissance de toutes les qualités mentales, plus vous savez à quel point elles sont volatiles. Voyant cette volatilité, vous parvenez à une connaissance intuitive des phénomènes impermanents appelés « esprit ».

Ainsi, plus vous vous focalisez sur l'esprit lui-même, moins il paraît stable et cohérent. Comme toutes les autres choses qui existent, il change constamment. De plus, vous découvrez qu'il n'y a pas d'entité permanente. Personne ne fait marcher le projecteur de cinéma. Tout est flux, tout s'écoule, tout est processus. En réalité, vous êtes simplement ce constant courant de moments mentaux changeants. Et comme vous ne pouvez pas contrôler le processus, vous n'avez pas d'autre choix que de lâcher prise. Laissant le flux s'écouler, vous éprouvez la joie et goûtez pendant un instant la liberté et le bonheur qui sont le but du chemin du Bouddha. Alors, vous savez que cet esprit peut être utilisé pour parvenir à la sagesse.

L'ATTENTION AUX OBJETS MENTAUX

L'Attention aux objets mentaux peut faire croire qu'il s'agit d'une nouvelle sorte de pratique méditative, mais ce n'est qu'une nouvelle manière de décrire la pratique de la Vision intérieure que vous êtes en train de faire. « Objets mentaux » fait référence aux pensées – ce qui, ici, signifie toutes les activités mentales conscientes. Les pensées entrent dans plusieurs catégories : il y a les entraves, les obstacles, les cinq agrégats d'existence, les facteurs d'Éveil et les Quatre Nobles Vérités. Elles peuvent apparaître dans n'importe quel ordre.

Dans la méditation assise, pendant que vous pratiquez avec l'objet de méditation que vous avez choisi, comme la respiration, vous devenez rapidement attentif à toute pensée qui apparaît, comme l'obstacle du doute ou un aspect de l'un des agrégats. Cet objet mental – la pensée – devient le nouvel objet, temporaire, de votre méditation. Vous vous rendez simplement compte de sa présence et observez sa dissolution. Ou bien, s'il est malsain et s'il persiste, vous faites tout ce qui est nécessaire pour vous en débarrasser. Quand il disparaît, vous constatez qu'il a pour caractère l'impermanence, l'insatisfaction et l'absence de soi. Puis, vous reportez votre attention sur la respiration ou sur l'objet de méditation que vous avez choisi. Quand la prochaine pensée apparaît, vous répétez le processus.

Remarquez que vous ne décidez pas d'avance vers quelles sortes d'objets mentaux vous vous tournerez durant la méditation. Il n'y a nul besoin, non plus, de ranger dans une catégorie ce qui apparaît, en pensant par exemple : « J'observe une entrave. » Quand vous observez des objets mentaux sains, comme la joie, vous faites ce que vous pouvez pour que de telles pensées continuent de venir, mais vous continuez aussi d'observer l'impermanence, l'insatisfaction et l'absence de soi de ces états.

Cependant, comme nous l'avons déjà mentionné, la pratique de la méditation de l'Attention n'est pas limitée au coussin. Dans n'importe quelle posture, quoi que vous soyez en train de faire, vous pouvez devenir conscient de toute activité mentale apparaissant. Comme vous cherchez chaque jour à maintenir une Attention continue, les activités mentales malsaines se produisent moins fréquemment et celles qui sont saines deviennent plus fréquentes. Perdant moins de temps dans des pensées négatives, il devient de plus en plus facile de suivre les actions de l'esprit.

Vous entraînant ainsi à être attentif pendant la plus grande partie de vos heures de veille, un jour vous constaterez que votre Attention est stable et forte. Votre esprit est très lucide et vous commencez à voir comment tout ce dont vous faites l'expérience trouve sa place dans les Quatre Nobles Vérités. Quand cela arrive, celles-ci sont devenues l'objet de votre Attention. Vous pouvez vous remémorer un exemple de leur observation dans la section consacrée à « Mettre en œuvre la Pensée juste » de la deuxième marche.

Votre Attention s'améliorant, vous commencez naturellement à observer des facteurs d'Éveil – les qualités de l'esprit nécessaires pour atteindre le but du chemin. Pendant de nombreuses vies, le Bouddha a pratiqué pour parvenir à l'extrême perfection de ces facteurs afin de devenir un Bouddha. Les sept facteurs d'Éveil sont l'attention, l'investigation, l'effort, la joie, la tranquillité, la concentration et l'équanimité. Vous les avez cultivés depuis le début. Comme votre Attention s'améliore, ils atteignent simplement un niveau supérieur. Les sept facteurs d'Éveil sont traditionnellement exposés dans l'ordre où ils apparaissent, car le développement de chacun d'eux mène au suivant.

Quand l'Attention est stable et forte, vous vous rendez compte de sa force, et elle devient votre objet de méditation. Vous savez que vous êtes attentif. Ainsi l'Attention devient-elle un objet mental de l'Attention. Cette Conscience de votre Attention jette davantage de lumière sur vos propres expériences de la forme, des sensations et émotions, des perceptions, des formations volitives et de la conscience, de sorte que vous pouvez les voir plus clairement. Encouragé par cette Conscience, vous poursuivez votre entraînement à l'Attention. L'Attention est ce que vous avez pratiqué dès le début de votre progression sur le chemin. Finalement, après beaucoup de travail, vous parvenez à un point où votre Attention s'approfondit, devient plus claire et plus forte, et vous savez qu'elle est établie. Maintenant, l'Attention a été élevée au niveau d'un facteur d'Éveil.

Avec l'Attention, vous avez effectué la discrimination entre les objets sains et malsains. Vous avez observé les caractéristiques des objets dont vous avez eu l'expérience, constatant qu'ils étaient caractérisés par l'impermanence, l'insatisfaction et l'absence de soi. Au cours de ces efforts, vous avez développé des habitudes d'investigation dans la vérité. Avec l'Attention renforcée, le désir sain apparaît d'analyser impartialement toutes vos expériences. Vous en devenez conscient. Alors, votre objet mental est l'investigation de tous les phénomènes de la vie. Votre Attention accrue agit comme une lampe torche illuminant les objets dans l'obscurité.

Avec le faisceau de cette puissante Attention focalisé sur votre expérience d'un objet, vous analysez et voyez sa nature impermanente. Quand cet objet disparaît, un autre apparaît, qui révèle la même vérité d'impermanence, d'insatisfaction et d'absence de soi. Quand la prochaine expérience apparaît, il se peut que vous pensiez : « Cet objet-ci sera permanent ! » Pourtant, votre examen acéré révèle que lui aussi est changeant. Poursuivant votre recherche de la vérité et découvrant que toutes les expériences partagent les trois mêmes caractéristiques, votre investigation devient un facteur d'Éveil.

Comme tout ce que vous analysez continue de révéler cette vérité, une ardeur pour en voir davantage se produit. L'esprit est plein d'énergie. À ce point, votre Attention est forte, comme si elle était cristallisée. Depuis le début, vous avez fait des efforts – pour développer l'Attention, éliminer les états malsains, encourager les états sains – et vous avez travaillé durement à parfaire chaque marche. Maintenant, votre empressement à faire des efforts porte son fruit : le facteur d'Éveil de l'énergie.

Vous sentez l'énergique disposition de l'esprit à entreprendre n'importe quelle tâche, et l'énergie devient votre objet mental d'Attention. L'esprit demeure actif bien que détendu. Un sain désir de faire apparaître cette qualité énergétique de l'esprit se renouvelle encore et encore. Maintenant, avec une puissante Attention, une puissante investigation, une puissante énergie, vous poursuivez l'analyse de n'importe quel objet apparaissant dans l'esprit, retrouvant sans cesse les trois caractéristiques. Plus vous faites grandir votre énergie pour voir la vérité, plus vous êtes content et même joyeux. Vous vous sentez tellement content, parce que vous n'êtes plus en conflit avec la réalité. Par suite, le facteur d'Éveil de la joie devient votre nouvel objet d'Attention.

La joie génère le contentement, qui génère le bonheur. Le bonheur apporte la paix et la tranquillité. En conséquence, la tranquillité s'élève en tant que facteur d'Éveil. Continuant de voir la même vérité, à tous les niveaux, dans toute expérience concevable, vous vous détendez. Autrefois, l'esprit était constamment en mouvement, agité comme un drapeau au sommet d'une montagne. Maintenant, l'agitation a cessé. Le calme vient. Une concentration profonde, puissante, apparaît. Auparavant, il est possible que vous ayez eu une profonde, puissante concentration ; c'est la même. Mais maintenant l'esprit est en train de mûrir, et vous pouvez vous servir de cette concentration pour réaliser des niveaux d'Éveil. Ainsi la concentration devient-elle un facteur d'Éveil.

Tous les facteurs sont en parfaite harmonie : attention, investigation, énergie, joie, tranquillité et concentration. Tous sont en équilibre. À ce stade, le facteur d'Éveil de l'équanimité prend le contrôle. Voyant, dans un état très impartial et stable, tout ce qui apparaît, l'équanimité purifie chacun des autres facteurs. Précédemment, il y avait toujours quelque désir subtil que les choses soient autrement qu'elles sont. Par exemple, vous pouviez penser : « J'aimerais que cette belle expérience puisse continuer. » Ce désir subtil cesse quand l'esprit est dans un état d'équanimité.

Quand l'impermanence est très claire, vous n'espérez pas que le moment suivant soit permanent. Quand la nature insatisfaisante, souffrante, des choses devient claire, vous n'attendez pas que le moment suivant soit satisfaisant. Quand la nature impersonnelle, incontrôlable, sans soi des choses devient claire, vous n'avez pas l'espoir que le prochain moment puisse être différent. Avec l'équanimité, l'esprit n'a pas même une trace de désir de voir les choses, en aucune façon, différentes de ce qu'elles sont. L'esprit est totalement uni à la vérité. C'est ainsi que les Quatre Nobles Vérités s'accordent avec les sept facteurs d'Éveil. Vous voyez la souffrance exactement comme elle est. Vous voyez la cause de la souffrance exactement comme elle est. Vous voyez la cessation de la souffrance exactement comme elle est. Et le chemin que vous avez parcouru depuis le début jusqu'à maintenant – lui aussi, vous le voyez exactement comme il est.

Chaque fois que l'un de ces facteurs d'éveil n'apparaît pas, vous en devenez conscient. Chaque fois qu'ils apparaissent bien, vous en devenez conscient et vous les cultivez, jusqu'à ce que vous arriviez au niveau de perfection. Quand chacun des sept facteurs a été parfait, nous atteignons le nibbana, le bonheur parfait, la paix parfaite. Nous pouvons atteindre ce but dans cette vie-ci. Quand nous y parvenons, toute la souffrance disparaît. Toutes les questions cessent. Toute anxiété, inquiétude, peur et tension disparaît, pour ne jamais revenir. Il n'y a aucune avidité, aucun attachement à quoi que ce soit. Nous vivons en parfaite harmonie, en parfait équilibre. Tous nos sens sont aiguisés. Nous continuons de manger, de boire, parler, marcher et d'utiliser notre corps et notre esprit, mais en pleine Conscience, avec une totale Attention. Notre moralité ne nous mène pas à penser que nous sommes supérieurs aux autres. Notre concentration ne nous mène pas à nous glorifier et à déprécier les autres. Notre sagesse nous donne une parfaite amitié-bienveillance, une parfaite compassion et une parfaite joie par sympathie avec celle des autres. Jouissant d'une parfaite équanimité, nous ne sommes jamais plus troublés par les hauts et les bas de la vie.

POINTS CLÉS POUR PRATIQUER L'ATTENTION JUSTE

- L'Attention est une attention d'instant en instant à ce qui est. Un esprit attentif est précis, pénétrant, équilibré et ordonné. Il est semblable à un miroir qui reflète sans distorsion tout ce qui se trouve devant lui.
- L'Attention vous donne une Vision intérieure des trois caractéristiques de tout ce qui existe : impermanence, insatisfaction et non-existence d'un soi (ou âme) éternel ou non changeant.
- Vous pouvez utiliser n'importe quel objet pour faire progresser votre Attention, tant qu'il vous aide à parvenir à la vision intuitive des trois caractéristiques.

- Le but profond de l'Attention est d'ouvrir l'œil de la sagesse, car la Vision intérieure de la véritable nature de la réalité est le secret ultime d'une paix durable et du bonheur.
- Les quatre bases de l'Attention sont : l'Attention au corps, l'Attention aux sensations et aux émotions, l'Attention à l'esprit et l'Attention aux objets mentaux.
- Trois pratiques essentielles de l'Attention au corps sont l'Attention à la respiration, l'Attention à la posture et l'Attention aux parties du corps.
- L'Attention à la respiration peut vous aider à apprendre à vous concentrer, car la respiration est facile à observer et toujours présente.
- Unir l'esprit à la respiration place l'esprit dans le moment présent. La respiration joue aussi le rôle de base, auquel l'esprit peut revenir après avoir analysé d'autres phénomènes.
- Marcher lentement et attentivement peut être une méditation complète révélant comment l'impermanence, l'insatisfaction et l'absence de soi imprègnent tous les instants. La même méditation peut être utilisée dans d'autres postures, telles que les postures assise, debout et couchée.
- Maintenir l'Attention à la posture tout au long de la journée entraîne l'esprit à voir clairement les caractéristiques des cinq agrégats.
- Méditer sur le corps en tant qu'ensemble de quarante-deux parties et processus constamment changeants vous montre qu'il n'y a rien de permanent dans le corps à quoi vous puissiez vous attacher.
- Les émotions agréables et désagréables viennent de notre propre attitude et, par conséquent, nous pouvons arrêter de blâmer les autres pour ce que nous ressentons.
- Le cycle complet de la souffrance est alimenté par les réactions non éclairées de l'esprit aux trois sortes de sensations et

d'émotions – la saisie de celles qui sont agréables, le rejet des désagréables et le sentiment trompeur d'un soi dans celles qui sont neutres.

- Les sensations et émotions mondaines apparaissent dans les activités du monde et ont des tendances sous-jacentes à l'avidité, à la haine ou à l'illusion mensongère. Les sensations et émotions supra-mondaines apparaissent par la Vision intérieure et n'ont aucune tendance sous-jacente.
- L'Attention aux sensations et émotions fait partie de notre pratique ordinaire de la méditation de la Vision intérieure. En voyant l'impermanence des unes et des autres, nous apprenons à lâcher les tendances sous-jacentes d'avidité, de haine et d'illusion mensongère, et à cultiver des sensations et émotions supra-mondaines.
- Le Bouddha ne nous a pas enseigné à « jouir attentivement » des plaisirs des sens. Il nous a appris à être attentifs à laisser partir le désir des sensations et émotions mondaines agréables, et à jouir des sentiments agréables créés par ce détachement.
- Quand vous cultivez l'Attention à l'esprit, vous remarquez la montée et le déclin des états mentaux, tels que les états avides et sans avidité, étroits ou vastes, et ainsi de suite.
- L'Attention aux objets mentaux signifie observer l'apparition et la disparition des cinq obstacles, des dix entraves, des cinq agrégats, des Quatre Nobles Vérités et des sept facteurs d'Éveil.
- Vous pouvez considérer les sept facteurs d'Éveil comme les fruits de la pratique de l'Attention. À mesure que votre Attention se développe, ils apparaissent dans cet ordre : attention, investigation, énergie, joie, tranquillité, concentration et équanimité.
- Quand tous les facteurs d'Éveil ont été portés à la perfection, nous atteignons le nibbana, le bonheur parfait, la paix parfaite. Nous pouvons parvenir à ce but dans cette vie.

HUITIÈME MARCHE

La Concentration Juste

La Concentration juste est la dernière marche essentielle sur le chemin du Bouddha vers le bonheur. Lorsque l'esprit est serein, paisible et concentré, les obstacles qui bloquent notre bonheur n'apparaissent pas. De plus, lorsque nous sommes assis en méditation, nous sommes capables de fixer notre esprit concentré sur les objets mentaux qui apparaissent à la conscience. La concentration nous aide à percer l'apparence superficielle de ces objets jusqu'à une claire perception de leur impermanence, de l'insatisfaction qu'ils apportent et de l'absence d'un soi permanent, non changeant ou d'une identité. Avec la Concentration juste, notre pratique de la méditation s'accélère et nous faisons des progrès rapides sur le chemin du Bouddha.

En général, quand nous disons que quelqu'un se « concentre », nous pouvons donner n'importe quel sens à cette action – s'absorber dans un spectacle télévisé, dans la stratégie d'une partie d'échecs, ou même la préparation d'un crime. Mais la concentration enseignée par le Bouddha dans le cadre de son Chemin Octuple a trois caractéristiques particulières : elle est toujours saine ; elle atteint des degrés très profonds et très puissants de focalisation sur un point ; et elle inclut l'utilisation de l'Attention pour développer la sagesse.

Ce type de concentration ne se produit pas tout de suite. Comme toute autre capacité, elle doit être apprise pas à pas. L'esprit doit être entraîné. Cela peut prendre un temps indéterminé, depuis plusieurs sessions de méditation assise à des années d'efforts pour développer une concentration saine, centrée sur un point unique et attentive. Une fois que nous parvenons réellement à cette pleine concentration, nous devons répéter chaque étape de l'entraînement de multiples fois, jusqu'à ce que nous soyons capables de la faire apparaître facilement et à volonté.

Au début de ce livre, nous avons mentionné l'importance de trouver un bon enseignant pour vous guider dans votre pratique. Il peut vous apporter une grande aide pendant que vous travaillez à développer la pleine concentration. Beaucoup de questions peuvent se poser quand vous cherchez à perfectionner cette capacité. Si un bon enseignant n'est pas disponible, la meilleure chose, en ce cas, est de lire des livres consacrés uniquement à ce sujet.

En outre, l'esprit a du mal à se calmer suffisamment pour atteindre la pleine concentration tant que vous continuez à vous occuper des problèmes quotidiens de la vie ordinaire. Nous vous recommandons de réserver des périodes spécifiques pour la pratique, par exemple une semaine pendant laquelle vous ne serez pas interrompu par des obligations. Participer à une retraite centrée sur la pratique de la concentration peut être la meilleure façon de commencer.

LA CONCENTRATION SAINE

Toutes les concentrations ne sont pas saines. Pensez à un chat prêt à bondir, son attention centrée sur sa proie. La concentration du chat est intense, mais elle n'est pas saine. L'esprit dont la concentration est saine est libre d'avidité, de haine et de l'illusion mensongère.

Dans la vie quotidienne, il se peut que nous utilisions une forte concentration pour résoudre un problème mathématique, pour réparer un moteur de voiture ou préparer une recette de cuisine. Ce type de concentration peut être sain, s'il est motivé par de bonnes pensées, comme la générosité, l'amitié-bienveillance ou la compassion. Il sera malsain s'il est motivé par des états malsains comme l'avidité, l'aversion ou la cruauté.

Des états malsains, y compris les cinq obstacles, sont présents dans la concentration ordinaire plus souvent que vous pouvez le croire. Par exemple, pendant que vous essayez de résoudre un problème de mathématiques, votre attachement envers l'obtention d'une bonne note à l'examen peut être excessif ; pendant que vous réparez un moteur, vous pouvez avoir peur de mal faire ; pendant que vous préparez votre délicieux repas, vous pouvez ruminer des pensées coléreuses au sujet d'un membre de la famille qui le mangera. Le type de concentration enseigné par le Bouddha est toujours exempt des obstacles.

Dans la méditation assise, également, si la concentration a été établie alors que l'un des obstacles est présent, elle est malsaine. Par exemple, étant assis en méditation, il se peut que vous parveniez à une petite concentration, alors que vous éprouvez lourdeur d'esprit et somnolence. Vous pouvez être mi-endormi, mi-éveillé, rêvant d'agréables pensées. Plus tard, vous pouvez vous imaginer être parvenu à une haute réalisation durant votre méditation. Ce sont des fantasmes, et non une concentration saine.

Pratiquer la concentration alors que votre esprit est agité par le ressentiment est également malsain. Quand votre pratique se sera ainsi fourvoyée, vous pourrez vous en rendre compte à la tension, à l'inquiétude ou à la fatigue que vous ressentirez. Certains méditants peuvent même développer un mal de tête en se forçant à fixer leur objet de méditation, en dépit de la présence d'une irritation ou d'une autre sorte d'aversion. Pour surmonter de tels obstacles et créer un état d'esprit sain, vous devriez toujours pratiquer l'Effort juste, avant de continuer. La pire erreur qu'un méditant puisse commettre est de passer du temps à se concentrer sur des griefs ou d'autres pensées malsaines. Naturellement, porter une Conscience attentive à de tels états est une saine méditation de la Vision intérieure.

Par conséquent, le premier pas pour établir la Concentration juste est de rendre votre pratique saine en bloquant les obstacles. Voici les mesures complémentaires que vous devriez prendre, chaque fois que vous vous asseyez avec l'intention d'établir la Concentration juste.

- Pendant la durée de votre méditation, abandonnez toutes pensées d'attachement à des situations, des idées, des personnes et des habitudes. Ne pensez pas à votre famille, à vos amis, parents, travail, feuilles de paye, factures, investissements, patrimoine ou responsabilités. Dites-vous : « Je choisis de passer ce temps très spécial pour progresser. Je ne me suis pas assis sur ce coussin pour ressasser toutes mes pensées habituelles. Je vais faire bon usage de ce temps. »
- Ne vous faites pas de soucis pour tout ce que vous n'avez pas fait, ou que vous avez peut-être mal fait, ou les offenses que vous avez pu commettre. Souvenez-vous que le passé est révolu, et que ce qui est fait ne peut pas être défait.
- Passez quelques minutes à cultiver des pensées d'amitié-bienveillance pour que l'esprit se sente bien et soit mieux à même de se concentrer. Ensuite, prenez trois respirations profondes.
- Fixez l'esprit sur l'objet de méditation que vous avez choisi, la respiration par exemple.
- Gardez votre esprit dans le moment présent.

- Effectuez un constant effort pour rassembler votre esprit.
- Si l'un quelconque des cinq obstacles est présent, surmontez-le en utilisant les méthodes que vous avez apprises. Cultivez l'état d'esprit sain qui est l'opposé de l'obstacle présent. Par exemple, si l'avidité est présente, cultivez la pensée de renoncement. Rendez l'esprit léger et lumineux.
- Une fois que l'obstacle a été surmonté, fixez de nouveau l'esprit sur l'objet de méditation que vous avez choisi, par exemple la respiration.
- Souvenez-vous que le but de cette séance est de développer votre technique de concentration. À ce stade, vous ne devriez pas examiner les détails de votre expérience, mais vous focaliser sur votre objet principal de méditation.
- Chaque fois que vous établissez la concentration saine, cela devient plus facile, et vous devriez vous sentir encouragé. Peu importe la faiblesse de votre concentration saine ou sa brièveté, vous avez fait un progrès en vous frayant un chemin à travers de vieilles habitudes et en faisant progresser votre esprit.

Quand vous entraînez l'esprit à la concentration, vous devriez être heureux d'avoir été capable d'atteindre un degré de concentration saine, quel qu'il soit. Dans la méditation assise, la concentration saine apporte de l'énergie, un peu de stabilité et un commencement de confiance dans la pratique. La joie apparaît, car la concentration maintient les obstacles à distance.

Même dans la vie quotidienne, un degré de concentration saine est nécessaire pour vivre avec une bonne moralité. Elle vous aide à vous focaliser sur des pensées, des paroles et des actions positives, et à vous abstenir de celles qui sont malsaines. Elle vous aide également à traiter les problèmes quotidiens impartialement, avec un état d'esprit équanime. L'inverse est également vrai. Une forte base morale est nécessaire pour développer avec succès la concentration saine. À mesure que votre sens moral s'améliore, votre concentration s'améliorera aussi.

La concentration dont nous avons parlé jusqu'à présent est ce que nous pourrions appeler « saine concentration ordinaire ». Cette sorte de concentration est relativement facile à atteindre. Et pourtant, l'intuition qui en naît peut transformer votre vie. Elle vous détourne des pensées, des paroles et des comportements malsains. Vous perdez l'envie de faire des choses qui retardent la libération de l'esprit. C'est pourquoi le Bouddha disait que la concentration saine est le fer de lance de tous les états mentaux sains.

Lorsque le Bouddha était encore le prince Siddhattha Gotama, le roi, son père, l'empêchait de voir tout ce qui aurait pu l'encourager à prendre une direction spirituelle. Quand le prince vit finalement les quatre signes – un vieillard, un invalide, un cadavre et un renonçant pratiquant une voie spirituelle –, ce fut un tournant pour lui. En méditant sur ces quatre signes, Siddhattha atteignit un état de concentration. Il eut alors une profonde intuition de la souffrance. Il prit la résolution de ne pas retourner au confort et aux plaisirs du palais de son père, mais de chercher une solution au problème de la souffrance humaine.

La même chose peut être vraie pour nous. Quand nous les regardons avec une concentration ordinaire saine, les choses de la vie quotidienne peuvent déclencher une réflexion plus profonde. L'intuition qui peut se produire avec la concentration ordinaire saine peut vous convaincre que vous êtes resté suffisamment longtemps dans le cycle de la souffrance, et qu'il est temps de commencer une nouvelle page de votre vie. Vous avez une vision et une connaissance nouvelles de la souffrance. Vous voyez qu'il faut être aveugle pour rechercher le bonheur par les plaisirs des sens ; vous voyez, à travers les satisfactions des plaisirs matériels, la tension et le chagrin sous-jacents. Vous n'essayez plus de rationaliser la souffrance en tant que plaisir.

Le chemin pour sortir de la souffrance devient également clair. La concentration saine ordinaire vous aidant à voir la vérité du message du Bouddha, vous êtes motivé pour développer des états de concentration plus profonds, de façon à atteindre des intuitions plus profondes.

LES NIVEAUX DE LA PLEINE CONCENTRATION

La concentration profonde qui peut mener aux prises de conscience les plus pénétrantes est appelée « pleine concentration », ou jhana. La pleine concentration est toujours saine et elle est centrée sur un seul objet, sans distraction. Notez, cependant, que la pleine concentration n'est pas encore la Concentration juste, à moins que l'Attention soit présente. Avec la pleine concentration, votre progrès vers l'Éveil est accéléré.

Nous parlons ici de concentration dans un sens très particulier. Chaque fois que l'esprit se focalise sur un objet, aussi insignifiant soit-il, la concentration apparaît. Mais, généralement, nous ne remarquons que la « vue d'ensemble, » non les petites choses qui la constituent. Par exemple, dans la lecture, les yeux se focalisent sur une lettre puis sur la suivante, ou sur un mot puis sur le suivant, et ils envoient ensuite ces informations à l'esprit. Mais nous ne lisons pas lettre à lettre, ni même mot à mot. L'esprit est si rapide et sa capacité de concentration si puissante que nous appréhendons des lignes ou des phrases entières.

Si nous ralentissons le processus, nous pouvons devenir conscients de chaque petit moment de concentration. Le but de la pratique est de maintenir la Conscience présente, de façon que la concentration pénètre chacun des moments mentaux successifs, sans omission. Mais ce niveau de vigilance est difficile à établir. Un moment mental est si petit qu'il est presque inimaginable.

Quelqu'un demanda au Bouddha de donner un exemple d'un moment mental. Il répondit qu'il ne pouvait pas en donner. Il est impossible, dit-il, de décrire la rapidité, la vitesse d'un moment. Supposez, pourtant, qu'il y ait une petite et fragile toile d'araignée. Supposez que vous approchiez une bougie pour la brûler. Combien de temps faudrait-il pour qu'elle le soit ? Vous pouvez à peine approcher la bougie de la toile qu'elle est déjà brûlée. Pendant une si petite durée, dit-il, des milliers et des milliers de moments mentaux apparaissent, arrivent à maturité et disparaissent. Par cette illustration, le Bouddha disait que la rapidité de l'esprit est pratiquement inconcevable.

Chacun de ces moments fugitifs est composé de trois instants mentaux encore plus brefs : l'instant de l'apparition, celui de l'apogée et celui de la disparition. Immédiatement après celui de la disparition, l'instant mental suivant apparaît, suivi par son apogée et son extinction. Ces trois instants, de durée plus brève, constituent un moment mental complet. La concentration ordinaire apparaît seulement au cours de quelques moments mentaux – peut-être un sur un milliard. Un esprit puissamment concentré peut pénétrer profondément jusqu'au niveau des instants mentaux individuels de l'apparition, de l'apogée et de la disparition. Une fois que nous observons directement l'apparition et la disparition des instants mentaux individuels, il ne nous est plus possible de douter de la vérité de l'impermanence de toute chose, et nous devons lâcher prise. C'est pourquoi nous avons besoin d'un esprit complètement concentré afin de voir la réalité suffisamment clairement pour parvenir à l'Éveil.

La pleine concentration comporte un certain nombre de stades ou niveaux. En fait, il existe huit niveaux de pleine concentration, ou jhana, accessibles aux personnes qui ne sont pas encore éveillées, et n'importe lequel d'entre eux peut être utilisé pour atteindre l'Éveil. Cependant, pour des raisons de simplicité nous limiterons notre discussion aux quatre premiers.

Le premier niveau de pleine concentration, au minimum, est nécessaire pour développer la force mentale nécessaire à la Vision intérieure dans les choses telles qu'elles sont. En atteignant les trois niveaux suivants, il devient plus facile de voir la vérité. Au deuxième niveau, la concentration est bien meilleure en raison de l'absence du processus de pensée. Au troisième niveau, l'Attention devient beaucoup plus puissante, et plus encore au quatrième, la présence de l'équanimité l'ayant complètement purifiée.

Le premier niveau

Pour parvenir au premier niveau de pleine concentration, vous devez nettoyer l'esprit de tous les obstacles et établir la concentration saine. Ensuite, cinq facteurs mentaux doivent s'assembler : la « fixation initiale de la pensée », la « fixation soutenue de la pensée », la joie, le bonheur et la concentration.

L'un de ces cinq facteurs peut apparaître, seul ou combiné, en différentes circonstances. Par exemple, le bonheur apparaît chaque fois que la haine disparaît. Quand la somnolence s'estompe, la « fixation initiale de la pensée » peut apparaître. Lorsque l'agitation et les soucis faiblissent, la joie peut apparaître. Chaque fois qu'un moment de saine concentration ordinaire se produit, la joie apparaîtra en raison de l'absence d'obstacles, et quelques-uns des autres facteurs peuvent aussi apparaître.

Quand l'un de ces cinq facteurs se manifeste, la sensation est merveilleuse. On se croirait au ciel. Mais ce merveilleux sentiment n'est pas le jhana, et vous ne parviendrez pas non plus au jhana en faisant apparaître ces facteurs ensemble au hasard, un par un. Il est nécessaire de suivre une certaine méthode pour atteindre le premier niveau de concentration jhanique.

Cette méthode commence par la concentration saine ordinaire. La joie que vous trouvez dans cet état conduit au bonheur. Joie et bonheur sont deux émotions différentes. La joie apparaît dans l'anticipation du bonheur espéré. Le bonheur naît du contentement éprouvé lorsque vos espoirs ont été réalisés. Voici une analogie qui permet de faire la distinction entre la joie et le bonheur.

Vous marchez dans un désert. Il n'y ni eau, ni arbres, ni ombre – seulement du sable. Vous marchez sans arrêt, fatigué et assoiffé. Puis, vous voyez quelqu'un se rapprocher, les cheveux humides et les vêtements trempés. Ravi, vous demandez : « Comment se fait-il que vous soyez si mouillé ?

– Je viens d'une oasis juste là-bas. »

Vous marchez vers l'oasis. Quand vous apercevez l'eau, vous éprouvez de la joie. En vous rapprochant, votre joie grandit. Puis, vous plongez dans l'eau, tête la première. Vous buvez l'eau. Ensuite, vous vous reposez au bord de l'eau, ressentant la fraîcheur et le calme. « Ah ! quel bonheur ! » C'est cela le bonheur.

En général, on associe le bonheur à l'excitation. Disons que quelqu'un gagne une très grosse somme d'argent à la loterie. Il exprimera l'excitation en embrassant les gens, en les serrant dans ses bras, en pleurant, en sautant en l'air. Il pense : « Je suis si heureux ! » Mais cette émotion n'est pas le vrai bonheur. C'est de l'excitation. Quand le vrai bonheur apparaît, l'excitation disparaît et vous vous sentez détendu et paisible.

Le vrai bonheur conduit à la tranquillité. L'esprit se calmant, il devient naturellement plus concentré. Votre concentration s'approfondissant, vous pouvez entreprendre l'entraînement de l'esprit pour parvenir à la pleine concentration, de la façon suivante :

- Gardez l'esprit constamment fixé sur la respiration ou un autre objet de méditation. À ce stade, ne dirigez pas votre attention vers d'autres objets, tels que des sons ou des pensées, pour les examiner quand ils apparaissent. Lâchez tout ce qui se manifeste et revenez à la respiration. Répétez cela sans cesse, jusqu'à ce que l'esprit perde tout intérêt pour toute chose et qu'il reste sur l'objet choisi.
- Finalement, la respiration, ou tout autre objet que vous aurez choisi, paraît s'estomper, et elle est remplacée par une impression mémorisée qui en émane. Cette image mentale ou cette sensation, appelée le « signe de la concentration », devient votre nouvel objet de méditation, et vous restez avec lui.
- Lorsque cette image mentale s'estompe également et que l'esprit se concentre sur lui-même, vous avez atteint le premier niveau de la pleine concentration.

Comment cela arrive-t-il ? À mesure que la concentration saine s'approfondit, l'esprit perd progressivement son intérêt pour les autres choses et il demeure sur l'objet de méditation, la respiration par exemple. À mesure que vous continuez de le fixer, cet objet devient si subtil que vous ne le remarquez plus du tout. Mais, à l'endroit de la focalisation, le bord des narines par exemple, la mémoire de la respiration ou d'un autre objet de méditation demeure. Cette mémoire se transforme en une sensation très agréable appelée « signe de la concentration. » Ce signe peut apparaître sous la forme d'une image visuelle, par exemple une lumière, ou sous la forme d'une autre sensation, comme un doux contact. La forme exacte prise par cette image mentale est une chose très personnelle.

Quand vous développez le signe, quelle que soit la manière dont il apparaît, restez avec lui. Utilisez la même image chaque fois que vous méditez. Ne dites votre signe à personne. Le signe de chacun est différent, et vous ne feriez que créer de la confusion chez les autres. Au début de votre pratique, votre inspiration et votre expiration étaient l'objet de votre méditation. Maintenant, vous avez le signe comme objet de méditation. Le Bouddha exhortait ses disciples à « pratiquer, développer, et fixer » le signe (A IV (Nines).IV.4). Pratiquez pour réaliser le signe de la concentration de nombreuses fois, jusqu'à parvenir à son complet contrôle, afin que, quel que soit le moment où vous vouliez en avoir l'expérience, le signe soit disponible et que vous puissiez unir votre esprit à lui.

Au début, quand le signe de la concentration apparaît dans votre pratique, il semble statique. Fondée sur cette base, la concentration peut ainsi se manifester. Mais lorsque vous portez une totale attention au signe, vous commencez à voir qu'il change lui-même constamment. Finalement, comme tous les autres phénomènes conditionnés, il s'efface. Quand le signe disparaît aussi, l'esprit n'a plus d'autre objet que lui-même sur lequel il puisse se concentrer ; il devient donc concentré en lui-même. À ce moment, la « fixation initiale de la pensée » apparaît brièvement. C'est le début de la saine fixation de l'esprit sur un point unique.

Quand la fixation initiale de la pensée est maintenue pendant quelques secondes, la « fixation soutenue de la pensée » peut apparaître. Maintenant, l'esprit demeure de manière stable sur l'objet. Étant donné qu'il ne vagabonde plus, une qualité de joie plus affinée apparaît, suivie de près par un bonheur plus affiné. Ces quatre facteurs déclenchent la concentration jhanique. Maintenant, les cinq facteurs du premier niveau de concentration, ou jhana – la « fixation initiale de la pensée », la « fixation soutenue », la joie, le bonheur, et la concentration –, fonctionnent ensemble en unité.

Souvent les gens me demandent : « Comment savoir si j'ai atteint le premier niveau de jhana ? » La réponse est simple : comme nous l'avons indiqué précédemment, ce n'est que lorsque les cinq facteurs fonctionnent à l'unisson que vous pouvez dire avoir atteint le premier niveau de pleine concentration ou jhana. Imaginez que vous cherchiez un arc-en-ciel. Avant d'en découvrir un, il se peut que vous voyiez une couleur rouge ici, une verte là, ou une bleue, ou un mélange de couleurs. Elles peuvent être très belles, merveilleuses. Mais ce n'est pas le phénomène de l'arc-en-ciel. Jusqu'à ce que les bonnes conditions de réflexion de la lumière solaire sur les nuages se produisent, faisant apparaître un prisme avec toutes les couleurs se succédant comme il se doit, vous n'avez pas un arc-en-ciel. De même, jusqu'à ce que les conditions soient réunies et les cinq facteurs jhaniques mis en ordre, vous n'avez pas atteint la pleine concentration.

Certaines personnes ont l'idée que l'esprit concentré devient vide. Elles imaginent que l'esprit du méditant n'a pas de sensibilité – qu'il se repose là, simplement, comme une pierre. Rien ne pourrait être plus éloigné de la vérité. L'esprit en pleine concentration n'est pas statique, mais dynamique. Dans le premier jhana, il a les qualités dynamiques suivantes :

- l'équanimité, un sentiment équilibré, ni désagréable ni agréable ;
- la tranquillité, l'absence d'intérêt pour quoi que ce soit au monde, comme la politique ou vos propres émotions ;
- l'uni-fixation ;
- les facteurs mentaux de contact, de sensation, de perception, de volition et de vitalité ;
- le zèle, la décision, l'énergie et l'attention.

L'esprit concentré en lui-même a un grand pouvoir dynamique. Comme un tourbillon, il prend de plus en plus de force à mesure qu'il se focalise dans et sur lui-même, en créant un puissant vortex. Cette grande puissance est appelée « force de concentration ». Par exemple, pensez à l'énergie hydroélectrique. Quand une grande quantité d'eau est injectée dans une petite ouverture, la force de l'eau comprimée est si grande qu'elle peut faire tourner des turbines avec une force suffisante pour éclairer une ville. Mais quand l'eau n'est pas dirigée sur un objet extérieur, sa force s'accumule en elle-même. De même, quand aucune distraction n'entraîne l'esprit à se centrer sur un objet extérieur ou intérieur, il concentre son énergie en lui-même. Il est alors semblable à l'eau injectée dans une petite ouverture. Sa force de concentration est si grande qu'il peut observer directement l'impermanence au niveau le plus minuscule, fondamental, subatomique, du corps et de l'esprit. La pleine concentration est un état sain de cette uni-fixation de l'esprit.

Cette concentration dynamique n'est pas la même chose qu'être « collé » à l'objet de méditation. Il s'agirait alors d'un attachement qui ferait vaciller l'esprit. La pleine concentration n'est pas l'union de l'esprit avec l'objet, mais l'esprit s'unissant à lui-même. L'objet est simplement utilisé comme un tremplin pour entrer dans l'esprit. Si celui-ci se retrouve bloqué sur un objet, ce n'est pas sain ; c'est une concentration avec attachement. Malheureusement, certains méditants pratiquent ce type de concentration, mais elle ne peut pas mener à la libération.

Quand vous parvenez au premier niveau de concentration pour la première fois, vous êtes tellement imprégné de joie et de bonheur que ces états positifs sont ressentis comme faisant partie intégrante de votre corps. Ils sont comme des sels de bain qui se dissolvent si bien dans l'eau que vous ne pouvez plus séparer les sels de l'eau. De même, quand votre corps en totalité est pleinement chargé de joie et de bonheur, vous ne pouvez pas séparer ce ressenti de votre sensation du corps. Votre impression de paix est si grande que vous souhaitez demeurer dans cet état de concentration pour toujours !

Le deuxième niveau

Après avoir atteint le premier niveau de concentration, il est conseillé de ne pas vous efforcer immédiatement d'atteindre le deuxième. Ce serait une ambition spirituelle stupide et non profitable. Avant de réaliser le deuxième niveau, vous devez porter le premier à la perfection. Si vous êtes trop pressé, il est probable que vous n'arriverez pas au deuxième, et il est possible que vous ne puissiez même pas regagner le premier.

Le Bouddha a comparé un méditant exagérément pressé à une vache qui, alors qu'elle n'est pas encore habituée à son propre pré, se met en route vers d'autres pâturages. La sotte se perd dans les montagnes sans eau ni nourriture et ne peut retrouver son chemin pour rentrer à la maison. Ce n'est pas le moment d'aller chercher un nouveau sommet. L'heure est à un patient entraînement de l'esprit.

Par conséquent, quand vous parvenez au premier niveau de concentration, vous devez vous remémorer les pas que vous avez suivis pour l'atteindre. C'est ici que votre Attention entre en jeu. Elle vous aide à vous souvenir des pas que vous avez effectués pour y parvenir. Si la concentration vous a semblé se produire d'un seul coup, sans que vous passiez par ces étapes, ce dont vous avez eu l'expérience n'est pas l'un des niveaux de concentration jhanique. Examinez cette perception par vous-même. N'acceptez pas simplement les opinions que certaines personnes répandent si librement.

Ayant récapitulé les différents pas, vous prenez alors attentivement la décision d'atteindre de nouveau le premier niveau, et de rester dans cet état un peu plus longtemps. Vous décidez aussi quand se terminera votre période de concentration. Après avoir pris ces trois décisions, vous passez par les pas requis. Vous pratiquez de nombreuses fois pour parvenir au premier niveau de concentration.

À mesure que vous répétez cette procédure encore et encore, vous perdez votre intérêt envers la « fixation initiale de la pensée » et la « fixation continue de la pensée ». Ce changement peut s'effectuer au cours d'une seule ou de nombreuses assises. Supposez que vous atteigniez le premier niveau de concentration cinquante fois et que, chaque fois, vous trouviez un peu moins intéressantes la « fixation initiale » et la « fixation continue de la pensée ». Puis, qu'à la cinquante et unième fois, vous sautiez complètement ces deux facteurs et n'y portiez pas attention, car ils ne vous intéressent plus du tout. Au moment où cela arrive, ces deux facteurs disparaissent, et vous atteignez le deuxième niveau de concentration.

Dans le deuxième jhana, il n'y a plus de pensée pour troubler l'esprit et interrompre son uni-fixation. Les facteurs de jhana restants sont une plus forte uni-fixation, la joie et le bonheur. La joie et le bonheur du deuxième niveau sont moins exubérants et plus affinés, car ils ne sont plus fondés sur le plaisir qu'éprouve l'esprit à être soulagé des obstacles. Maintenant, joie et bonheur sont fondés sur la concentration. Il y a aussi un nouveau sentiment de confiance provenant de ce que vous avez accompli jusqu'à ce point – confiance en votre capacité d'avancer, confiance en la méthode et confiance dans le message du Bouddha. La concentration est renforcée.

Imaginez un lac d'eau tranquille alimenté seulement par une source souterraine. L'eau fraîche de la source se mélange à l'eau tranquille du lac, s'y diffusant complètement et la renouvelant. Le lac est nettoyé et pourtant reste sans agitation. De même que l'eau de la source se répand dans le lac, au second niveau de jhana, la joie pure et le bonheur nés de la concentration se répandent abondamment dans l'esprit. L'esprit est tellement apaisé et le corps tellement baigné de joie et de bonheur qu'aucune partie n'y échappe.

Le troisième niveau

En utilisant la même procédure que précédemment, vous revenez de nombreuses fois au deuxième niveau de concentration. Quand vous l'avez atteint pour la première fois, la joie que vous avez éprouvée était merveilleuse et rafraîchissante. La répétition constante, cependant, fait paraître la joie monotone plutôt que paisible. Progressivement, vous commencez à l'ignorer. À mesure que vous ignorez le facteur joie, il s'estompe peu à peu. Au moment où la joie s'efface de votre esprit, vous atteignez le troisième niveau de concentration.

L'équanimité devient plus forte, ainsi que la concentration. Cela rend votre Attention plus forte et plus stable. Des degrés de bonheur plus profonds et plus subtils imprègnent votre esprit. Pensez à un étang avec des nénuphars poussant juste en dessous de sa surface. Ces fleurs sont nées dans l'eau, restent sous l'eau, sont nourries depuis les profondeurs de l'eau. Elles sont saturées en profondeur, intérieurement et extérieurement, complètement gorgées d'eau en la totalité de leurs cellules. De même, au troisième niveau de jhana, votre corps est complètement saturé et gorgé de bonheur. Au deuxième niveau, il y avait une certaine dose d'activité ou d'excitation, comme le mouvement de l'eau des sources souterraines s'écoulant dans le lac. Mais au troisième niveau, vous ne ressentez pas le besoin d'être rafraîchi par un bonheur qui viendrait de l'extérieur de vous-même. Votre bonheur affiné a une qualité d'immobilité, car il se fond complètement avec le corps et l'esprit.

Le quatrième niveau

Comme précédemment, vous retournez au troisième niveau de concentration de nombreuses fois, jusqu'à ce que vous ne soyez plus intéressé par le bonheur. Le bonheur s'estompant, votre Attention devient encore plus pure, en raison de la présence de l'équanimité – le sentiment ni agréable ni désagréable du parfait équilibre émotionnel. Vous commencez à trouver que l'Attention et l'équanimité sont encore plus paisibles que le bonheur. Lorsque vous laissez complètement partir le bonheur, vous atteignez le quatrième niveau de concentration, dans lequel l'Attention est purifiée par le pouvoir de l'équanimité. Vous vous souvenez qu'il y avait aussi l'équanimité au troisième niveau, mais comme vous n'aviez pas encore laissé partir le bonheur, l'équanimité n'était pas encore assez forte pour purifier l'Attention.

Au quatrième niveau de concentration, l'esprit est complètement silencieux, tranquille et stable. Comme tous les états négatifs ont été supprimés, il est imperturbable. La pureté et la clarté mentales imprégnant votre corps sont comme un doux et pur voile blanc qui vous envelopperait légèrement. Ce voile est si pur et si doux que vous le sentez à peine ; mais il vous protège des insectes, de la chaleur, du vent et du froid. De même, quand l'esprit est pur et clair, rien ne peut l'amener à désirer ou rejeter. Il demeure équanime. Même si le corps subit des morsures d'insectes, le froid, la chaleur, l'esprit demeure non affecté. Même si quelqu'un vous tire par la manche ou vous parle, il ignore l'intrusion, demeurant concentré et non perturbé.

À ce stade, vous avez acquis la véritable force de la concentration. L'esprit s'est consolidé, est devenu pur, vif, libre des obstacles et stable. Il est malléable et néanmoins imperturbable, renforcé et aiguisé pour sa tâche la plus importante. Quand vous focalisez cet esprit sur un objet, vous voyez l'objet tel qu'il est. En d'autres termes, l'esprit parfaitement concentré peut pénétrer dans la véritable nature de la réalité.

Ces quatre niveaux de pleine concentration sont si agréables que vous pouvez souhaiter vous immerger en eux, purement pour en jouir, sans diriger l'esprit vers la Vision intérieure. Cependant, si vous restez simplement au septième ciel et omettez d'explorer les façons d'utiliser la concentration, vous limitez son pouvoir. Votre concentration demeure saine, et il n'y a rien de mal à son sujet. Mais ne pas faire bon usage de votre esprit concentré est semblable à recevoir en cadeau le plus rapide pur-sang au monde et l'utiliser seulement pour de tranquilles promenades autour de chez vous. La pleine concentration est un outil trop précieux pour la gâcher. Si, étant concentré, vous utilisez l'Attention pour voir la réalité, la concentration peut vous aider à atteindre la libération.

METTRE EN ŒUVRE LA CONCENTRATION JUSTE

Il y a trois approches habiles de la méditation assise. La première est de commencer la séance en vous efforçant d'atteindre la pleine concentration. Une fois qu'elle est réalisée, vous l'utilisez pour pratiquer la Vision intérieure. C'est-à-dire que vous vous servez de la concentration pour pénétrer dans l'impermanence, la souffrance et l'absence de soi de votre forme, de votre sensibilité, de vos perceptions, de vos formations volitives et de la conscience.

La deuxième approche consiste à commencer la séance assise par la méditation de la Vision intérieure. Quand vous commencez de cette façon, chaque fois qu'un objet capte votre attention, vous observez son impermanence, son caractère insatisfaisant et son absence de soi jusqu'à ce qu'il s'efface. Puis, vous vous détendez et revenez à votre objet principal de concentration, par exemple la respiration. Chaque fois que vous revenez à la respiration, votre concentration s'approfondit. Si un obstacle quelconque apparaît, vous le surmontez, et cela approfondit également votre concentration. À mesure que votre mental « de singe » se calme doucement, vous perdez l'intérêt pour les objets qui captent normalement votre attention. Ceux-ci s'effacent lentement du champ de conscience. Finalement, le signe de la concentration apparaît, ensuite les « fixations initiale et soutenue de la pensée », et finalement la pleine concentration, de la manière que nous avons indiquée précédemment. Dans cet état pleinement concentré, vous poursuivez votre pratique de la Vision intérieure, contemplant l'impermanence, la souffrance et l'absence de soi de la forme, de la sensibilité, des perceptions, des formations volitives et de la conscience.

Une troisième approche est de commencer soit par la méditation de la Vision intérieure, soit par l'effort pour parvenir à la concentration, et d'aller de l'une à l'autre. Par exemple, disons que vous commencez par vous focaliser sur la respiration et que vous ignorez les autres objets, dans un effort pour atteindre la concentration. Si la concentration ne s'établit pas, la frustration apparaît, et vous utilisez la pratique de la Vision intérieure pour observer les changements dans les sentiments de frustration. Quand la frustration a disparu, vous observez n'importe quel autre obstacle qui serait apparu. Une fois que l'esprit s'est stabilisé, vous revenez à une concentration plus profonde, en ignorant les objets qui apparaissent, et en vous efforçant de nouveau de parvenir à la pleine concentration. Ainsi, dans cette troisième approche, concentration et Attention agissent ensemble, approfondissant progressivement votre concentration et aiguisant votre intuition. Finalement, un jour, quand la Vision intérieure est presque parfaite en sa capacité de voir, et la concentration presque pleine, elles s'unissent.

Ainsi, quelle que soit la manière dont vous commencez vos sessions de méditation, l'Attention et la concentration utilisées habilement finissent par fusionner et travailler ensemble. Si vous vous asseyez pour méditer et trouvez que les obstacles sont faciles à surmonter et que l'esprit est tranquille, commencer par la concentration est bien. En revanche, si l'esprit est en train de galoper, incapable au début de se calmer, alors vous ne devriez pas essayer de développer la pleine concentration, mais commencer la séance par la méditation de la Vision intérieure. Ou bien faire la navette entre les deux. Votre décision quant à la façon de commencer, par la Vision intérieure ou la concentration, dépend de la stabilité initiale de l' esprit.

Quelle que soit votre approche initiale, une fois que la pleine concentration et une puissante Attention sont unies, vous les utilisez pour vous affranchir des trois premières entraves. Vous voyez l'absence de soi, et perdez ainsi votre croyance en un soi permanent, non changeant. Vous voyez le non-sens des rites et des rituels. Vous voyez les Quatre Nobles Vérités plus clairement que jamais auparavant et vous perdez tous vos doutes quant au chemin du Bouddha vers l'Éveil. Ayant surmonté ces entraves, vous entrez dans le premier stade d'Illumination.

L'utilisation de l'esprit concentré ressemble un peu à l'emploi d'un rayon laser pour brûler une substance dure. Pour focaliser le rayon correctement, vous devez utiliser vos yeux. Si vous passez votre temps à regarder de tous côtés, vous ne pouvez pas centrer le rayon correctement, et vous finissez par brûler ce qu'il ne faut pas ou par ne rien brûler du tout. Bien sûr, si vous oubliez en premier lieu d'allumer le laser, rien ne sera brûlé, même si vous restez assis à le regarder toute la journée !

Dans cette analogie, les yeux sont semblables à votre sagesse ou à votre Vision intérieure. Le rayon laser est semblable à l'esprit, quand il est concentré. Sagesse et concentration travaillent ensemble. Sans la Vision, le rayon de la concentration sera dispersé ou pourrait se fixer sur le mauvais objet. Sans le rayon de la concentration, les yeux de la Vision peuvent voir l'objet, mais ne pas être capables de le brûler complètement. Que voulons-nous brûler ? Nos souillures. Ce qui est malsain dans notre esprit. Nous devons le voir avec la sagesse et le brûler grâce à l'esprit concentré.

Alors, une fois la concentration juste établie, sur quel objet vous focalisez-vous ? Vous fixez l'esprit sain, concentré sur un seul point, sur le constant changement des composants de votre corps et de votre esprit : la forme physique, la sensibilité, les perceptions, les pensées et la conscience. Vous êtes attentif à l'impermanence, à l'insatisfaction et à l'absence de soi de ces composants. Quand vous portez votre attention sur n'importe lequel de ces composants, vous voyez qu'ils sont toujours en changement. Vous voyez le lien entre l'impermanence et la souffrance causée par votre attachement aux expériences agréables impermanentes. Vous voyez que ce qui est impermanent et soumis à la souffrance est sans soi.

Voir l'impermanence, l'insatisfaction et l'absence de soi de votre propre forme, de vos sensations et de vos émotions, de vos perceptions, formations volitives et de la conscience est la fonction principale de la méditation de la Vision intérieure. Quand elle aura accompli son travail, vous serez libéré de l'attachement à ces agrégats qui constituent le corps et l'esprit. N'ayant plus rien à quoi vous attacher, vous serez libéré.

Quand les méditants cultivent une concentration suffisante dirigée par l'Attention, ils peuvent retrouver leurs images mentales des événements, époque, pensées et comportements passés, jusqu'à percevoir le lien entre le continuum actuel et les événements, pensées et actions du passé. Ce lien est l'avidité et l'ignorance. Ils voient par eux-mêmes la relation entre l'impermanence, l'avidité pour les choses impermanentes et la souffrance. La sagesse pénétrante du méditant reconnaît également toutes les négativités, dans toutes les dimensions, comment et pourquoi elles apparaissent. La sagesse reconnaît que toutes les négativités viennent de l'appropriation. Elle reconnaît que cette appropriation peut cesser, et que la façon d'y mettre fin est de mettre fin à notre propre avidité.

Grâce à cette connaissance, le méditant comprend par expérience personnelle et directe que tout est impermanent, que l'attachement à quoi que ce soit d'impermanent entraîne l'insatisfaction et que tout ce qui existe est sans substance permanente. Parvenir à cette triple connaissance est la porte de l'Éveil.

Utiliser la concentration

La nuit de son Éveil, le Bouddha n'a pas développé une puissante concentration pour l'ignorer ensuite ; il l'a utilisée. Dans un moment de grande intensité, les trois réalisations de l'impermanence, de l'insatisfaction et de l'absence de soi se produisirent en même temps et le Bouddha atteignit son but.

Utiliser les réalisations de la concentration est la clef. Il est dit que Alarakarama et Uddaka Ramaputta, deux précédents enseignants de Siddhattha Gotama (le Bouddha avant son Éveil), avaient atteint la pleine concentration. Toutefois, ils ne s'étaient pas entraînés à focaliser leur attention sur la forme, les sensations, les perceptions, les formations volitives et la conscience, pour voir leur véritable nature.

Ils s'étaient plutôt attachés au plaisir de la concentration et pensaient que ce sentiment agréable était l'Éveil.

Siddhattha Gotama a dit que ses enseignants antérieurs avaient, comme lui, la foi, l'énergie, l'Attention, la concentration et la sagesse. Comme lui, leur sagesse les avait aidés à comprendre les dangers des obstacles et la nécessité de les surmonter. Mais, à la différence de Siddhattha Gotama, ses enseignants n'avaient pas vu qu'ils utilisaient les états de concentration simplement pour supprimer les obstacles, et non pour les vaincre. Et ils n'avaient pas découvert les entraves sous-jacentes – les forces qui contraignent les êtres humains à des renaissances répétées. Seul Siddhattha Gotama utilisa sa concentration pour voir clairement comment les obstacles et les entraves nous prennent au piège.

À quelle compréhension le Bouddha parvint-il ? Comme vous l'avez appris, les cinq obstacles – l'avidité, la malveillance, la lourdeur d'esprit et la somnolence, l'agitation et les soucis, et le doute – empêchent la pleine concentration. Et donc, pendant que vous travaillez pour développer la concentration, vous les repoussez hors du chemin. Cependant, les entraves d'où les obstacles s'élèvent continuent d'exister dans votre esprit subconscient. Les dix entraves, vous vous en souvenez, sont la croyance en un soi permanent ou âme, le doute, la croyance en l'efficacité des règles et des rituels, l'avidité, la haine, le désir de renaître dans une forme matérielle, le désir de renaître dans une forme immatérielle, la vanité, l'agitation et les soucis, et l'ignorance. Ces habitudes mentales malsaines restent dormantes pendant votre période de concentration. Étant donné que les entraves sous-jacentes sont encore présentes sous une forme dormante, quand vous sortez de la concentration, elles réapparaissent. Lorsque vous voulez retrouver le même niveau de concentration, vous devez de nouveau les repousser hors du chemin, bien qu'en entraînant votre esprit, il devienne plus facile de les dépasser.

Cela ressemble un peu au fait de balayer la poussière sur un sol en terre battue. Même si vous avez déjà balayé, en quelques jours la poussière est de nouveau là. De petits morceaux de la surface du sol se détachent continuellement, s'effritent sous les pieds et deviennent une épaisse poussière. Pour enlever la poussière, vous pouvez balayer toute la maison, ou asperger le sol avec de l'eau, ou déverser des seaux d'eau qui transforment le sol en boue. Néanmoins, la poussière reviendra. Mais si vous creusez jusqu'à la roche et enlevez toute la terre, puis mettez du béton, la poussière et la terre ne seront plus un problème. Enlever toute la poussière et toute la terre est analogue à la méditation de la Vision intérieure surmontant les obstacles et les entraves. Mettre du béton représente l'entrée dans l'Éveil – rendre l'esprit ferme, non influencé par les vicissitudes de la vie dans le monde. Une fois que cela est accompli, rien ne peut troubler l'esprit.

Les enseignants de Siddhattha Gotama, Alarakarama et Uddaka Ramaputta, avaient bien de la sagesse. Ils connaissaient les dangers des plaisirs sensuels et les bienfaits de la pleine concentration, aussi se débarrassaient-ils temporairement des obstacles et atteignaient-ils la pleine concentration. Pourtant, ces réalisations ne suffisaient pas à les libérer des entraves qui les contraignaient à des renaissances répétées. La concentration seule ne peut vous débarrasser des entraves. Pour y parvenir, vous devez combiner la pleine concentration avec la Vision intérieure et l'Attention. Autrement, il est possible que vous vous attachiez simplement au plaisir de la concentration, comme le firent les enseignants de Siddhattha Gotama, et n'alliez nulle part.

La sagesse du Bouddha était très spéciale. Avec cette sagesse, il vit non seulement les dangers du plaisir des sens et les bienfaits de la concentration, mais il l'utilisa pour aller au-delà de la pleine concentration. Il l'employa pour découvrir que les obstacles qu'il avait transcendés dans cet état concentré n'étaient que les symptômes d'un problème plus important, beaucoup plus profond : les entraves.

Il vit de quelle manière les entraves enchaînent et embrouillent l'esprit, en créant une réalité illusoire trompeuse, et en pérennisant le douloureux sentiment de soi. En pleine concentration, avec son Attention purifiée, il vit la façon de transcender les entraves : voir l'impermanence, l'insatisfaction et l'absence de soi de toutes les choses conditionnées. Quand vous voyez ces trois caractéristiques dans tous les aspects de votre existence, votre avidité, votre haine et l'illusion mensongère ainsi que les entraves s'évanouissent à jamais.

Ne vous faites pas d'illusions !

Lorsque nous essayons d'utiliser la méthode du Bouddha dans notre pratique, nous devons faire attention à ne pas nous bercer d'illusions. Certaines personnes disent qu'en entrant en concentration profonde, elles ne sentent rien, n'entendent rien et n'ont aucune pensée. Elles disent être si pleinement absorbées qu'elles ne sont même pas conscientes du passage du temps. Pendant nos retraites, j'ai souvent vu de tels méditants oscillant d'avant en arrière comme de petits arbres balancés par le vent. Une soudaine descente dans un état d'absence de sensations et d'émotions ne s'appelle pas concentration. Cela s'appelle dormir ! Certaines personnes ronflent même. Aussitôt que nous sonnons la cloche, ces méditants sortent de leur « pleine concentration » et disent : « J'ai eu une très merveilleuse méditation. J'ai réussi à atteindre le quatrième niveau de concentration aujourd'hui. »

Ne vous racontez pas d'histoires ! C'est de la pure illusion. Si le méditant avait atteint n'importe quel niveau de pleine concentration, la somnolence serait bannie et l'esprit aurait toutes les qualités dynamiques mentionnées plus haut. La pleine concentration s'atteint de manière délibérée. Vous êtes clairement conscient des actions que vous avez effectuées pour en arriver là. Par conséquent, vous pouvez les répéter plus tard. La pleine concentration vient par étapes, et c'est seulement quand elle est associée à l'Attention qu'elle peut vous faire avancer vers l'Éveil.

Ne vous leurrez pas non plus en pensant que la concentration est semblable à l'Éveil. L'Éveil n'est ni si rapide ni si facile. Vous devez passer par le processus de suppression des obstacles, parvenir à la concentration et l'associer à la Vision intérieure pour détruire les obstacles et les entraves. Quelle que soit la durée pendant laquelle vous restez assis en concentration sans détruire les entraves – même au niveau de concentration le plus puissant –, vous ne pourrez même pas atteindre le premier stade de l'Éveil.

Enfin, ne vous leurrez pas en pensant que l'Attention seule est suffisante pour vous mener à l'Éveil. Vous ne pouvez pas dire : « La concentration ou la moralité ne m'intéresse pas. Je veux seulement pratiquer l'Attention. » L'Attention ne peut pas être prise hors contexte, ou isolée des autres pas du chemin du Bouddha. Les personnes qui ne pratiquent pas toutes les autres étapes découvrent souvent qu'elles sont incapables de mettre fin à la pulsion du désir, à leur haine et à leur ignorance, et par suite qu'elles ne réussissent pas dans leur pratique de l'Attention.

Soyez patient

Les personnes qui luttent pour parvenir à la concentration afin d'aider leur méditation de la Vision intérieure s'inquiètent parfois de ne pas pouvoir se concentrer. Ne vous découragez pas ! Parvenir à la pleine concentration peut prendre de nombreuses années. Si votre pratique de la Conscience est guidée par l'Attention, vous pouvez être satisfait, que vous parveniez ou non à la pleine concentration. Ne cherchez pas à forcer les choses. Chaque fois que vous méditez, vous vous rapprochez de la concentration. Le temps que cela prendra dépend de la fréquence de vos méditations et de la qualité de votre pratique des autres pas du chemin.

Certains jours, votre concentration peut être meilleure et, d'autres jours, votre Attention. Si vous êtes parvenu dans le passé à la pleine concentration, mais ne l'avez pas pratiquée chaque jour, ni complètement maîtrisée, vous pouvez avoir des difficultés quand vous essayez de l'établir de nouveau. Cela peut même paraître impossible, si des obstacles latents sont devenus actifs, ou si vous vous êtes impliqué dans des activités malsaines. Les jours où la concentration est plus difficile, vous devriez être simplement attentif à l'état actif de votre esprit, sans vous inquiéter ni exprimer en paroles que vous ne pouvez pas vous concentrer. L'observation attentive de ce qui se passe aiguise la pénétration de votre sagesse dans la réalité de votre expérience. Tant que vous poursuivez la pratique de tous les autres pas du chemin et continuez d'essayer – sans attachement – d'atteindre la concentration, vous pouvez avoir confiance que la Concentration juste finira par venir, et que vous parviendrez au bonheur ultime en utilisant ce puissant outil.

POINTS CLÉS POUR SE SOUVENIR DE LA CONCENTRATION JUSTE

Les points clés pour parvenir au bonheur au moyen de la Concentration juste sont les suivants :

- La Concentration juste a trois caractéristiques : elle est saine, elle est centrée sur un point et elle fonctionne avec l'Attention.
- Le Bouddha nous a donné une méthode d'entraînement progressif, pas à pas, pour parvenir à la Concentration juste.
- La concentration saine est libérée de l'avidité, de la haine et de l'illusion mensongère. Elle est libérée des cinq obstacles.
- Pour pratiquer la Concentration juste, pratiquez d'abord la concentration saine en surmontant les obstacles. Conservez l'attention sur la respiration ou sur un autre objet que vous aurez choisi, et ignorez les nouveaux objets pouvant apparaître.
- Après avoir pratiqué la concentration saine pendant un certain temps, votre respiration devient très subtile et semble disparaître. Le souvenir de la respiration au point de focalisation, la pointe des narines par exemple, se transforme en une sensation agréable appelée le « signe de la concentration ».
- « Uni-fixation » fait référence à la concentration de l'esprit sur lui-même, après la disparition du signe. L'uni-fixation de l'esprit est un facteur de pleine concentration ou jhana.
- Le premier niveau de pleine concentration est caractérisé par la « fixation initiale de la pensée », la « fixation soutenue de la pensée », la joie, le bonheur et la concentration fonctionnant à l'unisson. Il est très agréable.
- Le premier niveau de concentration au minimum est nécessaire pour parvenir à l'Éveil.
- Une fois que vous savez comment parvenir au premier niveau de concentration, prenez la décision de l'atteindre de nouveau, déterminez pendant combien de temps vous y resterez, et quand vous en sortirez.
- Pratiquez la réalisation du premier niveau de concentration de nombreuses fois, jusqu'à ce que vous en ayez la maîtrise.
- Le deuxième niveau de concentration apparaît quand vous êtes parvenu au premier tellement de fois que vous perdez l'intérêt

pour la « fixation initiale » et la « fixation soutenue de la pensée », et causez la disparition de ces deux facteurs en les ignorant.

- Le troisième niveau apparaît quand la répétition fréquente du deuxième niveau entraîne l'esprit à perdre son intérêt pour la joie de la concentration. À mesure que la joie s'estompe, le bonheur s'affine et s'approfondit, et l'Attention et l'équanimité deviennent plus importantes.
- Le quatrième niveau apparaît quand vous perdez l'intérêt pour le bonheur, et que votre Attention est purifiée par une profonde équanimité.
- Dans la pleine concentration, l'esprit est plein de qualités dynamiques saines et puissantes, et non inerte comme une pierre ou comme chez quelqu'un d'endormi.
- La pleine concentration donne la qualité et la force nécessaires pour la pratique de la méditation de la Vision intérieure.
- Quelle que soit la durée pendant laquelle vous demeureriez dans le plus puissant état de pleine concentration, il n'entraînerait pas l'Éveil à lui seul. Pour parvenir à l'Éveil, vous devez éliminer les entraves.
- Vous pouvez commencer une méditation assise en cultivant la pleine concentration ou en pratiquant l'Attention, selon la stabilité de l'esprit, ce jour. Ou bien vous pouvez passer de l'une à l'autre.
- Quelle que soit la manière dont vous avez commencé la séance, pleine concentration et Attention doivent s'unir pour créer une puissante Vision intérieure.
- Une puissante Vision intérieure est nécessaire pour voir la nature impermanente, insatisfaisante et sans soi de toute expérience. Elle vous permet de voir le rôle joué par l'avidité comme cause de la souffrance, et de la laisser partir.
- La pleine concentration seule, ou l'Attention seule, ne peut apporter l'Éveil. L'Éveil peut seulement avoir lieu quand la

pleine concentration s'associe à l'Attention pour détruire les entraves au moyen de la Vision intérieure.

- Parvenir à la pleine concentration peut prendre quelques jours ou de nombreuses années. Ne vous découragez pas si elle vient lentement et ne cherchez pas à forcer les choses.

La promesse du Bouddha

LA division du chemin du Bouddha en huit marches n'implique pas qu'il s'agisse d'une échelle verticale. Il n'est pas nécessaire de maîtriser une étape avant de passer à la suivante. Le chemin ressemble plutôt à une spirale. Quand vous vous mettez en route sur le chemin, vous avez une certaine compréhension de l'ensemble des huit marches. À mesure que vous poursuivez votre pratique, elles deviennent de plus en plus claires, et vous avancez au stade suivant.

Cependant, il y a plusieurs façons utiles de penser au chemin comme à un tout. D'abord, il est clair que l'avidité, la haine et l'illusion mensongère sont les trois facteurs malsains les plus puissants et la source de toutes sortes de souffrances. En opposition se trouvent les trois aspects les plus puissants du chemin : la Compréhension juste de l'enseignement du Bouddha ; l'Effort juste pour surmonter l'avidité, la haine et l'illusion ; et la pratique de l'Attention juste comme moyen pour surmonter ces états. Ces trois facteurs – Compréhension, Effort et Attention – s'épaulent mutuellement et travaillent ensemble pour vous faire avancer sur le chemin.

Comprendre l'enseignement du Bouddha demande un effort. Il est certainement beaucoup plus facile de ne pas se donner de mal, de ne pas changer, de prendre simplement la vie comme allant de soi, et de continuer à vivre avec les schémas de pensée et de comportement qui sont devenus de confortables habitudes. Pourtant, le Bouddha enseignait que tant que les gens ne comprennent pas la vérité, ils font semblant de ne pas avoir de problèmes ou se désespèrent de ce que leurs problèmes soient insolubles.

Mais, si vous en faites l'effort, vous comprendrez beaucoup de choses. L'Attention peut aider. En fait, sans l'Attention, vous ne comprendrez jamais rien ! Vous pouvez faire des efforts ; vous pouvez lutter ; mais si vous n'avez pas l'Attention, votre compréhension ne progressera jamais. Au moyen de l'Attention, vous pourrez comprendre la vérité de l'insatisfaction, sa cause, sa cessation et le chemin menant à son extinction. De plus, quand vous pratiquez l'Attention, vous faites l'effort de garder l'esprit sans avidité, sans haine et libre de l'illusion mensongère. Ainsi, pratiquer l'Attention nécessite l'effort, et l'association de l'Attention et de l'effort libère l'esprit des compréhensions erronées.

Les autres marches du chemin du Bouddha dépendent aussi de ces trois facteurs. La Pensée juste, la Parole juste, l'Action juste, les Moyens d'existence justes et la Concentration juste ne peuvent être cultivés qu'avec le support de la compréhension, de l'effort et de l'attention. Sans la Compréhension juste, vous ne comprendrez pas pourquoi il est important de travailler à améliorer ces autres aspects de votre vie. Sans l'Effort juste, il vous sera impossible de progresser vers votre but de transformation positive. Et l'Attention juste est l'outil suprême de Conscience et d'Attention qui vous aide à combattre vos négativités et à vous efforcer d'atteindre la perfection.

Une autre façon de réfléchir à la manière dont les huit marches du chemin s'imbriquent les unes dans les autres est de les regrouper en trois ensembles : moralité, concentration et sagesse. Chaque ensemble vous pousse vers la pratique du suivant et vers une compréhension plus complète du chemin global. Comment cela fonctionne-t-il ?

Le premier ensemble commence avec un certain degré de compréhension. Vous comprenez, par exemple, comment l'avidité entraîne l'insatisfaction, aussi commencez-vous à pratiquer la générosité. Vous comprenez également comment la haine et la cruauté entraînent la souffrance pour vous et pour les autres, aussi prenez-vous la décision de pratiquer l'amitié-bienveillance et la compassion. Ces trois pensées – générosité, amitié-bienveillance et compassion – sont des pensées justes. Il faut être sage pour cultiver ces pensées positives. Cette sagesse provient de la Compréhension juste. C'est pourquoi la Compréhension juste et la Pensée juste sont regroupées dans l'aspect « sagesse » du chemin.

Le deuxième ensemble se développe à partir du premier. Quand vous regardez votre vie avec sagesse, vous voyez comme vous êtes paisible et heureux quand vous pensez et agissez positivement. Votre sagesse vous aide aussi à comprendre que l'insatisfaction que vous ressentez est créée par votre avidité et votre attachement, et qu'en éliminant ces causes votre mécontentement cesse. Cette compréhension vous motive pour améliorer divers aspects de votre comportement extérieur. Étant donné que vous voyez que mensonges, paroles malveillantes, grossières et commérages sont des causes de souffrance, vous évitez ces formes de paroles négatives et prenez la résolution de parler poliment et utilement. Voyant combien de souffrances et d'insatisfactions sont causées par les meurtres, les vols, la boisson, l'inconduite sexuelle, vous évitez ces actions négatives. À la place, vous reconnaissez la valeur de la vie des autres êtres et cherchez à la protéger ; vous respectez la propriété des autres ; vous évitez l'alcool et avez un comportement sexuel convenable. Comme vous comprenez la souffrance causée par des moyens d'existence erronés, vous recherchez une façon saine de gagner votre vie pour servir de base à votre pratique spirituelle. Les changements extérieurs impliqués par la Parole juste, l'Action juste, et les Moyens d'existence justes sont regroupés dans l'aspect « moralité » du chemin.

Le troisième aspect est fondé sur votre compréhension que les modifications extérieures seules ne mettront pas fin à votre insatisfaction et à votre souffrance. Vous voyez que les actions commencent par des pensées et que les pensées malsaines elles-mêmes vous créent d'immenses souffrances. Par conséquent, vous essayez d'éduquer et de discipliner votre esprit. Quand vous commencez à l'observer, vous voyez que, malgré vos bonnes intentions, des pensées néfastes d'avidité, de haine, des représentations mensongères et des doutes apparaissent de manière répétée dans votre conscience. Vous voyez, de plus, que la seule façon de combattre ces pièges mentaux est d'effectuer un effort sincère et diligent pour éviter les schémas de pensée négatifs, pour les surmonter quand ils apparaissent néanmoins, et de cultiver et maintenir des pensées positives. Vous voyez également que l'Attention vigilante est essentielle pour une transformation positive, tant extérieure qu'intérieure. Développer l'Attention n'est pas facile sans concentration, car c'est la concentration qui vous aide à voir les choses comme elles sont réellement. Ces trois facteurs – l'Effort juste, l'Attention juste et la Concentration juste – sont regroupés dans l'aspect « concentration » du chemin.

Ainsi, vous avancez, un tour de spirale après l'autre, en pratiquant les marches du chemin. À chaque tour, votre avidité, votre haine et votre illusion mensongère sont diminuées. Avec chaque tour, votre compréhension des vérités de l'insatisfaction, de sa cause, de sa cessation et de la manière d'y mettre fin s'approfondit. Qu'importe où vous commencez le chemin, les marches se succèdent et se soutiennent les unes les autres. Qu'importe votre niveau de compréhension au départ, le résultat du chemin est le même – la fin de la souffrance et, en fin de compte, le plus haut degré de paix et de bonheur.

L'ÉVEIL

Certaines personnes tournent en ridicule l'idée de l'Éveil. Sur Internet, dans les forums de discussion du Dhamma, j'ai observé que certaines personnes utilisent des termes désobligeants – même des paroles coléreuses et injurieuses – pour décrire l'Éveil. Peut-être comprennent-elles mal ce dont il s'agit. L'Éveil n'est rien de moins que l'extinction de la douleur brûlante créée par l'avidité, la haine et l'illusion mensongère. C'est éteindre une fois pour toutes le feu de la naissance, de la croissance, du déclin, de la mort, du chagrin, des lamentations, de l'affliction et du désespoir.

Ceux qui tournent l'Éveil en dérision ont peut-être peur de se trouver sans raison de vivre, dans la froide obscurité du désespoir, une fois ce feu éteint. Peut-être confondent-ils ce douloureux feu intérieur avec le feu qui fit naître la civilisation ou celui de l'électricité. Mais, quand le feu douloureux de l'illusion mensongère est éteint, ce n'est pas l'air glacial d'une noire nuit d'hiver qui prévaut. Ce n'est pas un état sinistre, sans vie. Pas du tout. Quand le feu de l'avidité, de la haine, de l'illusion mensongère, de la naissance, de la croissance, du déclin, de la mort, du chagrin, des lamentations, de l'affliction et du désespoir est éteint, le résultat est la paix totale, le calme total, la tranquillité totale, le bonheur ineffable total, alors qu'en même temps, l'esprit et les sens sont parfaitement clairs, purs et pleins d'énergie. L'Éveil est lumière intérieure, intelligence intérieure, chaleur intérieure.

Parce que le fardeau de tous les irritants psychiques a été déposé – l'avidité, la haine et l'illusion mensongère – l'esprit et le corps se sentent pleins d'entrain. Nous ne sommes pas habitués à nous sentir si légers. Nous sommes habitués à avoir la tête lourde, le cœur lourd, le corps lourd. La perspective d'avoir un cœur si léger nous rend un peu nerveux. Nous avons peur que cette légèreté nous étourdisse. Notre lourdeur, notre souffrance, sont si familières que nous avons peur d'être désorientés si nous lâchons prise.

Quelque chose de ce genre est arrivé à l'un de mes amis. L'entreprise dans laquelle il travaillait le transféra dans un autre bureau et il emménagea dans un appartement situé près d'une gare de chemin de fer très active. Quand il s'installa dans son nouvel appartement, il ne put dormir pendant de nombreuses nuits à cause du bruit des trains et des foules de gens qui allaient et venaient. Quelques années plus tard, il fut transféré dans un autre bureau et fut de nouveau obligé de déménager. Son nouvel appartement était très tranquille. Une fois encore, pendant de nombreuses nuits, il ne put dormir. Il s'était tellement habitué au bruit et à l'agitation qu'il en avait réellement besoin pour se détendre et s'endormir ! Comme mon ami, nous nous accoutumons tellement à nos habitudes mentales que nous avons peur qu'elles nous manquent quand elles sont parties.

Notre situation me rappelle aussi un article que j'ai lu quand j'habitais à Washington, à propos d'un homme qui purgeait une condamnation à perpétuité pour un meurtre qu'il avait commis. En raison de sa bonne conduite, au bout de dix ans passés en prison, il eut la possibilité d'être mis en liberté conditionnelle. Un jour, un journaliste l'interviewa. « Vous devez être très heureux de pouvoir être placé en liberté conditionnelle, dit le journaliste.

– Non, non, je vous en prie, ne parlez pas de liberté conditionnelle », répondit l'homme avec une certaine agitation. Il dit qu'il se sentait à l'aise en prison. Il y jouissait de certains privilèges, tels que regarder la télévision, et que la vie en prison ne comportait pas les dangers de la vie à l'extérieur. Mais alors, me suis-je demandé, s'était-il réellement habitué à la violence de la vie en prison, aux interdits sans fin, à la tyrannie exercée par les gardiens ? Avait-il oublié la joie de vivre de l'autre côté des murs, la sensation de l'air frais, la beauté de la nature, la bonne cuisine, et la liberté de rencontrer d'autres personnes libres ? S'était-il tellement attaché aux conditions à l'intérieur de la prison pour que la liberté lui paraisse étrange et sans attrait ?

Les gens qui tournent l'Éveil en dérision sont comme cet homme en prison. Ils s'attachent à ce qu'ils ont. Ils ne veulent pas quitter le confort rassurant de leur inconfort. Mais ils ne savent pas ce qu'ils perdent.

L'Éveil n'est pas quelque chose que vous désirez. C'est un état dans lequel vous finissez par vous trouver quand tous vos désirs cessent. Comme l'a dit le Bouddha :

> Quelle est l'utilité d'un puits
> S'il y a de l'eau partout ?
> Quand la racine du désir est coupée
> Que pourrait-on aller chercher ? (Ud VII.9)

Quand vous savez que quelque chose vous manque, vous n'arrêtez pas de la chercher. Quand vous avez tout ce que vous avez toujours souhaité, vous ne cherchez plus. Comme vous avez atteint la paix parfaite, l'harmonie parfaite, vous êtes content de permettre à tous les autres de vivre en paix et en harmonie.

À la fin du « Grand Discours sur les quatre bases de l'Attention » (*Maha-Satipatthana Sutta*), le Bouddha a garanti que si une personne pratiquait la méditation de l'Attention exactement de la manière prescrite, cette personne atteindrait l'Éveil dans cette vie-ci. Et si elle n'était pas pleinement éveillée, en raison de quelques entraves subtiles la tirant en arrière, elle serait au moins « quelqu'un qui ne revient pas », atteignant le troisième stade de l'Illumination (D22).

Le Bouddha ne voulait pas laisser entendre que l'Illumination puisse être atteinte par une personne qui ne pratiquerait qu'une partie limitée du chemin. L'Illumination requiert que vous développiez complètement tous les aspects de la moralité, de la concentration et de la sagesse. Par ailleurs, en faisant cette promesse plutôt étonnante, le Bouddha ne voulait pas dire qu'une pratique occasionnelle désinvolte, de temps à autre, serait suffisante. Il voulait dire que pour parvenir à l'Éveil, votre pratique doit être caractérisée par un engagement total, l'énergie et la persévérance. Pour que vous parveniez à la concentration, vos efforts doivent être soutenus par une moralité parfaitement claire. Votre concentration doit être saine et uni-fixée. Cette concentration puissante doit être cultivée avec une Attention d'une égale puissance. Ensuite, avec le soutien d'une moralité pure et d'une concentration juste, la sagesse qui apporte la libération se produit.

Malgré tout, certaines personnes pensent que les paroles du Bouddha constituent une promesse irréaliste. Je me demande sur quoi elles peuvent se fonder. Ressemblent-elles à celui qui déteste avoir les pieds mouillés et qui doute que quelqu'un puisse nager aussi vite que les nageurs olympiques ? Ou à celui qui n'a même jamais couru et qui doute qu'on puisse terminer un marathon de quarante kilomètres ? Naturellement, la promesse du Bouddha doit paraître irréaliste à celui qui ne s'est jamais assis sur un coussin de méditation, ou n'a jamais essayé d'observer le souffle pendant une minute ! Et elle peut paraître creuse pour ceux qui se sont assis pour méditer pendant de nombreuses années, mais n'ont jamais pratiqué la totalité des huit marches comprenant la moralité, la concentration juste et la sagesse.

La méditation demande une discipline sincère. Vous entreprenez la discipline de la méditation non pour impressionner qui que ce soit, mais pour libérer votre esprit de la souffrance causée par vos propres négativités. Si vous abordez le chemin du Bouddha comme un passe-temps ou un jeu, vous n'arriverez à rien. Les huit marches du message du Bouddha ne sont pas quelque chose à apprendre, et à mettre ensuite en pratique lorsque vous en avez besoin… En y repensant, vous utilisez bien les huit marches seulement quand vous en avez besoin – or vous en avez besoin à chaque instant de votre vie !

Votre Attention aux huit marches du chemin, cependant, n'a pas besoin d'être parfaite pour commencer la pratique. Si elle a des failles, ne vous inquiétez pas. Soyez simplement attentif au manque d'attention, aussitôt que vous le pouvez. Au début du chemin, votre succès repose sur le fait que vous mainteniez une forte intention d'être continuellement attentif, et non pas sur votre capacité réelle de le faire. À mesure que vous persévérez, vous rappelant sans cesse d'être attentif, vos « trous » deviennent de moins en moins nombreux, jusqu'à ce que votre mise en œuvre du chemin devienne automatique. Si vous effectuez ce genre d'effort, vous progresserez rapidement, tel cet étudiant auquel pensait le Bouddha quand il fit sa promesse.

« VENEZ ET VOYEZ »

Ce livre n'apporte que les conseils essentiels pour suivre le chemin. Votre pratique s'approfondira, si vous vous y référez de manière répétée, et vous trouverez peut-être qu'il continue de vous servir utilement de guide, à n'importe quel niveau de compréhension. Mais il n'a pas expliqué tout ce que vous aurez besoin de savoir sur le Dhamma, sur la pratique, sur votre propre expérience et sur ce que vous accomplirez. Des personnes différentes viennent de milieux différents, ont une éducation, des intuitions, des compréhensions du Dhamma et des niveaux de développement spirituel différents. De plus, vos questions demain seront très différentes de celles d'aujourd'hui.

Le Bouddha lui-même n'a pas pu donner un enseignement couvrant les besoins de tout le monde. C'est pourquoi il a prononcé des milliers de sermons sur le Dhamma. Ce livre en a fait un résumé et a fourni quelques explications des points les plus significatifs. Vous compléterez les autres par votre propre pratique. Le moment présent est votre enseignant. Faites-en votre laboratoire personnel. Soyez attentif. Effectuez vos propres investigations. Vous seul pouvez faire naître la sagesse en vous. Faites-le en vous adonnant à ce qui est juste.

Un jour, des auditeurs sceptiques demandèrent au Bouddha de leur dire pourquoi ils devraient le croire, alors qu'ils avaient entendu tant d'autres saints hommes déclarer posséder toute la vérité. Le Bouddha répondit qu'ils ne devraient pas croire quoi que ce soit simplement parce que quelqu'un disait que c'était vrai. Les ouï-dire, les rapports documentés, les croyances traditionnelles transmises depuis de nombreuses générations, les écritures considérées comme saintes, les paroles d'un maître hautement respecté et crédible, les enseignements de celui que vous pensez être votre maître, toutes ces sources n'offrent aucune garantie de vérité. Le Bouddha dit que rien ne doit être cru sur parole.

Le Bouddha déclara ensuite que la vérité ne pouvait pas non plus être découverte par le raisonnement. Il dit aussi que vous ne devez pas croire quelque chose simplement parce que cela paraît logique, parce que cela semble vous mener plus près de votre but, vous plaît, ou paraît vrai après mûre réflexion. Pourquoi ? Parce que le Dhamma possède encore un aspect que rien, pas même le raisonnement mûrement réfléchi, ne peut saisir : votre propre expérience.

Il donna un critère général pour décider ce que nous devons accepter comme vrai. Ce critère n'est pas fondé sur une forme de foi ou de raisonnement. Quand une action est envisagée, dit-il, demandez-vous plutôt si, sur la base de votre propre expérience, elle ferait du mal à qui que ce soit, y compris à vous-même. Si elle est nocive, elle n'est pas juste, et elle ne doit pas être faite. Si elle est bénéfique pour tout le monde, y compris pour vous-même, et si les sages l'approuveraient, alors elle est juste et devrait être faite (AI(Threes).VII.65).

Puis le Bouddha expliqua qu'une fois une action faite, vous devez la réexaminer, et vous demander : « Cette action a-t-elle été vraiment bien faite ? Était-elle vraiment juste ? » Sinon, et si vous en « cueillez les résultats avec des larmes aux yeux », l'action devra être évitée à l'avenir. Si elle est juste, et si vous en « cueillez les résultats avec des yeux de joie », l'action devra être faite de manière répétée (Dh 67-68). Si vous êtes très attentif et restez honnête avec vous-même quant à ce que vous savez être vrai, alors – sans vous occuper de ce que les autres auraient dit – vous commencez à choisir des actions qui développent votre pureté et votre sagesse et vous apportent un bonheur croissant. Vous seul avez la clé de votre libération. La clé, c'est votre volonté de regarder à l'intérieur et de décider quelles sont les actions justes qui produisent des résultats heureux.

Vous voulez voir le Dhamma ? Regardez votre expérience. Utilisez votre expérience comme un miroir reflétant le Dhamma. Tous les schémas impersonnels de l'univers s'y trouvent. Dans votre vie quotidienne et dans votre existence de tous les jours, vous pouvez voir tout ce qu'il y a à voir : la cause et l'effet, l'impermanence révélée par le courant constant des changements à tous niveaux, la souffrance liée à l'attachement, et le fait que, quel que soit votre effort pour le découvrir, aucun soi ne puisse être trouvé nulle part.

Voulez-vous comprendre votre expérience ? Regardez le Dhamma. Vous y verrez tous les éléments et les schémas impersonnels qui « vous » constituent. Vous y verrez aussi que votre expérience est la même, en essence, que l'expérience de tout autre être. Partout où vous vous tournez, le Dhamma s'offre à vos yeux. Même un insecte se débattant dans un pot d'eau peut, par exemple, vous faire saisir par intuition la réalité de la peur de la mort que vous partagez avec tous les êtres. Le Dhamma entier se révèle dans toutes les expériences de la vie, à chaque moment, chaque jour. Il est ici même, pour être vu, sans exiger ni foi aveugle ni raisonnement théorique. Avec une observation rigoureuse, vous gagnez confiance dans la pratique et avancez sur le chemin.

Jusqu'à ce que vous soyez profondément familiarisé avec le chemin et voyiez le Dhamma dans votre propre expérience, la connaissance retirée de ce livre demeurera théorique. Si je pointais le doigt en direction de l'étoile Polaire, vous pourriez me regarder avec surprise et vous demander : « Pourquoi est-ce qu'il pointe son doigt comme cela ? Ne devrait-il pas le pointer par ici ? Ou peut-être par là ? » Comment expliqueriez-vous une étoile à quelqu'un qui, la nuit, n'a jamais regardé en l'air ? Jusqu'à ce que vous ayez suffisamment levé la tête pour être capable de voir les étoiles et, ensuite, suivi les instructions pour examiner le ciel jusqu'à ce que vous parveniez à repérer l'étoile Polaire, le doute demeurera dans votre esprit. Ce doute fait naître toutes sortes de questions. Mais lorsque vous parvenez à voir l'étoile Polaire et observez comment tout tourne autour d'elle, alors vous n'avez plus de doute.

De même, jusqu'à ce que vous ayez entrevu le but, vous aurez de nombreuses questions concernant le chemin, à propos de votre pratique et sur ce que j'ai dit dans ce livre. Comment les mots peuvent-ils expliquer à quoi ressemble le nibbana, étant donné que le nibbana est au-delà de l'expérience ? L'expérience se produit à travers nos sens, et toutes les appellations que nous pourrions utiliser pour décrire des états au-delà de l'expérience seraient trompeuses, car elles sont fondées sur l'expérience sensorielle. Nous avons simplement à suivre les marches du chemin jusqu'au bout et voir par nous-mêmes.

N'avez-vous jamais essayé de pointer une chose du doigt pour qu'un chat la regarde ? Plus vous pointez le doigt, plus le chat veut le renifler. Le chat ne regardera jamais au-delà du doigt. Si vous terminez ce livre et dites « Est-ce tout ? Où est la vérité ultime ? Je n'ai rien retiré de tout cela », vous êtes comme le chat. Regardez au-delà des mots. Utilisez le type d'actions suggérées par le Bouddha pour vous propulser dans une autre façon de comprendre. Marchez sur le chemin par vous-même. Ce chemin se déploie à travers toutes les expériences de la vie, au fur et à mesure que vous progressez en pensée, en parole et en action.

Quand vous aurez suivi les marches pour purifier votre esprit, vous verrez finalement la vérité de l'impermanence de toute expérience, de la souffrance qui découle de l'attachement à ce qui est impermanent, et de l'absence de soi dans tout ce qui est sujet à l'impermanence et à la souffrance. Vous verrez comment l'avidité assure la pérennité de toute l'expérience douloureuse. À ce moment-là vous voyez par vous-même et toutes vos questions cessent.

Si vous ne croyez pas aux buts supérieurs décrits dans ce livre, cela ne fait rien ; il peut aussi vous être utile. Utilisez-le simplement pour vous aider à continuer de vous poser des questions sur votre propre expérience. Essayez d'apprendre quelque chose à travers tout ce qui vous arrive. Le Bouddha disait souvent : « Venez et voyez ! » Il voulait dire : venez et regardez à l'intérieur de votre propre corps et de votre propre esprit pour voir la vérité, le Dhamma. Vous ne le trouverez nulle part ailleurs.

Suggestions de lecture

Méditer au quotidien, par Bhante Henepola Gunaratana. Un manuel de méditation, traduit en une vingtaine de langues, qui a permis à des centaines de milliers de personnes de découvrir la pratique libératrice de la Vision intérieure. Paris, Robert Laffont, 1995. Format poche : Nouvelles Éditions Marabout, 1997.

L'Enseignement du Bouddha, par le Vénérable Walpola Rahula. Un exposé général des enseignements essentiels, selon les textes les plus anciens, par un moine cinghalais, éminent érudit qui fut professeur à la Sorbonne. Une étude facile à lire, complétée par un choix de textes. Paris, Le Seuil, 1961. Format poche : coll. « Points Sagesses ».

La Philosophie du Bouddha, par Mohan Wijayaratna. Une discussion des grandes notions bouddhiques, fondée sur le canon pali, par un grand connaisseur des textes anciens. Cet ouvrage contient la traduction intégrale de dix textes du canon. Lyon, Éditions de la Sagesse, 1995.

Les Enseignements du Bouddha, par le Dr Rewata Dhamma. Traduction et commentaire du premier enseignement donné par le Bouddha après son Éveil. Il expose les Quatre Nobles Vérités. Saint-Cannat, Éditions Claire Lumière, 2003.

Le Dhammapada (Les dits du Bouddha). De célèbres stances extraites des discours du Bouddha, traduites par le Centre d'études dharmiques de Gretz. L'ouvrage comporte les stances originales en pali et les commentaires des traducteurs. Paris, Albin Michel, coll. « Spiritualités vivantes », 2004.

En suivant le Bouddha, par André Bareau. Les grandes étapes de la vie du Bouddha, à travers des textes choisis et commentés par l'un des grands universitaires français, professeur au Collège de France, qui a consacré la plus grande partie de sa vie aux études bouddhiques. Paris, Éditions Philippe Lebaud, 1985.

Surmonter les émotions destructrices, sous la dir. de Daniel Coleman. Compte rendu d'un dialogue entre des scientifiques occidentaux de renommée mondiale et le dalaï-lama. Constat de convergences entre des connaissances de pointe sur le cerveau et des descriptions bouddhiques du fonctionnement des émotions. Paris, Robert Laffont, 2003.

Vivre à la lumière de la mort, de la vieillesse et de la maladie, par Larry Rosenberg. Apprivoiser nos peurs les plus enfouies pour faire face aux événements inéluctables de la vie. Une approche lucide, des exercices pratiques. Paris, Anne Carrière, 2004.

Autres suggestions de lecture : voir le site de l'association Terre d'Éveil : vipassana.fr.

Liste des abréviations du canon pali

A	Anguttara Nikâya, ou *Gradual Sayings,* disponible à la Pali Text Society (PTS). Exemple : AI(Threes).VII.65 renvoie au volume 1, *The Book of Threes,* chapitre 7, texte numéro 65.
D	Digha Nikâya, ou *The Long Discourses of the Buddha,* disponible auprès de Wisdom Publications, Boston. Exemple : D22 renvoie au sutta numéro 22.
Dh	Dhammapada, ou *Words of the Doctrine,* disponible en traduction auprès de nombreux éditeurs, dont PTS. Exemple : Dh5 renvoie au verset numéro 5.
DhA	Dhammapada Atthakathâ, ou *Dhammapada Commentary*, disponible auprès de PTS sous le titre *Buddhist Legends.* Exemple : DhA 124 renvoie à la division 124 du *Commentary*, qui analyse le verset numéro 124 du Dhammapada.
J	Jâtaka, ou *Jataka Stories,* disponible auprès de PTS. Exemple : J26 renvoie à l'histoire numéro 26.
M	Majjhima Nikâya, ou *The Middle Length Discourses of the Buddha,* disponible auprès de Wisdom Publications, Boston. Exemple : M80 renvoie au sutta numéro 80.
MA	Majjhima Nikâya Atthakathâ, ou *Commentary to the Middle Length Discourses of the Buddha,* non disponible en anglais. Exemple : MA i 225 renvoie au volume 1, page 225 de l'édition en pali.
Mhvs	Mahâvamsa, ou *The Great Chronicle of Ceylon,* disponible auprès de PTS. Exemple : Mhvs V renvoie au chapitre 5.

Miln Milindapanho ou *The Questions of King Milinda,* disponible auprès de PTS. Exemple : Miln 335(V) renvoie à la page 335 de l'édition PTS en pali ; la référence au chapitre 5 est ajoutée pour faciliter la recherche du verset. En français sous le titre *Entretiens de Milinda et Nagasena,* Gallimard, coll. « Connaissance de l'Orient ».

S Samyutta Nikâya, ou *The Connected Discourses of the Buddha,* disponible auprès de Wisdom Publications. Exemple : S I.7.1 (2) renvoie à la division 1, chapitre 7, sous-chapitre 1, histoire numéro 2.

Sn Sutta Nipâta, ou *Group of Discourses II,* disponible auprès de PTS. Exemple : Sn 657 renvoie au vers numéro 657.

Thag Theragatha, ou *Poems of Early Buddhist Monks,* disponible auprès de PTS. Exemple : Thag 303 renvoie au verset numéro 303.

Thig Therigathâ, ou *Poems of Early Buddhist Nuns,* disponible auprès de PTS. Exemple : Thig 213 renvoie au verset numéro 213.

Ud Udâna, ou *Verses of Uplift,* disponible auprès de PTS. Exemple : Ud VI.2 renvoie au chapitre 6, histoire numéro 2.

V Vinaya, ou *Book of the Discipline,* disponible auprès de PTS. Exemple : V ii 292 renvoie au volume 2, page 292 de l'édition pali.

Vsm Visuddhimagga ou *The Path of Purification,* disponible auprès de la Buddhist Publication Society, Kandy, Sri Lanka. Exemple : Vsm I(55) renvoie au chapitre 1, paragraphe numéro 55. En français, Fayard, coll. « Trésors du bouddhisme ».

À propos de l'auteur

Le Vénérable Henepola Gunaratana a reçu l'ordination de moine bouddhiste à l'âge de douze ans à Malandeniya au Sri Lanka. En 1947, à l'âge de vingt ans, il reçut l'ordination supérieure à Kandy. Il poursuivit son éducation au Vidyasekhara Junior College de Gumpaha, au Vidyalankara College de Kelaniya et au Buddhist Missionary College de Colombo. Il vécut et voyagea ensuite en Inde pendant cinq ans, se consacrant à des activités de caractère social et missionnaire pour la Mahabodhi Society, au service des Harijana (« intouchables ») de Sanchi, Delhi et Bombay. Il passa ensuite dix ans en Malaisie, au titre de conseiller religieux auprès de la Sasana Abhivurdhiwardhana Society, de la Buddhist Missionary Society et de la Buddhist Youth Federation of Malaysia. Il enseigna à la Kishon Dial School, à la Temple Road Girls' School et dirigea le Buddhist Institute de Kuala Lumpur.

À l'invitation de la Sasana Sevaka Society, il vint aux États-Unis en 1968, pour être secrétaire général de la Buddhist Vihara Society de Washington. En 1980, il en fut nommé président. Pendant des années, de 1968 à 1988, il donna des cours sur le bouddhisme, dirigea des retraites de méditation aux États-Unis, au Canada, en Europe, en Australie, en Nouvelle-Zélande, en Afrique et en Asie. De plus, de 1973 à 1988, il servit en tant que chapelain bouddhiste à l'American University de Washington.

Il poursuivit également des études et obtint un doctorat de philosophie de l'American University, de la Georgetown University et de l'University of Maryland. Ses livres et articles ont été publiés en Malaisie, en Inde, au Sri Lanka et aux États-Unis. Son livre *Mindfulness in Plain English* (*Méditer au quotidien* en traduction française) a été traduit en une vingtaine de langues et publié dans le monde entier. Une traduction abrégée en thaïlandais a été choisie pour faire partie du programme des collèges dans toute la Thaïlande.

Depuis 1982, le Vénérable Gunaratana est président de la Bhavana Society, un monastère de forêt et centre de retraites, situé près de la vallée de Shenandoah dans l'État de Virginie-Occidentale, à environ cent soixante kilomètres au sud de Washington, monastère dont il a été l'un des cofondateurs avec Matthew Flickstein. Il y réside, et y conduit des retraites pour des personnes désirant apprendre à méditer et à approfondir leur connaissance des enseignements du Bouddha. Il confère également des ordinations monastiques et forme des moines et des nonnes. Il voyage aussi fréquemment à travers le monde pour donner des conférences et diriger des retraites.

En 2000, son alma mater, le Vidyalankara College, a rendu hommage au Vénérable Gunaratana, pour services exemplaires rendus tout au long de sa vie.

Index

v. = voir

v.a. = voir aussi

A

B

C

D

E

P

Q

R

S

Remerciements

Ce livre n'aurait pas vu le jour sans l'initiative de mon ami Douglas Durham, qui a transcrit mes enseignements oraux et en a créé la première ébauche. Je le remercie pour le grand travail qu'il a effectué à cette occasion.

Je remercie également Samaneri Sudhamma (dont le nom signifie « bon Dhamma ») pour son aide aux corrections du texte, contribuant à en faire ressortir le bon Dhamma.

Je tiens à exprimer ma grande reconnaissance envers Brenda Rosen et John LeRoy pour leur révision du texte et à Carol Roehr pour son index.

Enfin, je remercie tous mes étudiants résidant à la Bhavana Society, qui ont patiemment supporté mes longues absences alors que je travaillais à ce livre. Puissent-ils tous en partager les mérites, lorsqu'il parviendra au grand nombre de personnes qui recherchent le bonheur.

Le traducteur souhaite remercier Jacques Peter, Isabelle Trublet et Jeanne Schut pour leur aide précieuse à la correction du texte français.

Table

Du même auteur

Méditer au quotidien : une pratique simple du bouddhisme, Robert Laffont, 1995 ; rééd. en poche, Marabout, 1997.

Composition IGS-CP
Impression : Imprimerie Floch, avril 2008
Éditions Albin Michel
22, rue Huyghens, 75014 Paris
www.albin-michel.fr
ISBN : 978-2-226-18288-3
N° d'édition : 25545 – N° d'impression : 71077
Dépôt légal : mai 2008
Imprimé en France.